D1984534

Christel Pfeifer · Peter H. Ditko

**Frauen, die Karriere machen**

Christel Pfeifer · Peter H. Ditko

# Frauen, die Karriere machen

Strategien für beruflichen
und privaten Erfolg
Mit Interviews prominenter Frauen

Econ

Abbildungsnachweis:
Abb. S. 28, 31, 62, 152, 157, 172: Fotoagentur Sepp Spiegl, Bonn.
Abb. S. 86, 90, 108, 175, 195, 198, 219, 222, 235, 244, 248:
Christel Pfeifer/Peter H. Ditko.

Die Deutsche Bibliothek – CIP-Einheitsaufnahme

*Ditko, Peter H.:*
Frauen, die Karriere machen : Strategien für beruflichen und privaten Erfolg;
Mit Interviews prominenter Frauen / Christel Pfeifer ; Peter H. Ditko. –
Düsseldorf ; München : Econ, 1998
ISBN 3-430-12113-2

Der Econ Verlag
ist ein Unternehmen der Econ & List Verlagsgesellschaft
© 1998 by Econ Verlag GmbH, Düsseldorf und München.
Alle Rechte der Verbreitung, auch durch Film, Funk und Fernsehen,
fotomechanische Wiedergabe, Tonträger jeder Art, auszugsweisen
Nachdruck oder Einspeicherung und Rückgewinnung in Datenverarbeitungsanlagen aller Art, sind vorbehalten.
Gesetzt aus: Weidemann, Linotype
Satz: Josefine Urban – KompetenzCenter, Düsseldorf
Papier: Papierfabrik Schleipen GmbH, Bad Dürkheim
Druck und Bindearbeiten: Bercker Graphischer Betrieb GmbH, Kevelaer
Printed in Germany
ISBN 3-430-12113-2

# Inhaltsverzeichnis

# Vorwort

## der Präsidentin des Deutschen Bundestages, Frau Prof. Dr. Rita Süssmuth

Frauen, die Karriere machen – dieses Thema ist in den vergangenen Jahren in einer Vielzahl von Publikationen diskutiert worden. Dennoch ist dabei häufig ein Gesichtspunkt zu kurz gekommen, der im vorliegenden Buch herausgearbeitet wird. Es geht um mehr als allein um die Perspektive »Frauen für Frauen« oder um die Konfrontation zwischen männlicher und weiblicher Konkurrenz im Berufsleben. Wesentlich sinnvoller ist es, Synergieeffekte anzustreben und zu nutzen, wo immer sie sich ergeben. Schließlich muß unser Ziel das gemeinsame Wirken von Männern und Frauen in den Führungspositionen von Wirtschaft, Verwaltung und Politik sein.

Gerade deshalb sollten Frauen, die entsprechende Verantwortung anstreben, neben fachlicher Kompetenz und kooperativem Führungsstil vor allem auch über weibliche Durchsetzungsfähigkeit verfügen. Im harten Wettstreit mit den Männern sind nach wie vor spezifische Barrieren, Widerstände und Ausgrenzungsmechanismen gegeben. Sie zu kennen und in die Karriereplanung einzubeziehen, kann für Frauen in Führungspositionen sehr wertvoll sein.

Besonders wichtig ist aus meiner Sicht, daß Frauen, die in einer Männerwelt Karriere machen wollen, sich ihre spezifisch weiblichen Qualitäten erhalten. Es kann nicht unser Ziel sein, uns einfach nur männlichen Führungsmustern anzupassen. Vielmehr müssen sich Frauen auf dem schweren Weg nach oben ihrer spezifisch weiblichen Eigenschaften bewußt sein und diese kreativ einbringen. Ihre soziale Sensibilität, kommunikative Kompetenz und Entscheidungskraft, ihre praktisch ausgerichteten

Problemlösungen, ihr unkonventionelles Denken und ihre gute Verknüpfung von kognitiver und emotionaler Intelligenz sind gerade jene Stärken, die es auf dem Weg in Führungspositionen weiterzuentwickeln und zu nutzen gilt.

Für die gleichberechtigte Vertretung von Frauen in den Führungspositionen unserer Gesellschaft bleibt noch viel zu tun – von Frauen und Männern. Das vorliegende Buch verbindet Erfahrungen von Frauen aus unterschiedlichen Lebensbereichen mit vielfältigen Hinweisen, Ratschlägen und Anregungen, wie Frauen, die Karriere machen wollen, ihre Karriereziele erfolgreich verwirklichen können. Ich wünsche dieser Publikation viele interessierte Leserinnen und Leser.

Prof. Dr. Rita Süssmuth
Präsidentin des Deutschen Bundestages

# Auf dem Weg nach oben

## Frauen besetzen Führungspositionen

**Frauen auf dem Vormarsch**

Eine Mega-Studie, zusammengestellt von 2300 Wissenschaftlern, ergab, daß die Weltbevölkerung in dreißig Jahren die 10-Milliarden-Grenze überschreiten, daß ein Drittel der Bevölkerung über 60 Jahre alt sein wird, daß Erdöl und Kohle rationiert werden müssen, daß mehr als die Hälfte

*Solange Frauen nicht den Platz in der Gesellschaft einnehmen, den klarer Verstand und offenes Gemüt ihnen zumessen, kann die Entwicklung der Menschheit nur schwächliche Fortschritte machen.* (Francis Wright, 1795–1852)

der Kirchen in Deutschland geschlossen sein werden, aber auch, daß in den kommenden Jahrzehnten mindestens ein Drittel aller Führungspositionen in der Wirtschaft von Frauen besetzt werden. Frauen scheinen auf dem Vormarsch zu sein, Frauen drängen sowohl in der Wirtschaft als auch in der Politik zunehmend in Führungspositionen.
Dorthin war es ein langer Weg, bei uns in Deutschland gekennzeichnet durch die schwere Arbeit der Frauen in den Werkshallen der Kriegsmaschinerien des Dritten Reichs und durch die entbehrungsreiche Arbeit der »Trümmerfrauen«, der Frauen, die in Abwesenheit ihrer Männer diese Republik aufzubauen geholfen haben.

**Die Politik fördert Frauen**

Nach und nach haben sich die Wertvorstellungen geändert. So wurde im Jahr 1984 das *European Women's Management Development Network* gegründet. Auch begann in den achtziger Jahren die Quotierungsdiskussion, die schließlich dazu führte, daß Frauen vermehrt auf Führungsebenen in die Politik einzogen. So haben wir heute eine Bundestagspräsidentin, Rita Süssmuth, und eine Ministerpräsidentin, Heide Simonis. Vielleicht werden wir eines Tages auch eine Bundeskanzlerin oder eine Bundespräsidentin haben.

*Man muß das Unmögliche versuchen, um das Mögliche zu erreichen.* (Hermann Hesse)

In den achtziger Jahren verzeichnete die Hoppenstedt-Datei einen Anteil von 2,5 Prozent von Frauen in leitenden Funktionen. 1991 waren es 5 Prozent, und heute sind es bereits 8,2 Prozent. Auch der weibliche Anteil im Topmanagement ist deutlich gestiegen. Er beträgt heute 8,1 Prozent. Das erscheint erfreulich. Während allerdings das Einkommen der Männer zwischen 1986 und heute geradezu explodierte, wiesen die Einkommen der Frauen nur ein bescheidenes Wachstum auf.

**Wer seinen Weg gehen will, braucht ein Ziel**

Wer jedoch auf Qualifikation und Motivation setzt, wer ökonomisch denkt und nüchtern kalkuliert, wird in der Zukunft kaum an Frauen in

> *Wenn das Leben keine Vision hat, nach der man sich sehnt, die man verwirklichen möchte, dann gibt es auch kein Motiv, sich anzustrengen.* (Erich Fromm)

Führungspositionen vorbeikommen. Und wenn Sie dieses Buch lesen, werden auch Sie sich vielleicht auf den Weg an die Spitze begeben. Wer aber einen Weg geht, muß ein Ziel vor Augen haben und sollte sich vorher fragen, ob das Erreichen dieses Zieles Zufriedenheit bringt. Deshalb haben wir uns die Karrieren einiger der erfolgreichsten Frauen unseres Landes einmal angesehen. Wir haben mit ihnen Gespräche geführt, die Sie in diesem Buch am Ende eines jeden Kapitels wiederfinden. Diese Frauen können mit den Beispielen ihrer Erfolgswege Ihnen Hilfe und Orientierung anbieten. Sie zeigen Ihnen, wie mühevoll, aber auch schön der steile, steinige, gefährliche Aufstieg zum Gipfel aussieht.

## Erfahrungen versperren oft den Weg

**Sich trennen können ist unverzichtbar**

Wenn Sie weiterkommen wollen, müssen Sie sich ab und zu von Ballast, von alten Erfahrungswerten trennen. Trennungen jedoch tun immer weh: ob wir uns als Kinder vom Teddybär trennen mußten oder den liebgewonnenen Fernsehstar vermissen. Trennungen – vom Verkauf eines alten Autos bis zum Tod eines vertrauten Menschen – sind schmerzlich. Aber fatalerweise besteht das Leben zum großen Teil aus Abschiednehmen.

Wenn Sie dieses Buch lesen, werden Sie von einigen Dingen – von gewohnten Denkmustern – Abschied nehmen müssen. Hierzu eine kleine Übung. Bitte versuchen Sie, die Figur a. mittels Strichen in drei kongruente, d. h. flächen- und deckungsgleiche Flächen aufzuteilen. Wenn Sie

> *Nichts ist so stark wie eine Idee, deren Zeit gekommen ist.* (Victor Hugo)

das geschafft haben, versuchen Sie, die Figur b. in vier kongruente Flächen aufzuteilen. Sie werden sehen, das ist schon etwas schwieriger. Nun versuchen Sie, die Figur c. in fünf kongruente Flächen aufzuteilen. Wenn Sie sich die Lösung anschauen, ist das sehr einfach. Warum werden Sie aber bei Aufgabe 3 besondere Schwierigkeiten gehabt haben? Weil sich bei den vorangegangenen Übungen in Ihrem Kopf ein Denkmuster etabliert hat. Dieses Denkmuster hieß: Lösung der Aufgaben mittels Kästchen. Dieses Denkmuster ist jedoch für Aufgabe 3 hinderlich.
(Auflösung siehe Anhang, Seite 255)

a.

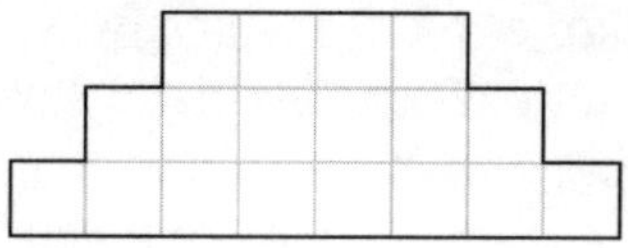

b.

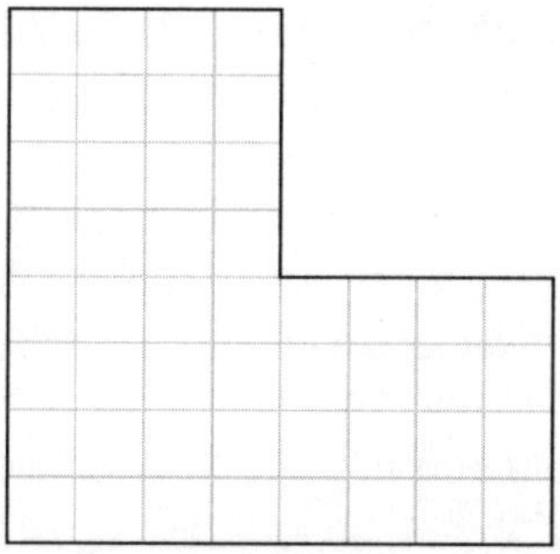

c.

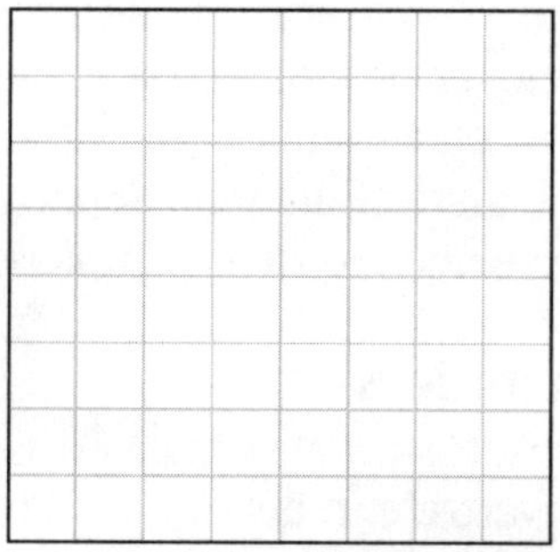

**Überprüfen Sie Ihre Denkmuster**

So machen wir im Laufe des Lebens unsere Erfahrungen und orientieren uns an »Kästchen«. Mit den Kästchen der Vergangenheit sind aber die Probleme der Zukunft nicht zu lösen. Viele Menschen versuchen immer

*Herr, gib mir Gelassenheit, die Dinge hinzunehmen, die ich nicht ändern kann. Verleih mir den Mut, die Dinge zu ändern, die ich ändern kann. Und schenke mir die Weisheit, das eine vom anderen zu unterscheiden.* (Oettinger)

wieder verzweifelt, ihre Kästchen einzusetzen, und kommen nicht weiter. Eines der wichtigsten Erkenntnisse des Buches wird sein: »Überprüfe deine Denkmuster, überprüfe deine Denkstrukturen.« Nur so werden Sie anstehende Probleme der Gegenwart und der Zukunft lösen.

**Strategien sichern Ihren Erfolg**

Vorstellungen, Erwartungen, »Kästchen«, die heute so nicht mehr stimmen, werden von den Erfolgsfrauen, die Sie in diesem Buch erleben werden, abgelehnt. Wenn Sie den Erfolgsweg gehen wollen, müssen Sie gut gerüstet sein, denn allein der gute Wille macht noch keinen Erfolg. So brauchen Sie Strategien, Methoden, Techniken und gute Ausrüstungen, um Ihr Erfolgsziel zu erreichen. Alles, was Sie brauchen, werden Sie in diesem Buch erfahren. Wenn Sie dann Ihren Erfolg absichern wollen, besuchen Sie gegebenenfalls eines unserer Seminare. Denn den Weg zum Gipfel durchzuhalten verlangt ein optimales Training.

**Männliche Körperkraft ist nicht mehr gefragt**

Frauen wollen wie Männer den Erfolg. So haben sie über Jahrhunderte in der Familie ihre Erfolgsbühne gehabt. Und sorgten durch Kinder für die Sicherheit und den Fortbestand der Familie. Nach wie vor sind aber Kinder für die Karriere hinderlich. Sicherheiten werden über das soziale Netz, staatliche und private Altersversorgungen vermittelt. Die Erfolgsbühne der Männer ist dagegen nicht mehr abhängig von körperlichen Kraftanstrengungen. Die moderne Technik macht's möglich, daß Frauen genausogut Straßenbahn fahren, einen Düsenjet fliegen oder ein Atomkraftwerk leiten können. Die Zeit, in der der Mann durch seine Muskelkraft regierte, ging nach und nach mit der Erfindung des Schießpulvers, der Elektrizität und des Ottomotors zu Ende. Kreativität, Teamdenken und Flexibilität sind neuerdings gefragt. Qualitäten, die einem Mann offenbar weniger liegen als einer Frau, die sich in ihrer ganzen Entwicklungsgeschichte mit diesen Punkten wesentlich mehr beschäftigen mußte als der zielorientierte und meistens kämpferisch handelnde Mann.

## Frauen führen anders

Die exponierteste Vertreterin der Sicht, daß Frauen einen besseren Führungsstil haben, ist die Amerikanerin Sally Helgesen. (Sally Helgesen: Frauen führen anders. Vorteile eines neuen Führungsstils. Frankfurt/New York 1992)

1. Manager arbeiten mit gleichbleibender Geschwindigkeit, ohne Pausen einzulegen. Alle Aufgaben mußten in schneller Folge erledigt werden, weshalb die Zusammenkünfte meistens sehr kurz waren; die Hälfte aller Ereignisse, die den Arbeitstag einer Führungskraft ausmachten, waren kürzer als neun Minuten.
   Managerinnen behielten den ganzen Tag über ein gleichmäßiges

Arbeitstempo bei, planten dabei aber immer wieder kurze Pausen ein, um anfallenden Streß möglichst abzubauen.

2. Der Arbeitstag von Managern war von Störungen und Diskontinuität geprägt. Die vorgeplanten Besprechungen wurden von Untergebenen »gestört«. Die Führungskräfte fungierten während eines Großteils der Zeit als »Feuerwehr«.
   Managerinnen empfanden unvorhergesehene Ausgaben und Begegnungen nicht als Störungen. Alle waren ganz bewußt bemüht, für andere da zu sein, insbesondere für ihre direkten Mitarbeiterinnen und Mitarbeiter.
3. Manager hatten kaum Zeit für Tätigkeiten, die nicht direkt mit ihrer Arbeit zusammenhingen. Die der Familie gewidmete Zeit war stark eingeschränkt. Die Managerinnen nahmen sich Zeit für Aktivitäten, die nicht in direktem Zusammenhang mit ihrer Arbeit standen. Obwohl ihre Arbeit im Grunde nie abgeschlossen war und die Frauen daher viel Zeit für ihre Berufstätigkeit aufwenden mußten, waren Sie nicht bereit, die wichtigen Stunden des Familienlebens zu opfern oder außerberufliche Interessen verkümmern zu lassen.
4. Manager zeigten eine Vorliebe für direkte Gespräche und Zusammenkünfte. Telefongespräche und direkte Zusammentreffen waren die bevorzugten Methoden der Informationsbeschaffung.
   Obwohl auch die Managerinnen direkte Kontakte zu Gesprächspartner bevorzugten, planten sie doch immer Zeit zur Beantwortung ihrer Korrespondenz ein.
5. Manager unterhielten ein komplexes Beziehungsgeflecht zu unternehmensfremden Personen.
   Auch die Managerinnen unterhielten ein komplexes Beziehungsgeflecht mit organisations- oder unternehmensfremden Personen. Hierin unterschieden sie sich nicht von männlichen Führungskräften.
6. Managern fehlte aufgrund des täglichen Zwangs, das Unternehmen funktionsfähig zu erhalten, die Zeit zum Nachdenken. Das rasche Arbeitstempo und die ständigen Unterbrechungen zwangen sie, sich ausschließlich auf die täglich anfallenden Aufgaben zu konzentrieren.
   Managerinnen waren auf einen »ökologischen« Führungsstil bedacht. Sie verloren die ferne Zukunft niemals aus dem Auge.
7. Manager identifizierten sich mit ihrer Arbeit. Ihre Identität war untrennbar mit ihrer beruflichen Position verknüpft.
   Managerinnen empfanden ihre persönliche Identität als komplex und facettenreich. Sie sahen ihre Arbeit nur als eine von verschiedenen Aspekten ihres Lebens an. Andere Bereiche nahmen schlichtweg zu viel Zeit in Anspruch, als daß sie sich voll und ganz ihrer Karriere hätten widmen können.
8. Manager zeigten nur geringe Bereitschaft, Informationen weiterzuge-

ben. Diese Information stellte die Hauptquelle ihrer Macht dar, doch da sie meist ihr Identitätsgefühl auf die Macht ihrer Positionen gründeten, ließen sie andere nur ungern an der Quelle dieser Macht teilhaben. Die Managerinnen planten Zeit ein, um Informationen an andere weiterzugeben. Die Frauen strukturierten ihre Arbeitstage so, daß sie soviel Informationen wie möglich weitergeben konnten. Dieses Vorgehen war ganz bewußt und stellte eines der Hauptziele jedes Tages dar. Managern ging es vor allem um die *erledigte* Aufgabe, um das *erreichte* Ziel und weniger um die hierzu notwendige *Tätigkeit.* Managerinnen waren ebenso an Zielen und Aufgaben orientiert, aber für sie war der *Prozeß*, diese Ziele zu erreichen ebenso wichtig.

*Der kleine Unterschied*

| | |
|---|---|
| • Ein Familienfoto auf SEINEM Schreibtisch: Ein solider, treusorgender Mann. | • Ein Familienfoto auf IHREM Schreibtisch: Ihre Familie kommt vor dem Beruf. |
| • SEIN Schreibtisch ist überladen: Er ist sehr belastbar und fleißig. | • IHR Schreibtisch ist überladen: Sie ist unordentlich und zerfahren. |
| • ER spricht mit Kollegen: Er wälzt geschäftliche Probleme. | • SIE spricht mit Kollegen: Sie klatscht. |
| • ER ist nicht an seinem Schreibtisch: Er wird in einer Konferenz sein. | • SIE ist nicht an ihrem Schreibtisch: Sie ist wohl auf der Toilette. |
| • ER ist nicht im Büro: Er trifft sich mit Kunden. | • SIE ist nicht im Büro: Sie wird beim Einkaufen sein. |
| • ER ist mit dem Chef zum Essen: Er macht Karriere. | • SIE ist mit dem Chef zum Essen: Die haben was miteinander. |
| • Der Chef hat IHN kritisiert: Er wird sich zusammennehmen. | • Der Chef hat SIE kritisiert: Das wird ihr zugesetzt haben. |
| • IHM ist Unrecht geschehen: Ist er wütend geworden? | • IHR ist Unrecht geschehen: Hat sie geweint? |
| • ER heiratet: Das gibt ihm mehr Beständigkeit. | • SIE heiratet: Dann kommt ein Kind und sie geht. |
| • Bei IHM gibt es Nachwuchs: Grund für eine Lohnerhöhung. | • Bei IHR gibt es Nachwuchs: Sie fällt aus – die Firma zahlt. |
| • ER geht auf Geschäftsreise: Das ist gut für seine Laufbahn. | • SIE geht auf Geschäftsreise: Was sagt ihr Mann dazu? |
| • ER kündigt und verbessert sich: Er weiß eine Chance zu nutzen. | • SIE kündigt und verbessert sich: Frauen sind unzuverlässig. |

## Begegnungen mit dem Mann

Mann und Frau werden voneinander lernen müssen, wenn sie in der Zukunft miteinander auskommen wollen. Und da Sie, liebe Leserinnen, sich bei Ihrer Karriere mit dem Mann auseinandersetzen müssen, weil er Ihr Partner, geschäftlich oder privat, oder Ihr Kontrahent ist, sollten Sie sich erst einmal über die Männerwelt Gedanken machen.
Wie sieht sich nun dieser Mann?

**Gefühle werden unterdrückt**

»Gefühle ausdrücken ist weiblich. Männer sollen ihre Gefühle beherrschen, Frauen können sie zeigen.« Also unterdrücken viele Männer ihre Empfindungen.

**Schmerzen werden ertragen**

»Schmerzen haben und Schmerzen zeigen ist weiblich.« Ein Mann lernt schon früh, daß das Aushalten von Schmerzen Männlichkeit bedeutet. Es gilt: »Je mehr Schmerzen ich aushalten kann, desto männlicher bin ich.«

**Mann will alleine zurechtkommen**

»Um Hilfe bitten ist weiblich.« Lieber fährt er eine Stunde in der Gegend herum, um eine Adresse zu suchen, anstatt jemanden um Hilfe zu bitten. Lieber erträgt er Schmerzen, anstatt zum Arzt zu gehen, und lieber erleidet er Seelenschmerz, anstatt sich mit einem Freund auszusprechen.

**Gesunde Ernährung wird übersehen**

»Sich Gedanken um die Ernährung zu machen ist weiblich.« So gilt für viele Männer Fleisch essen als männlich. Und obwohl die Ernährungswissenschaftler vor zuviel Fleischkonsum warnen, gilt der Genuß von Fleisch als besonders männlich.

**Alkohol gehört dazu**

»Alkohol nicht vertragen zu können ist weiblich.« Für viele Männer gilt: »Je mehr Alkohol ich vertragen kann, desto männlicher wirke ich.« Oftmals brauchen Männer Alkohol, um Unsicherheiten zu überspielen.

**Körperliches Wohlbefinden ist unwichtig**

»Auf sich selbst acht zu geben ist weiblich.« Ein Mann, der sich besonders mit seinem Wohlbefinden beschäftigt, ist verdächtig. Schnell bezeichnet man ihn als narzißtisch, saft- und kraftlos. Dagegen gilt der Mann häufig als besonders männlich, der sein Wohlbefinden leichtfertig aufs Spiel setzt.

**Einsamkeit ist unvermeidlich**

»Abhängigkeit ist weiblich.« Als Mann kann man ganz einsam dastehen, wenn man Gemeinschaft als Abhängigkeit begreift.

**Berührungen sind tabu**

»Berührung ist weiblich.« So dürfen Mädchen darum bitten, daß man mit ihnen schmust, daß man sie im Arm hält, streichelt und wiegt. Jungen gibt man oft lediglich die Hand. So bleibt der männliche Körper angespannt. Eine menschliche Berührung ist nur akzeptabel, wenn sie einen Zweck hat, zum Beispiel, um Muskeln zu lockern, zur Entspannung oder zum Sex. Ansonsten sind Berührungen tabu. So wird sich der Mann schinden und quälen in seiner Beschützerrolle und oftmals seinen Körper wie ein Ersatzteillager behandeln. Herz- und Kreislaufkrankheiten sind vorrangig Männerkrankheiten, und 150 Prozent mehr männliche als weibliche Patienten bevölkern die Tuberkulosekliniken. Der »männliche Prozentsatz« in Alkoholentzugskliniken dürfte noch weit höher liegen.

**Männer behandeln ihren Körper wie ein Ersatzteillager**

Männer behandeln ihren Körper meist wie ein Auto: Er hat zu funktionieren. Falls er nicht funktioniert, kommt er einfach zur Reparatur. Der Mann denkt kaum daran, daß ihm der Körper etwas über den Zustand seiner Seele sagen will. Männer flüchten sich nicht nur häufig in Suchtverhalten, um mit ihren Problemen klarzukommen, sondern gehen auch über ihre depressiven Stimmungen hinweg. Sie übersehen sie einfach. Ein Mann – so hat es den Anschein – darf nicht depressiv sein, sonst ist er ein Versager.

So künden häufig körperliche Symptome wie Kopfschmerzen, Druck- und Beklemmungsgefühle, Schlafrhythmusstörungen und Störungen der Sexualfunktionen von einer inneren und nicht ausgelebten Depression. So unterdrückt der depressive Mann seine eigene Freudlosigkeit meist mit dem martialischen inneren Ruf: »Reiß dich zusammen!« Und das tut er dann auch, manchmal bis zum Herzinfarkt.

**Männer denken häufig »links«**

Ein weiteres Phänomen kommt beim Mann hinzu: das verstärkt linkshirnorientierte Denken. Sie werden im übernächsten Kapitel mehr darüber lesen. Soviel vorab: Mit linkshirnorientiert meinen wir logisch, sachlich, analytisch, zahlenmäßig, der Reihenfolge nach, und nicht bildhaft, emotional, ganzheitlich, was dem rechtshirnorientierten Denken zugesprochen wird. Unsere ganze Erziehung, vor allem die universitäre Ausbildung, unterstützt seit dem Zeitalter der Aufklärung ein linkshirnorientiertes Denken. Dieses Denken hat sich bei den Männern besonders etabliert. Wenn aber mehr und mehr ganzheitliches Denken, d. h. das Springen von linker zu rechter Gehirnhälfte und auch umgekehrt, in Zukunft gefragt sein wird, werden Männer mit ihrem sehr rationalen Denken weniger gut klarkommen. So haben sie auch ganz spezielle Vorstellungen von ihrer Traumfrau. Herb Goldberg in seinem Buch »Man(n) bleibt Mann – Möglichkeiten und Grenzen der Veränderung« als ein Beispiel eines Mannes Mitte Dreißig mit seinen Ansprüchen an das weibliche Geschlecht. Nachfolgend einige Auszüge:

»Sie sollte so selbständig sein, daß sie nicht zu sehr von mir abhängig ist oder wie eine Klette an mir klebt, was mir emotionell zu anstrengend wäre. Natürlich sollte sie aber nicht so unabhängig sein, daß sie mich nicht brauchte oder auch ohne mich auskommen könnte, denn das würde mich zu unsicher machen.

**Die Traumfrau: Heilige und Hure in einer Person**

Sie sollte sich in ihrer Sexualität wohl fühlen, so daß sie nichts dagegen hat, wenn wir Neues ausprobieren und Spaß daran haben, unsere sexuellen Phantasien auszuleben. Das heißt aber nicht, daß sie triebhaft sein soll, wenn es um Sex geht, eine Nymphomanin oder eine von diesen emanzipierten Frauen, die immer auf ihrem Orgasmus bestehen. Ich fände es auch nicht gut, wenn sie sich leicht zu anderen Männern hingezogen fühlt und mich dann womöglich betrügt.

*Die Frauen sind der andere Teil des Himmels.* (John Lennon)

Ich möchte gern, daß sie stark ist, daß sie sich in der Welt zurechtfindet, daß sie erreicht, was sie will, aber ohne extrem ehrgeizig zu sein und über Leichen zu gehen, wie es manche Frauen tun. Ich möchte, daß sie ihr Ziel durch ihre sanft geschickte Art erreicht, aufgrund ihrer Talente und Fähigkeiten. Und selbst wenn sie eher erfolgreich wäre, wünsche ich mir, daß sie weichherzig, sensibel und gefühlsbetont bleibt.
Wenn ihr Beruf unsere Beziehung gefährden würde, wenn sie zum Beispiel viel reisen müßte, dann würde meine ideale Frau unsere Liebe und unser Verhältnis über alles stellen. Ich bin da ehrlich, obgleich ich weiß, daß sich das anhört, als ob ich zweierlei Maß anlegte.
Ich möchte eine Frau, die weich ist, aber doch stark, sexy und zugleich treu, erfolgreich und fähig, das zu tun, was sie sich vorgenommen hat, ohne aber ehrgeizig zu sein, eine Frau, die mich braucht, die aber nicht zu abhängig von mir ist, aufbauend und mitfühlend, ohne aber Mutter zu spielen oder mich erdrücken zu wollen. Ich möchte eine Frau mit einer ausgeprägten Persönlichkeit, und wenn ich sie finde, lasse ich sie nie wieder gehen.«

**Nutzen Sie die männlichen Stärken, aber lassen Sie sich nicht dominieren**

Bei Ihrem Aufstieg wird Ihnen ein solcher Mann ab und zu begegnen. Es liegt an Ihnen, wie Sie mit diesem Mann umgehen. Unser Tip: Versuchen Sie, nicht gegen ihn zu arbeiten. Nutzen Sie seine Stärken, die er zweifellos hat, aber lassen Sie sich nicht von ihm dominieren und gängeln.
Allerdings werden Sie es bei Ihrem Aufstieg nicht nur mit dem »anderen Mann« zu tun haben, sondern auch mit den unterschiedlichsten Frauen- und Männerpersönlichkeiten. Sie zu erkennen und zu klassifizieren ist eine alte Wissenschaft. Bereits Hippokrates von Kos entwickelte im 5. Jahrhundert v. Chr. die vier Persönlichkeitstypen, die er einteilte in Choleriker, Sanguiniker, Phlegmatiker und Melancholiker. Im 20. Jahrhundert legten dann E. Kretzschmar und C. G. Jung ihre Typologie vor und teilten sie in Extrovertierte und Introvertierte. Eine außerordentlich verständli-

che, klare und faszinierende Typenlehre findet sich im Werk »Grundformen der Angst« des 1979 verstorbenen Psychoanalytikers Fritz Riemann wieder. Riemann teilt ein in vier Typen: den Schizoiden, den Depressiven, den Zwanghaften und den Hysterischen.

*Stoße die Tür auf, vor der du dich am meisten fürchtest. Das Ende deiner Angst ist sicher.* (unbekannt)

## Grundtypen der Persönlichkeiten

### 1. Der schizoide Typ

**Für den Schizoiden ist Gefühle zu zeigen gefährlich**

Als Kind hat sich der schizoide Typ oft als ungeliebtes und unerwünschtes Kind erfahren, dem Hautkontakt, Gefühle verwehrt blieben: »Reiß dich zusammen!« wurde ihm immer wieder entgegengehalten. So spürte es, wie gefährlich es ist, Gefühle zu zeigen. Der schizoide Erwachsene ist beileibe nicht gefühllos; er kann Empfindungen allerdings nur schwer zeigen. So ist er schwer ansprechbar, meistens als »kalt« zu bezeichnen. Er oder sie ist tüchtig, in seinem Humor eher ironisch und tut sich schwer, seine Liebesfähigkeit zu entwickeln. Sie oder er imponiert durch Leistung, Klarheit und Kompetenz, sie oder er haßt allen Überschwang und Gefühlsduselei und beeindruckt durch analytische Kraft und kompromißlose Klarheit. Bei einem solchen schizoiden Partner/einer solchen Partnerin holt man sich oft blaue Gefühlsflecken, aber man darf sich in seiner Verläßlichkeit und Genauigkeit sicher fühlen.

### 2. Der depressive Typ

**Partnerschaftliche Nähe bedeutet Sicherheit**

Dieser Typ hat meistens auch als Kind eine unbefriedigende Liebessituation erlebt, sie aber anders als der Schizoide verarbeitet. Er erlebte sein Dasein wohl mehr als Schuld, sich selbst sozusagen als Strafe und Last für seine Eltern. So wagt er nicht, Aggressionen auszuleben, und flüchtet sich in eine Dulderrolle. Gibt es bei den Schizoiden häufig Hautkrankheiten als Ausdruck einer Störung des zentralen Kontaktorganes, so neigt der Depressive zum Herunterschlucken des Ärgers, was häufig zu Störungen des Magen-Darm-Traktes führt. Der Depressive sucht in der Partnerschaft eine hermetisch abgeschlossene Symbiose, vergleichbar mit einem Zweikomponentenkleber. Freude und Spaß an Distanz sind ihm wesensfremd, ja wahrscheinlich sogar bedrohlich. Nur die Nähe bedeutet für ihn Sicherheit. Je weniger der Depressive sein Eigensein entwickelt, desto mehr braucht er den anderen. So bezahlt er dies mit einem passiven, lähmenden Lebensgefühl und mit einer Form der Abhängigkeit.
Natürlich hat der Depressive auch seine positiven Seiten. Er kann sehr warmherzig sein und kann sich verschwenden für andere. So findet man den depressiven Charaktertyp häufig in helfenden Berufen, vom Therapeuten bis zum Erzieher.

### 3. Der zwanghafte Typ

**Der Hang zur Perfektion**

Die Angst vor der Wandlung und Veränderung ist nach Riemann die Selbstblockade des Zwanghaften. Der Fluß des Lebens übt auf ihn keine

**lähmt die Kreativität der/des Zwanghaften**

Faszination und Herausforderung aus, sondern macht ihm angst. Er erlebte in seiner Kindheit häufig Anpassung und Dressuren durch Strafen. Viele vitale kindliche Impulse wurden gebremst und Spontaneität als Eigensinn gebrochen. So entwickelt sich im Laufe des Lebens ein Hang zum Perfektionismus. Manchmal kann er uns als Erwachsener auf die Nerven gehen, weil er alles vorprogrammiert und präzise anordnet. Wehe, wenn diese Präzision in Frage gestellt wird. Das Grundproblem dieses Menschentypes ist sein überzogenes Sicherheitsbedürfnis. So will er die Welt, seine Partnerin, seinen Partner, seine Kinder, seine Arbeit nach seinem Bild formen. Und wo keine Ordnung ist, fürchtet er das Chaos. Gefühle hält er unter Kontrolle. Sie sind für ihn eher verdächtig. So findet der Zwanghafte schwer zur unbefangenen Sinnenfreude. Die Aggression des Zwanghaften kann sich zu einer übermäßigen Korrektheit entwickeln. Dieser zwanghafte Typ ist überrepräsentiert in Berufsbereichen wie bei der Polizei, beim Militär, bei Richterämtern, Geistlichen, Staatsanwälten, also in allen Machtpositionen. Natürlich hat er auch positive Seiten: Genauigkeit, Sachverstand, Verantwortungsbewußtsein, Solidität. Er ist konsequent, gut einschätzbar, verläßlich.

### 4. Der hysterische Typ

**Der Hysterikerin/dem Hysteriker macht es angst, nicht wahrgenommen zu werden**

Laut Riemann möchte der Hysteriker möglichst lange ein Kind der Unverbindlichkeit bleiben, möchte das Alter verbergen und den narzißtischen Rausch seiner bravourös inszenierten Auftritte genießen. Der hysterische Mensch liebt die Liebe als Rauschzustand und Bestätigung seines Selbst. Er braucht seine Gegenüber weniger als Partner, sondern als Akklamateure. Hinter ihm steht oftmals das Gefühl der Leere, die Angst vor dem Nicht-wahrgenommen-Werden. Als Kind hat der Hysteriker oft nur ein fassadenhaftes Elternhaus gekannt, in dem Prestige und Selbstdarstellung im Vordergrund standen. Oftmals fühlte sich das Kind nicht um seiner selbst willen wahrgenommen und mußte daher auf sich aufmerksam machen, um emotional zu überleben. So wird die Gesellschaft munter und bunt, wenn sich ein Kreis um den Hysteriker schart. Denn er besitzt den Charme der Jugend und die anregenden Eigenschaften eines Glases Champagner. Zusammengefaßt hat diese Eigenschaften einmal der französische Romantiker François René Chateaubriand (1768–1848) in dem Wunsch: »Ich möchte in einer Eremitenklause leben, aber sie sollte auf einer Bühne stehen.«

Auch der Hysteriker hat seine charakterlichen Vorteile. Wenn er es lernt, mit seinem Charakter besser umzugehen, kann er sich zu einem lebensfrohen, risikofreudigen und sprühenden Menschen entwickeln, der gleichzeitig Standfestigkeit, Gewicht und Mut vermittelt.

## Der Umgang mit der Angst

**Angst zu haben ist natürlich**

Auf dem Weg nach oben müssen Sie mit Menschen nicht nur richtig umgehen, sie richtig behandeln und Störungen vermeiden, sondern auch auf Streß und Angst, die Sie auf Ihrem Weg zum Gipfel begleiten, angemessen reagieren können. Sei es die Angst vor einer wichtigen Besprechung, die Angst vor einem Vorstellungsgespräch, Angst vor einem Redeauftritt. Die Bewältigung dieser Ängste bedeutet Meilensteine auf Ihrem Weg nach oben. Entscheidend wird sein, daß Sie mit dieser Angst oder – in einem modernen Wort – mit diesem Streß richtig umgehen.

**Die Angst mobilisiert Energien oder lähmt**

Dazu etwas Grundsätzliches: Der Begriff »Streß« stammt aus dem Englischen und bedeutet ursprünglich Anspannung, Verzerrung, Verbiegung, insbesondere auf dem Gebiet der Materialprüfung. In die Biologie wurde

*Wer denkt oder sagt »Ich kann nicht«,*
*setzt sich nur selbst Grenzen.*
*Denke an die Hummel.*
*Die Hummel hat eine Flügelfläche von 0,7 Quadratzentimetern,*
*bei 1,2 Gramm Gewicht.*
*Nach den bekannten Gesetzen der Flugtechnik ist es unmöglich,*
*bei diesem Verhältnis zu fliegen.*
*Die Hummel weiß das nicht. Sie fliegt einfach.*

er 1950 von dem ungarisch-kanadischen Mediziner Hans Selye eingeführt, um etwas Ähnliches zu bezeichnen, nämlich Belastungen, Anstrengungen, Ärgernisse, Schmerz, Existenzangst. Damit ist dem Begriff eine negative Bedeutung zugekommen. Negativ ist Streß jedoch nicht grundsätzlich. Er ist notwendig, um mit gefährlichen Situationen fertig zu werden. Streß mobilisiert alle unsere Energien, damit wir Erfolg haben. Streß ist für unser Gehirn über Millionen von Jahren ein wichtiges Mittel, um Menschen das Überleben zu sichern.

**Streßprogramme sind archaisch im Unterbewußtsein programmiert**

Als vor vielen hunderttausend Jahren die Menschen als Jäger und Sammler ihre Überlebens-, Denk- und Kombinationstechniken entwickelten, entstand auch das biologische Phänomen des Stresses. Der Mensch aus dieser frühen Zeit ruhte sich vielleicht am Lagerfeuer aus und wärmte sich. Plötzlich vernimmt er ein Geräusch. Sein Gehirn ist sofort in Aktion. In seinem Zwischenhirn registriert er Angst. Von dort geht die Erregung weiter zum Sympathikusnerv und zur Nebenniere. Das Nebennierenmark schüttet Adrenalin – und Noradrenalin – in den Kreislauf aus. Blitzartig ist der Mensch zum Angriff oder zur Verteidigung bereit. Er springt auf, die Hormone haben seinen Herzschlag beschleunigt, den Blutdruck erhöht, den Kreislauf schlagartig verändert. Bestehende Zucker- und Fettreserven werden angezapft und zu seinen Muskeln transportiert, wo sie als Traubenzuckerspritzen arbeiten, und schon kann sich der Mensch der Gefahr stellen. Über die Hirnanhangdrüse, auch Hypophyse genannt, ist zwischenzeitlich über einen Transferstoff ACTH ein weiteres Hormon abgerufen worden, nämlich Hydrokortison. Dieses Hydrokortison schaltet alle Verdauungsprozesse und Sexualfunktionen aus, um sämtliche Energien auf die Überwindung der Gefahr zu konzentrieren. Weiterhin überschwemmen rote Blutzellen die Arterien, um dem Körper zu mehr Sauerstoff zu verhelfen. Darüber hinaus sind die Blutgerinnungsfaktoren angestiegen, um eventuelle Wunden rascher zu schließen. Mit diesen Hilfen konnte nun der Jäger und Sammler der Urzeit in Sekundenschnelle der Gefahr entrinnen oder versuchen, den Angreifer zu vernichten.

**Die Erholungsphasen sind zu kurz**

Was hat das nun mit unserer heutigen Angst vor Anforderungen, Angst vor der Rede zu tun? Die Streßmechanismen haben sich in Hunderttausenden von Jahren als überlebenswichtig in unserem Gehirn einquartiert, mal mit positivem, mal mit negativem Erfolg. So reagiert das Gehirn heute zum Beispiel noch genauso vor einer Rede, wie es bei dem genannten Urmenschen am Lagerfeuer arbeitete. Der große Unterschied aber liegt darin, daß dieser Angst- oder Streßmechanismus nicht, wie in Urzeiten, in unregelmäßigen Abständen mit dazwischenliegenden Erholungsphasen auftritt, sondern daß dieser wie ein kurzes, immer wiederkehrendes Trommelfeuer uns tagtäglich belastet. Wir kennen ihn als Umwelt-, als Lärmstreß, als Termindruck, als Überlebenssorgen mit immer kürzer werdenden Erholungsphasen. Darüber hinaus ist es für das Gehirn völlig gleichgültig, ob der Streß in der Realität stattfindet oder ob es sich um innere Bilder oder Träume handelt. Und es kommt noch schlimmer: Im Unterschied zum Urmenschen ist der heutige Mensch nicht mehr in der Lage, die produzierten Brennstoffe auf der Flucht oder beim Angriff in Energie umzuwandeln. Wir sitzen in Angst da und zittern unserem Auftritt entgegen, wir sitzen wehrlos im Auto, wenn uns ein anderer die Vorfahrt nimmt.

**Fettsäuren belasten den Kreislauf**

So wandeln sich die mobilisierten Fettsäuren in Cholesterine und werden in die Gefäßwände eingebaut. Das beschleunigt die Arteriosklerose, so daß Verschiebungen und Störungen im vegetativen Nervensystem entstehen. Das führt zu weiteren Kreislaufstörungen und zur Erhöhung des Infarktrisikos. Auch wird durch Nervosität im Magen mehr Salzsäure produziert, was zu Verkrampfung im Darmbereich führt.

Analysieren wir einmal den Streßverlauf im Körper: Zuerst tritt die Vorlauf- oder Alarmphase ein, in der das vermutete Ereignis erwartet wird. Dann kommt es zur eigentlichen Streßauslösung und schließlich zur Phase der körperlichen und geistigen Erschöpfung. Der Körper spürt eine tiefe Müdigkeit und verlangt nach Schlaf.

**Schieben Sie Ihre Angst nicht vor sich her, denn Angst macht angst**

Welche Möglichkeiten der Streßbewältigung gibt es? Zuerst einmal sollten Sie versuchen, die Alarmphase zu verkürzen. Das heißt, wenn Sie Gefahr verspüren, wenn Sie vor etwas Angst haben, versuchen Sie, das Problem so schnell wie möglich zu lösen. Je länger Sie die Lösung vor sich herschieben, desto länger ist die Vorlaufphase, desto größer wird Ihre Angst, und desto stärker reagiert auch Ihr Nervensystem beim Eintritt des Streßauslösers. Also nichts hinausschieben! Packen Sie Ihre Ängste sofort an, nehmen Sie den Ratschlag von Renate Schmidt ernst, und versuchen Sie nicht, mit Drogen oder Medikamenten gegen Ängste vorzugehen. Viele Menschen neigen dazu, den Streßablauf zu unterdrücken, indem sie Alkohol oder Tabletten (Betablocker) zu sich nehmen. Dadurch wird die Angst zwar für den Augenblick ausgeschaltet, aber Sie wissen genau, daß sie wiederkommen wird. Und die Angst wird sich potenzieren. Es gibt einen weisen Spruch, der lautet: Angst macht angst.

**Trainieren Sie die Situation**

Natürlich hat der Mensch besonders vor Situationen Angst, die er nicht beherrscht. Sei es beim Tennisspiel gegen einen starken Gegner, sei es das Reden vor einer großen Gruppe oder der Fernsehauftritt am Sonntagabend. Stellen Sie sich einmal vor, Sie hätten nicht Autofahren gelernt und sollten auf einer Rennstrecke die erste werden. Eine solche Konstellation ist unsinnig. Wenn Sie sich vorgenommen haben, auf der Rennstrecke zu gewinnen, werden Sie Autofahren lernen müssen, und zwar besser lernen müssen als eine »normale« Autofahrerin. Dann, wenn Sie Hunderte von Stunden gefahren sind und Ihr Gehirn gelernt hat, mit der Situation fertig zu werden, werden Sie die Angst verlieren und können sich dann in das Rennen hineinbegeben.

Wenn Sie also vor einer Situation Angst haben, vor einem Gespräch mit Ihrem Vorgesetzten, vor einem Auftritt vor großen Gruppen, dann trainieren Sie es, möglichst zusammen mit einem Experten. Und was hilft sonst noch gegen Streß im Alltag? Eine streßfreie Partnerschaft, ein harmonisches Familienleben, gesunde Nahrung, Vermeidung von Alkohol und Nikotin, eine sinnvolle körperliche Tätigkeit, Sport also, ein Hobby, Interesse für Kunst und Musik und als wichtigster Antistreßfaktor: Liebe und Zärtlichkeit.

**Denken Sie positiv**

Eine Möglichkeit der Streßbewältigung besteht auch darin, in positiven Bildern zu denken. Das heißt, die in der Zukunft liegende Handlung als vollständiges Bild positiv zu entwickeln. Ein solches Bild verleiht Kraft und fokussiert den Blick aufs Positive. Denken Sie an das Verhalten vor dem Redeauftritt. Wenn Sie darüber nachdenken, daß Sie hängenbleiben könnten, wenn Sie sich in Erinnerung rufen, daß Sie sich vor einiger Zeit schon einmal blamiert haben, daß schon Ihre Eltern gesagt haben, Sie könnten nicht reden – genau dann wird der Körper mit Angst reagieren.

**Erleben Sie positive Bilder**

Denken Sie doch an ein angenehmes Bild, in dem Sie positive Erlebnisse hatten, in dem Sie Erfolg hatten. Dann werden sich Ihr Körper und Ihr Nervensystem in die Situation hineinversetzen und positiv reagieren. Es gibt ein altes Gesetz: Wenn Sie Unkraut säen, werden Sie auch Unkraut ernten. Wenn Sie also Angst und Schrecken säen, werden Sie auch Angst und Schrecken ernten. Also wenn Ihre negativen Empfindungen und Bilder Sie überwältigen, rufen Sie sich Ihre positiven Bilder aus der Erinnerung zurück. Erleben Sie sie möglichst farbenfroh, möglichst intensiv. Versuchen Sie, die Gerüche zu empfinden, die zu diesem Bild gehören. Versuchen Sie, Töne zu hören. Je mehr und intensiver Sie das Bild erfahren, desto mehr wird es von Ihnen Besitz ergreifen und Sie mehr und mehr in eine positive Stimmung versetzen.

**Ordnen Sie Ihr Bildarchiv**

Erfolglose, pessimistische und ängstliche Menschen haben fast immer eines gemeinsam: Sie denken in negativen Bildern. Positive Menschen haben gelernt, aus ihrer Erinnerung die Positivbilder herauszufiltern. Die Vergangenheit ist vergangen und nicht wiederholbar. Aber wir können das Archivmaterial unserer Vergangenheit so sortieren, wie wir es haben wollen. So wie der Ängstliche, der Pessimist, bei Gefahren die Negativbilder immer wieder aufgreift, oder der Erfolgreiche, der positiv denkende Mensch, sich daran gewöhnt hat, sich von positiven Bildern leiten zu lassen. Nutzen Sie die Kraft Ihrer positiven Erfahrungen. Legen Sie Ihre negativen Bilder im hinteren Teil Ihres geistigen Archivs ab. Sie sind da, aber sie sind nicht mehr wichtig. Und wenn sich wieder ein negatives Bild nach vorne drängt, setzen Sie ein positives Bild dagegen. Treten auch Sie in den Club der Positivdenker ein. Fangen Sie morgens beim Aufstehen an, lassen Sie sich tagsüber von Negativdenkern nicht manipulieren, und gehen Sie abends mit einem positiven Gedanken wieder ins Bett. Und Sie werden sehen: Die Welt wird sich ändern, denn jeder Mensch hat seine eigene Welt, eine positive oder eine negative. Es liegt an Ihnen, wie Ihre Welt aussieht.

*Jeder Handlung geht ein Gedanke voraus.* (Ralph Waldo Emerson)

Angst ist ein wichtiger Teil unseres Lebens. Angst ist notwendig als ein Programm des Überlebens. Aber Angst darf nicht Normalität werden. Angst darf nicht angst machen. Angst verbraucht zuviel Energie, und Angst lähmt und behindert den Erfolg.

## Resümee

☐ *Wie weit du auch einen falschen Weg gegangen bist, jetzt kannst du umkehren.* (unbekannt)

① Definieren Sie genau Ihre Zielvorstellungen, den Punkt, wohin Sie kommen wollen. Nehmen Sie sich Erfolgsfrauen als Vorbild, und malen Sie sich Ihren Erfolg in positiven Bildern aus.

② Überprüfen Sie Ihre Gewohnheiten, Ihre Denkmuster, die vielleicht in der Vergangenheit für Sie sinnvoll waren, in der Zukunft aber Ballast bedeuten könnten. Seien Sie flexibel, klammern Sie sich nicht an alte Gewohnheiten.

③ Erlernen Sie die notwendigen Techniken, die auf dem Weg nach oben notwendig sind. Vergessen Sie bitte nicht: Ein Bergsteiger mit schlechter Ausrüstung wird den Gipfel kaum erreichen. Ihre Ausrüstung sind Führungstechniken, Managementmethoden, Ihr Erscheinungsbild, Ihr Auftreten, Ihre Überzeugungskraft, Ihr Zeitmanagement, Ihr positives Denken.

④ Lernen Sie, die Denk- und Verhaltensweisen Ihrer Wegbegleiterinnen und -begleiter zu analysieren. Erkennen Sie vor allen Dingen ihre positiven Seiten, denn Sie brauchen auf dem Weg nach oben Hilfe. Gehen Sie nicht gegen Ihre Wegbegleiter vor, stellen

☐ *Wer sich einer schwierigen Aufgabe stellt, braucht keine Angst zu haben, daß er viel Konkurrenz bekommt.*
(Sinnspruch aus den USA)

Sie sich nicht gegen Männer oder anders denkende Kollegen. Akzeptieren Sie die Unterschiede, und behalten Sie immer eine Tatsache im Auge: Ein anderer Mensch ist Ihnen immer auf gewissen Gebieten überlegen. Nur derjenige, der Menschen für sich gewinnt, wird den Weg nach oben schaffen.

⑤ Akzeptieren Sie Ihre Ängste, aber lassen Sie sich durch sie nicht von Ihrem Weg nach oben abhalten. Laufen Sie vor schwierigen und unbequemen Situationen nicht weg, sondern lösen Sie sie sofort.

⑥ Achten Sie auf gute Freundschaften, sowohl auf Freundschaften unter Frauen als auch mit Männern. Ab und zu werden Sie in Situationen geraten, in denen Sie ein klärendes Gespräch oder Zärtlichkeit benötigen, damit Sie Ihren Weg nach oben weiter fortsetzen können.

# Bundestagspräsidentin Prof. Dr. Rita Süssmuth: Es geht nicht ohne Anstrengung

*Frage: Frau Süssmuth, Sie sind seit 1986 Bundesvorsitzende der Frauen-Union der CDU. Sie haben es bis zum zweithöchsten Amt in unserem Staat gebracht. Hat sich denn der Weg, den Sie gegangen sind, und der Preis, den Sie dafür bezahlt haben, gelohnt?*

**Ein kluger Kopf ist ganz gut, aber stekke ihn nicht zu weit heraus**

Süssmuth: Natürlich hat alles seinen Preis, aber es ist vor allem eine Frage der Bewertung. Wenn ich vorher gewußt hätte, was ich heute alles weiß, könnte es sogar sein, daß ich damals nein gesagt hätte. Aber dann wäre mir allerdings auch vieles entgangen. Es gehört nach meiner Erfahrung dazu – gerade in bezug auf die Frauen –, daß sie ganz hohen und sehr unterschiedlichen Erwartungen ausgesetzt sind. Einerseits wird hohe Kompetenz erwartet, andererseits ein hoher Grad an Weiblichkeit – ganz nach dem Motto: »Ein kluger Kopf ist ganz gut, aber stecke ihn nicht zu weit heraus.« Auch die Anforderungen an das Outfit sind beträchtlich, so daß eine Kombination von Erwartungen zustande kommt, der Frauen nicht immer folgen mögen.

**Suche Bilder, die sich in den Köpfen festsetzen**

Noch viel wichtiger ist, wie Sie etwas sagen. Das ist mindestens so wichtig, ich behaupte sogar: noch wichtiger als das Was. Das kann mitunter sehr frustrierend sein, wenn Sie die Erfahrung machen, daß Ihnen die Menschen erzählen können, was Sie angehabt haben, aber fast nichts von dem, was Sie gesagt haben. Was ist daraus zu lernen? Wir müssen Dingen, die wir eigentlich für zweitrangig halten, eine andere Priorität geben und überlegen: Wie sage ich eine Sache so, daß sie in den Köpfen bleibt? Es fehlt in der Politik oft daran, eine Sache auf eine *bildhafte* Form zu bringen, denn alle können etwas beschreiben, aber es fehlen ihnen häufig die Bilder, die sich in den Köpfen festsetzen.

*Frage: Ein Problem, das viele Politikerinnen und Politiker haben: Sie richten sich nach der Quantität und nicht nach der Qualität. Das Reduzieren scheint schwieriger als das Darbieten von vielen Informationen.*
Süssmuth: Weil das Reduzieren eine erhebliche Zeit voraussetzt, um das Verarbeitete auf den Punkt zu bringen und ihm zugleich Substanz und Aussage zu geben. Es ist zum Beispiel sehr viel leichter, die Steuerreform in einer halben Stunde oder Stunde darzustellen, als jemandem in fünf Minuten zu sagen, worauf es eigentlich ankommt und worin sie besteht.

*Frage: Sie betonen die Wichtigkeit des Outfits: Haben es da die Frauen nicht leichter? Können sie mit der Kleidung, der Haartracht, verschiedenen Accessoires doch mehr variieren als der so grau gekleidete Mann?*

**Macht ist eine »Männerdomäne«**

Süssmuth: Auf den ersten Blick könnte man sagen: Sie haben es leichter. In bezug auf Sympathie, Schönheit, gute Kleidung, Ausstrahlung oder nicht haben wir Frauen mehr Möglichkeiten. Nur die eigentliche Bedeutung hängt an ganz anderen Kategorien. Denn tief in jedem Menschen steckt die Frage: Wieviel Macht hat jemand? Und da werden Männer ganz anders wahrgenommen als Frauen. Die meisten Gremien sind auch heute noch männerdominiert. Viele Entscheidungen, die vorgetragen werden, ob es die Koalitionsrunde oder die Runde der Parteivorsitzenden ist, sind nicht von Frauen geprägt. Überall, wo Entscheidungen gefällt werden, sind Frauen primär nicht gefragt. Die Vorstellung, wir nähmen wirklich Einfluß, kommt nur ganz selten, immer nur dann, wenn aufgemerkt wird, daß die Frauen in diesem Punkt ihre eigenen Vorstellungen durchgesetzt haben.
Wenn Sie sich nicht nur die Politik anschauen, sondern auch in Bereiche der Wirtschaft, der Wissenschaft und auch der Medien schauen, so sind diese durch Männer geprägt. Wie selektiv die menschliche Wahrnehmung ist, haben wir ja an dem Beispiel »Prinzessin Diana« erlebt. Dort wurde alles auf die Betrachtung reduziert: Sie gehört uns förmlich, ich lebe Tür an Tür mit ihr. Da wurde eine Dimension herausgenommen, die alles andere zurücktreten ließ.

*Frage: Da sieht man aber auch, wie stark das Bild gewirkt hat, sie sei*

*»Königin der Herzen«; ob es ihr in den Mund gelegt wurde, sei dahingestellt, aber das Bild, »Königin der Herzen« zu sein, ist ja phänomenal.*

**Von negativ besetzten Bildern kommt man sehr schlecht wieder los**

Süssmuth: Da bin ich etwas anderer Meinung. Bilder sind da zuhauf transportiert worden. Aber die Mehrheit hat Diana nie erlebt. Hier ist möglicherweise eine Wirklichkeit konstruiert worden, die mit der tatsächlichen Realität nichts zu tun hat. Bilder schaffen mehr eine eigene Wirklichkeit. Nicht umsonst reden wir heute von einer virtuellen Wirklichkeit – in diesem Fall war sie positiv besetzt, aber es gibt auch negativ besetzte Bilder. Wer einmal begrifflich negativ besetzt ist, kommt nur schwer wieder davon los.

*Frage: Der Karriereweg einer Frau erscheint manchmal mit größeren Stolpersteinen übersät zu sein als der eines Mannes, weil die Begriffe Macht und Karriere eher zu Männern passen. Wie sehen Sie das?*

**Eine Frau, die Karriere macht, ist suspekt**

Süssmuth: Zunächst einmal ist das Wort im Deutschen ambivalent besetzt. *Career* im Angelsächsischen ist neutral. Karrieremachen heißt eigentlich: für sich selbst vorankommen. Es ist nichts Soziales, sondern es ist auf das Individuum bezogen. Ein Mann hat Karriere zu machen; das gehört gleichsam zur Rollenzuschreibung. Eine Frau, die Karriere macht, ist suspekt. Die einen fragen: »Ist sie karrierefähig?«, die anderen fragen: »Ist sie karrieresüchtig?«

**Was Frauen privat positiv zugesprochen wird, wird ihnen öffentlich abgesprochen**

Über einen langen historischen Zeitraum hinweg hatten Frauen keinen Karriereplan, nicht einmal einen Berufsverlaufsplan zu machen. Das gehörte eigentlich nicht zu ihren Aufgaben. Außerdem wird weibliche Karriere immer im Widerspruch zu ihrer dienenden Rolle gesehen. Man setzt automatisch voraus: Sie hat ihrem Mann und ihren Kindern zu dienen. Das ist ja bis zum heutigen Tag noch so: Wird ein Kind krank, wird erwartet, daß die Frau zu Hause bleibt. Ein Kind zu bekommen ist in unserer Gesellschaft vielfach noch kein Bonus, sondern ein Malus, sonst müßte es sich für die Berufslaufbahn irgendwie positiv auswirken. Hinzu kommt: Männer haben ehrgeizig zu sein. Ehrgeizige Frauen sind eher suspekt. Es ist nichts, was sie attraktiver macht. Außerdem unterstellt man Frauen, sie seien zu nachgiebig, zu harmoniebedürftig, nicht konfliktbewältigend – eigentlich alles, was sie in der Familie permanent praktizieren müssen. Was ihnen privat als Qualität zugeschrieben wird, wird ihnen öffentlich vielfach noch abgesprochen. Auch bei Mandatsaufstellungen hören Sie die Fragen: »Wird die Frau denn etwas für uns bewirken, wird sie konfliktresistent sein?« Das heißt, gerade die traditionelle Frauenrolle schiebt sich noch immer zwischen die heutige. Ein sehr konflikthafter Punkt für unsere Töchtergeneration ist, daß die frühere Vorstellung, daß ich mit Kindern die Familienrolle zu übernehmen habe, zurückgetreten ist. Sie wollen beides. Und es zeigt sich in der Praxis, mit welchen Hemmnissen und Barrieren das verbunden ist. Dabei ist sehr deutlich zu sehen: Über 90 Prozent der Männer in Führungspositionen haben Kinder, nur 47 Prozent der berufstätigen Frauen sind in Führungspositionen und haben Kinder.

**Karriere muß auch dann möglich sein, wenn man bis 40 noch nicht an ihr teilgenommen hat**

Ich unterstreiche: An Fähigkeiten und Qualifikationen fehlt es den Frauen nicht. Ich finde es ganz wichtig weiterzugeben: Nicht alle Probleme können den Frauen abgenommen werden. Wie sie ihren Alltag organisieren, welche Absprachen sie treffen, das muß in ihre persönliche Verantwortung gestellt werden. Aber es müssen Rahmenbedingungen geschaffen werden. Ich nenne Stichworte: Kinderbetreuung, berufliche Unterbrechung, um Qualifikationen in schnellster Zeit nachzuholen. Wir müssen wieder dahin kommen – und das sage ich für Frauen und Männer gleichermaßen –, daß 40- oder 50jährige Lebensaltersgruppen sind, die in der Tat noch etwas einzubringen haben in unserer Gesellschaft.

*Frage: Sie waren in vielen wichtigen Gremien lange Zeit die einzige Frau. Ist Ihnen da ein Unterschied im Umgang der Männer untereinander oder mit Ihnen aufgefallen?*

Süssmuth: Ich erinnere mich, als ich als junge Dozentin Anfang der siebziger Jahre in den wissenschaftlichen Beirat für Familienfragen berufen wurde – damals auch wiederum als einzige Frau. Da gab es zwei Vorbehalte: zum einen meine Disziplin, die Pädagogik. Es gab gelegentlich eine schon verletzende Art, mit äußerster Höflichkeit Ihnen klarzumachen, daß Sie keine fachliche Ahnung haben. Jede Frau wird einen anderen Weg gehen; ich persönlich habe nicht lockergelassen, um meine fachliche Kompetenz unter Beweis zu stellen. Aber es dauert ja seine Zeit, bis Sie als junge Pädagogin es wagen, beispielsweise mit einem Finanzwissenschaftler in eine Diskussion einzutreten. Das sind zwei verschiedene Welten. Ich habe in diesen interdisziplinären Gremien von Medizinern, Ökonomen, Soziologen, Juristen, Finanzwissenschaftlern unendlich viel gelernt.

**Politikervorurteile sind zu überprüfen**

Es wird ja oft das Bild verbreitet, Politiker seien die Dümmsten aller Dummen; sie seien zwar Generalisten, aber eigentlich hätten sie von nichts eine Ahnung. Ich wünschte doch manchem, daß er dieses Vorurteil mal selbst überprüfte. Wir haben permanent eine Menge zu lernen, denn wir müssen ja draußen dem Bürger Rede und Antwort stehen. Bei den Dingen, über die wir im Wahlkreis sprechen, können wir nicht einfach über die Tatbestände hoppeln, Sie müssen Rede und Antwort stehen und können nicht sagen: »Da muß ich erst einmal in Bonn anrufen.« Es ist ganz wichtig, ob die Menschen den Eindruck haben, er oder sie weiß Bescheid oder nicht.

*Frage: Sind Frauen da nicht genauer als Männer, die aufstehen und etwas sagen, was relativ unwichtig ist, aber mit einem sehr wichtigen Gehabe, und sie wiederholen es zwei-, dreimal, damit es in den Köpfen bleibt. Frauen tun das weniger.*

**Die Menschen wollen es eigentlich schlicht**

Süssmuth: Ich bin da vorsichtig mit den Verallgemeinerungen. Richtig ist, daß die Männer über ihre lange Sozialisation hin Rituale des politischen Redens mit der Muttermilch aufgenommen haben oder sie sich sehr früh schon angeeignet haben. Mit denen würde ich nie ins Feld ziehen. Dann wirkt es vielleicht bei uns schlichter und unbedarfter, aber meine – sicherlich nicht empirisch erhärteten – Einsichten lauten: Die Menschen wollen es eigentlich schlicht.

**In der Sprache gibt es Unterschiede zwischen Männern und Frauen**

Gut war ein Politiker, wenn er die gegnerische Partei so richtig verdroschen hat, und je polemischer, desto besser. Meine Erfahrung ist: Die Mehrheit will das gar nicht mehr hören. Die will zwar eine pointierte Auseinandersetzung, aber Polemik ist nur ein Element von Entertainment. Wenn Sie darauf die Rede aufbauen, landen Sie vielleicht einen Augenblickserfolg. Schon in der Sprache hören Sie Unterschiede zwischen Männern und Frauen heraus. Männer haben lange Zeit gelernt draufzuhauen, Frauen sind argumentativer, sachbezogener. Das hat allerdings auch den Nachteil, daß wir uns bisher zuwenig um die Macht gekümmert haben.

*Frage: Sie brauchen Macht, um etwas durchzusetzen; ohne Macht läuft gar nichts. Entweder haben Sie Macht aufgrund Ihres Amtes, Ihrer Qualifikation oder Ihres Charismas, aber irgendwo müssen Sie die Macht nun herhaben. Sind Frauen etwas zu »zimperlich« mit der Macht?*

Süssmuth: Meine erste Antwort lautet: Frauen befinden sich gegenwärtig erst in den Schlupfwinkeln und nicht im Zentrum der Macht. Der Machteinfluß zwischen Frauen und Männern ist höchst unterschiedlich verteilt. Wie viele Ministerpräsidentinnen, wie viele weibliche Parteivorsitzende haben wir denn?

**Wir kommen nicht aus ohne organisierte Macht**

Zweitens frage ich selbstkritisch uns Frauen: Es gibt so etwas wie ein ungutes Verhältnis zur Macht. Macht wird im Verständnis vieler Frauen immer noch mit Machtmißbrauch gleichgesetzt. Das wollen wir nicht. Das ist so eine Mischung aus Psychologie und Moral: Ich möchte nicht so sein wie ein Mann, und hinter Macht steckt nichts Gutes; »damit« sind wir wieder auf der Ebene des allgemeinen Politikerimages. Macht bedeutet zunächst einmal, Einfluß zu nehmen, und zwar im Sinne einer organisierten Einflußnahme. Als einzelne können Sie mal Erfolg haben. Wenn aber nicht geballte Einflußnahme dahintersteht, dann ist der Erfolg bald wieder verschüttet. Hier liegt also noch ein Lernprozeß vor uns: Wie sage ich es so, daß ich gehört werde? Und: Wie organisiere ich es so, daß das, was mir wichtig ist, auch am Ende zum Erfolg führt? Sie kommen also nicht aus ohne organisierte Macht.

*Frage: Heißt das nicht auch, daß Frauen mehr Netzwerke brauchen, mehr Möglichkeiten, dieses Netz aufzubauen, bei dem eine der anderen behilflich sein kann?*
Süssmuth: Ja, das hat auch die letzten Jahre ausgemacht, daß Frauen dies immer stärker wahrgenommen haben und an Netzwerken arbeiten. Es gibt einen Punkt, den uns die Männer immer sehr genüßlich vorhalten: »Ihr Frauen schadet euch doch am meisten selbst.« Damit wird so getan, als seien die Männer von Einmütigkeit und Rationalität geleitet, als gäbe es keine persönliche Konkurrenz unter Männern.

**Frauen wählen doch nicht Frauen**

Einen Punkt können die Männer auch kaum nachvollziehen: Bei der kurzen Geschichte öffentlichen Auftretens und öffentlicher Einflußnahme gibt es noch viele Frauen, die sich fragen: »Warum ich nicht, wenn sie?« Das heißt, im Sozialisationsprozeß haben wir selbst strukturelle Konflikte, deren Lösung auch noch eine Zeit brauchen wird. Insofern machen es sich die Männer zu einfach, wenn sie vorschnell sagen: »Ihr seid euch doch uneinig.« Und: »Frauen wählen doch nicht Frauen.« Ich weigere mich zu sagen, die Frauen seien von Natur aus mißgünstiger, weniger solidarisch als Männer. Ich habe so gute Beispiele, nicht nur von hier, sondern auch aus dem Ausland. In Tunesien ist zum Beispiel die Verhinderung der dortigen Fundamentalisten das Ergebnis einer großen Kampagne von Frauen, die geschlossen auftreten und sagen: »Das wollen wir nicht.«

*Frage: Die Frau hat ja eine Doppel- oder Dreifachbelastung; sie braucht sehr viel Kraft dazu. Die Männer haben von Natur aus mehr Kraft. Woher kriegen Sie Ihre Kraft?*

**Frauen haben immer wieder unter Beweis gestellt, wie belastbar sie sind**

Süssmuth: Das ist eine schwierig zu beantwortende Frage. Ich bestreite, daß Männer mehr Kräfte haben als Frauen. Sie haben mehr Muskelkraft, aber daß sie mehr Energie haben, bestreite ich. Frauen haben immer wieder unter Beweis gestellt – gerade in Zeiten hoher Belastungen wie Kriege, Vertreibung, aber auch im Alltag –, wie belastbar sie sind. Heute können Sie feststellen, welche ungeheuren Kräfte Alleinerziehende entwikkeln, um ihre Aufgaben erfolgreich zu erledigen. Meine Kinderjahre waren beispielsweise geprägt von sehr wenig Schlaf; das lag daran, daß ich viel Zeit im Luftschutzkeller verbracht habe. Meine Kräfte sind also aus der Krise gewachsen.

**Bei wichtigen Aufgaben setzen Sie Energien frei**

Wichtig ist, für Aufgaben Energien freizusetzen, sie motivieren zu können. Wenn ich ständig in Aktion bin und es kommt nichts dabei heraus, ist das ein mich müde machender Vorgang. Bei wichtigen Aufgaben, von denen man persönlich überzeugt ist, die einen begeistern und die man nicht aufgeben möchte, setzen Sie Energien frei. Da wundere ich mich selbst, wo die herkommen.

*Frage: Leben Sie gesund?*

**Gesund leben beinhaltet nicht nur den Körper**

Süssmuth: Ich achte darauf, daß ich mein Gewicht stabil halte. Wenn ich zu viele Pfunde habe, nimmt mir das Kraft im Körper und im Kopf. Ich bin früher immer ein sportlicher Typ gewesen, und sobald ich mal Zeit habe, schwinge ich mich aufs Fahrrad; ich laufe und schwimme gerne, aber das ist weniger geworden. Worauf ich – leider – am wenigsten achte, ist die ausreichende Menge Schlaf. Gesund leben beinhaltet nicht nur den Körper: Ich schaue jeden Tag nach positiven Nachrichten und ob ich selbst welche schaffen kann. Ich kann nicht den ganzen Tag von negativen Botschaften leben. Das zweite ist: Wenn ich bei allem Streß wenigstens einmal in der Woche sagen kann: »Mensch, war das heute abend schön! Das Gespräch war so toll«, dann war das ein positiver Tagesverlauf.

*Frage: Es gibt einen schönen Spruch: »Menschen, die* für *etwas leben, leben länger.« Es ist doch wichtig, daß man weiß, man will* für *etwas und nicht* gegen *etwas leben. Muß man den Menschen nicht immer wieder sagen: »Lebt für etwas!«?*

**Hab eine Sache, die dir außer deinem täglichen Allerlei so wichtig ist, daß du sie nicht aus dem Blick läßt.**

Süssmuth: Oder den Menschen sagen: »Hab eine Sache, die dir außer deinem täglichen Allerlei so wichtig ist, daß du sie nicht aus dem Blick läßt.« Das kann eine Aufgabe im Sozialen, in der Kultur, im Sport sein. Aber nichts zu haben, was einem wichtig ist, das macht das Leben fad.
Ich erlebe in meiner Altersgruppe sehr viele, die nun schon zwei, drei oder vier Jahre im sogenannten Ruhestand leben. Wenn es dann nur noch die Frage gibt: »Welche Reise, welche Sportart machen wir?«, dann tritt Leere ein. Das ist eine Horrorvorstellung für mich. Da bleibt die Frage: Was ist denn noch wichtig in unserem Leben?
Ich denke, Leben bedeutet auch: sich auf den Weg machen. Die Aufgaben liegen auf der Wegstrecke. Heute habe ich oft das Gefühl, daß alle vorankommen möchten, alle am Wohlstand teilnehmen wollen, nur das Wort »Anstrengung« muß vermieden werden. Ich bin sehr dafür, daß Anstrengung sich lohnt, weil es nicht ohne Anstrengung geht. Das ist zum Beispiel ein großes Problem für die Lehrerschaft: Lernen soll stattfinden, aber nach Möglichkeit soll's niemand merken.

*Frage: Das Problem ist auch, daß viele nicht mehr dienen wollen. Das Dienen ist uns abhanden gekommen.*

**Zum menschlichen Zusammenleben gehört Dienst**

Süssmuth: Das ist abhanden gekommen, zusammen mit einer bestimmten Gleichheitsphilosophie, die da bedeutet: »Wir sind alle gleich.« Einverstanden – das ist auch eine Vision, für die ich als Frau und als Mensch kämpfen will. Aber das bedeutet nicht, daß wir nicht mehr einander dienen. Zum menschlichen Zusammenleben gehört Dienst. Der Mann gegenüber der Frau und umgekehrt, gegenüber den Kindern und außerhalb des Privaten. Dazu gehören auch Tätigkeiten wie Pflegen, Reinigen, Helfen. Wir dürfen nicht sagen: Diese Tätigkeiten können von Ausländern wahrgenommen werden, und das am liebsten noch unsichtbar.

# Das eigene Selbstwertgefühl festigen

## »Ich bin okay – du bist okay« – und die drei Ich-Zustände

Wohl eines der wichtigsten Dinge im Leben ist es, zwischenmenschliche Reibungen und Ärger im Umgang mit anderen zu vermeiden. Welche Art von Spannungen vermieden werden können, wenn man sich seines Selbst bewußt ist, soll an einem Beispiel illustriert werden.
Sie fahren mit Ihrem Auto auf einer Landstraße. Plötzlich kommt hinter Ihnen ein Wagen mit sehr hoher Geschwindigkeit angefahren. Der Fahrer blendet die Scheinwerfer auf, drückt auf die Hupe und versucht, Sie nach rechts abzudrängen. Sie fahren mit der gleichen Geschwindigkeit weiter. Das scheint ihn noch mehr in Wut zu versetzen, denn er versucht, Sie nun auf der Gegenfahrbahn zu überholen. Dabei übersieht er ein entgegenkommendes Auto. Nur knapp vor Ihnen kann er einscheren; Sie müssen voll bremsen, Ihr Wagen kommt an einer Böschung zum Stehen. Gerade noch einmal sind Sie einem schweren Unfall entkommen. Erschöpft lassen Sie sich in den Fahrersitz sinken.

**Dr. Eric Berne entwickelte die Transaktionsanalyse**

Sicher haben Sie sich auch schon in vergleichbaren Situationen gefragt: Warum das Ganze? Warum Ärger mit Vorgesetzten, warum Ärger mit dem Partner, warum Ärger mit Freunden? Gibt es ein Erklärungsmodell hierzu? – Die Antwort: Ja. Es ist die Transaktionsanalyse, ein psychologisches Verhaltensmuster, das Ende der fünfziger und Anfang der sechziger Jahre von dem amerikanischen Psychotherapeuten Dr. Eric Berne entwik-

*Du kannst dich den ganzen Tag ärgern. Verpflichtet bist du nicht dazu.*

kelt wurde und das bis heute von anderen Transaktionsanalytikern ständig modifiziert wurde. Berne legte seinem Modell die Freudsche Psychoanalyse zugrunde und entwickelte sie weiter. Dabei halfen ihm viele praktische Erfahrungen aus zahlreichen Sitzungen mit seinen Patienten sowie aus der Zusammenarbeit mit Unternehmen und Verbänden. Der kanadische Gehirnchirurg Wilder Penfield wies später die Richtigkeit des Berneschen Modells mit wissenschaftlich abgesicherten Methoden nach. Er stellte fest, daß mit der Erinnerung eines Menschen an bestimmte Ereignisse auch die damit verbundenen Gefühle im Gehirn gespeichert sind. Diese lassen sich durch Reizung der entsprechenden Gehirnzonen abrufen.

**Die drei Ich-Zustände**

Penfield bestätigte auch die Theorie von Eric Berne, wonach sich die Persönlichkeit des Menschen aus drei Ich-Zuständen zusammensetzt. Berne nennt sie das Kindheits-Ich (KI), das Eltern-Ich (EL) und das Erwachsenen-Ich (ER). Sie unterscheiden sich jedoch von den bekannten Freudschen Begriffen »Es«, »Ich« und »Über-Ich«. Eltern-Ich, Erwachsenen-Ich und Kindheits-Ich sind keine abstrakten Beschreibungen, sondern psychologische Realitäten, die sich an Äußerlichkeiten wie Haltung oder Stimmlage der Personen widerspiegeln. Die Ich-Zustände archivieren unterschiedliche Informationen und Verhaltensweisen eines jeden Menschen. Sie sind für das Gelingen oder Mißlingen von Kommunikation verantwortlich.

**Das Kindheits-Ich und die Emotionen**

Das Kindheits-Ich verzeichnet Freude, Überraschung, Erstaunen, Lachen, aber auch Weinen, Angst- und Schmerzgefühle, also Emotionalitäten, die mit den ersten Entdeckungen im Leben eines jeden Menschen verbunden sind und mit denen ein Kleinkind versucht, in Kommunikation zu seiner Umwelt zu treten. Die meisten Inhalte des Kindheits-Ichs entstehen deshalb auch in den ersten Monaten und Jahren der Kindheit.

**Das Eltern-Ich speichert Normen**

Später entwickelt sich das sogenannte Eltern-Ich. Hier werden aufgezwungene äußere Ereignisse archiviert, die das Kind in seinem Heranwachsen braucht, um Maßstäbe zu setzen und Halt zu finden. Das sind zum einen die Normen fürsorglicher Art nach dem Motto: »Ich möchte dir doch helfen«, »Wenn du zu fremden Menschen gehst, zieh dich gut an«, »Schau, wenn du über die Straße gehst, erst nach rechts, dann nach links«; zum anderen das kritische Eltern-Ich, das da sagt: »Das darfst du nicht«, »Das kannst du nicht«, »Das muß man so machen«, »Dafür bist du noch zu klein«, »Du mußt noch viel lernen«.

**Jede(r) hat seine Eltern dabei**

Das Eltern-Ich hat zwei Hauptfunktionen: Das Kind entwickelt über das Eltern-Ich erstens eine Vorstellung der Verhaltensweise von Vater und Mutter. Die ermöglicht ihm, später als Elternteil der eigenen Kinder zu fungieren. Das Eltern-Ich ermöglicht zweitens, auf viele Situationen des täglichen Lebens automatisch zu reagieren. Es entlastet damit unseren Denkapparat und spart Zeit und Energie. Man tut die Dinge des Alltags »einfach, weil man sie so tut«. Später jedoch, im Laufe des Erwachsenen-Seins, können sie hinderlich sein, denn die gespeicherten Angaben des Eltern-Ichs sind immer »unverarbeitet« aufgenommen worden und können rationalen oder emotionalen Entfaltungen im Wege stehen. Jeder trägt somit »in seinem Innern seine Eltern mit sich herum«.

**Das Erwachsenen-Ich beheimatet die Logik**

Der letzte der drei Zustände ist das sogenannte Erwachsenen-Ich. Hier ist die Logik beheimatet; es ist sozusagen der computerhafte Teil unserer Persönlichkeit. Seine Funktion ist es, auf uns einströmende Daten zu verarbeiten. Hier werden Fragen gestellt, Fakten ausgewählt, Antworten gesucht, Situationen verglichen, Entscheidungen getroffen. Das Erwachsenen-Ich vermittelt auch zwischen Eltern-Ich und Kindheits-Ich; es vergleicht Daten, um festzustellen, was in der Gegenwart zu tun ist. Alle drei Ich-Zustände haben ihre Notwendigkeit im Erfahrungsschatz eines Menschen, und alle drei manifestieren sich täglich in unserem Leben. Sie sind allerdings bei den einzelnen Menschen unterschiedlich ausgeprägt.

## Test zum persönlichen Ich-Zustand

Bevor Sie nun weiterlesen, stellen Sie doch einmal fest, welches Ich bei Ihnen im Vordergrund steht. Gehen Sie hierzu die insgesamt 60 Behauptungen durch, und kommentieren Sie sie möglichst mit Ja oder Nein. Achten Sie dabei bitte auf die Formulierung der Aussagen. Ein »Ja« bedeutet immer: »Die Behauptung trifft zu.« Ein »Nein« meint: »Die Behauptung trifft nicht zu.« Wenn Sie sich für eine Antwort nicht entscheiden können – auch das ist kein Beinbruch –, lassen Sie die Aussage einfach unkommentiert. Antworten Sie möglichst spontan, und grübeln Sie nicht zu lange über eine Behauptung.

| | |
|---|---|
| 1. Menschen, die als Führungskraft nur einen kleinen Bereich der »freien« Aktivität haben, mangelt es an ausreichendem Selbstwertgefühl. | ja ☐ nein ☐ |
| 2. Es fällt mir schwer, kleine Laster (zuviel essen, rauchen etc.) aufzugeben, obwohl ich weiß, daß sie ungesund sind. | ja ☐ nein ☐ |
| 3. Viele Menschen in der heutigen Zeit sind sich ihrer tatsächlichen Stärke gar nicht bewußt. | ja ☐ nein ☐ |
| 4. Der Mensch ist kein Einzelwesen und braucht daher den ständigen Kontakt und die Rückkoppelung zu seinen Mitmenschen. | ja ☐ nein ☐ |
| 5. Ein ausgeprägtes Selbstwertgefühl ist die wichtigste Grundlage einer erfolgreichen und in sich harmonisierten Persönlichkeit. | ja ☐ nein ☐ |
| 6. Ich lasse mich kaum zu einer bestimmten Handlung provozieren, auch in kritischen Situationen nicht. | ja ☐ nein ☐ |
| 7. Kinder müssen ihren Eltern gegenüber respektvoll auftreten. | ja ☐ nein ☐ |
| 8. Ich halte es für gut und richtig, daß bestimmte Berufe, wie zum Beispiel die des Soldaten, Bergmanns oder Seemanns, den Frauen bei uns nicht zugänglich sind. | ja ☐ nein ☐ |
| 9. Mit Entscheidungen im Leben ist es ähnlich wie beim Schachspiel. Jeder Zug hat Folgen und muß *vorher* genau durchdacht werden. | ja ☐ nein ☐ |
| 10. Ich neige manchmal zu ungeduldigem Verhalten. | ja ☐ nein ☐ |
| 11. Erfolg »über Nacht« ist immer auf harte Arbeit zurückzuführen. | ja ☐ nein ☐ |
| 12. Wenn ich mich mal richtig ausgetobt habe, fühle ich mich hinterher topfit. | ja ☐ nein ☐ |
| 13. Ich liebe schnelle Autos. | ja ☐ nein ☐ |
| 14. Ich neige prinzipiell dazu, dem Schwächeren zu helfen. | ja ☐ nein ☐ |
| 15. Ich halte nichts von dem Sprichwort »Auge um Auge, Zahn um Zahn«. | ja ☐ nein ☐ |

| | | |
|---|---|---|
| 16. Ich weiß, daß ich mit einer gesünderen Lebensweise einige Jahre älter werden könnte. | ja ☐ | nein ☐ |
| 17. Ich mag es nicht so sehr, plötzlich überrascht zu werden. | ja ☐ | nein ☐ |
| 18. Ich halte viel von der Einstellung »Vertrauen ist gut, Kontrolle ist besser«. | ja ☐ | nein ☐ |
| 19. Ich liebe die Harmonie und meide den Streit. Danach verhalte ich mich fast immer. | ja ☐ | nein ☐ |
| 20. Ich sehe die Bundeswehr als eine »Schule der Nation«. | ja ☐ | nein ☐ |
| 21. Ich rede gerne, auch vor vielen Menschen. | ja ☐ | nein ☐ |
| 22. Im privaten Bereich fällt es mir manchmal schwer, nicht über Geschäftliches zu reden. | ja ☐ | nein ☐ |
| 23. Im beruflichen Bereich als Untergebener mit einem Chef sehr eng zusammenzuarbeiten ist zwar manchmal etwas unbequem, aber immer noch angenehmer, als schwierige Entscheidungen alleine treffen zu müssen, weil der Chef nicht anwesend ist. | ja ☐ | nein ☐ |
| 24. Menschen, die »aussteigen« und damit eine berufliche Karriere aufgeben, um alternativ zu leben, imponieren mir. | ja ☐ | nein ☐ |
| 25. Manchmal neige ich dazu, gegenüber anderen Menschen ein harter Kritiker zu sein. | ja ☐ | nein ☐ |
| 26. Ich kann mich gut beherrschen, auch in kritischen Situationen. | ja ☐ | nein ☐ |
| 27. In der Führung von Mitarbeitern neige ich zu der Einstellung »Jedem eine Chance«. | ja ☐ | nein ☐ |
| 28. Ich weiß, daß langfristig gesehen nur Offenheit und Ehrlichkeit zum Erfolg führen. | ja ☐ | nein ☐ |
| 29. Längeres Schweigen in einer Gruppe von Menschen ist für mich Ausdruck von Harmonie. | ja ☐ | nein ☐ |
| 30. Viele Jugendliche neigen dazu, den gutgemeinten Rat ihrer Eltern zu ignorieren und riskieren dabei negative Erfahrungen, die nicht nötig wären. | ja ☐ | nein ☐ |
| 31. Die erfolgreiche Führungskraft füllt ihre Vorbildfunktion für Mitarbeiter optimal aus. | ja ☐ | nein ☐ |

| | |
|---|---|
| 32. Eine offene Diskussion, auch über intime und kritische Probleme (einbezogen der ethisch-moralische Bereich), ist immer zu bevorzugen. Besser, als um den »heißen Brei« herumzureden. | ja ☐ nein ☐ |
| 33. Wenn ich in einer Schlange längere Zeit anstehen muß, habe ich schnell ein Gefühl der Minderwertigkeit. | ja ☐ nein ☐ |
| 34. Ich lasse mich von der Meinung anderer Menschen über mich relativ stark beeinflussen. | ja ☐ nein ☐ |
| 35. Die Trennung zwischen »privat« und »Beruf« ist für mich äußerst wichtig. | ja nein |
| 36. Kein Mensch ist perfekt. Fehler sind daher menschlich. | ja ☐ nein ☐ |
| 37. Pünktlichkeit, Gehorsamkeit und Höflichkeit sind für mich äußerst wichtige Tugenden. | ja ☐ nein ☐ |
| 38. Eine Lebensgemeinschaft zwischen Angehörigen kann nicht gutgehen. | ja ☐ nein ☐ |
| 39. Ich fühle mich nicht wohl, wenn ich alleine mit meiner Meinung bin. | ja ☐ nein ☐ |
| 40. Ich habe es gerne, im Mittelpunkt zu stehen, um Rat gefragt zu werden und eigenverantwortlich Entscheidungen treffen und realisieren zu können. | ja ☐ nein ☐ |
| 41. Ich halte es für natürlich, wenn ein Mann auch im Beisein anderer weint. | ja ☐ nein ☐ |
| 42. Wenn ich anderer Meinung bin als meine Mitmenschen, so spreche ich offen darüber. | ja ☐ nein ☐ |
| 43. Der Mensch ist grundsätzlich zu hohen Leistungen fähig, er muß nur richtig geführt werden. | ja ☐ nein ☐ |
| 44. Ich finde, der Mensch kann mit Verständnis viel mehr erreichen als mit Strafe. | ja ☐ nein ☐ |
| 45. Ich fühle mich wohl in meiner Rolle, wenn andere Menschen bei mir Trost und Zuspruch suchen. | ja ☐ nein ☐ |
| 46. Ich mag es nicht, wenn Menschen etwas begriffsstutzig sind und erst nachfragen müssen, wie etwas gemeint war. | ja ☐ nein ☐ |

| | |
|---|---|
| 47. Ich weiß, daß für alle wirklich großen Entscheidungen im Leben das Gefühl richtungweisend ist. Der Verstand spielt dabei eine untergeordnete Rolle. | ja ☐ nein ☐ |
| 48. Soziale Berufe wie zum Beispiel Lehrer, Erzieher, Sozialarbeiter usw. halte ich für außerordentlich wichtig und wertvoll. | ja ☐ nein ☐ |
| 49. Jeder Mensch lernt am besten aus seinen eigenen persönlichen Erfahrungen. | ja ☐ nein ☐ |
| 50. In der heutigen Berufswelt wäre mehr Menschlichkeit und Fürsorge außerordentlich notwendig. | ja ☐ nein ☐ |
| 51. Ich lese sehr gerne, weil Lesen bildet. | ja ☐ nein ☐ |
| 52. Ich habe schon des öfteren in meinem Leben alte Grundsätze über Bord geworfen, weil ich zu neuen Erkenntnissen gekommen bin. | ja ☐ nein ☐ |
| 53. Ich handle manchmal nach dem Motto »Der Klügere gibt nach«, um mir Unannehmlichkeiten zu ersparen. | ja ☐ nein ☐ |
| 54. Es gibt manchmal Situationen, da möchte ich weit weg sein. | ja ☐ nein ☐ |
| 55. Erfahrungen sind äußerst hilfreich, aber nur, wenn sie ständig an die veränderten Umweltbedingungen angepaßt werden. | ja ☐ nein ☐ |
| 56. Man sollte immer seinen Grundsätzen treu bleiben. | ja ☐ nein ☐ |
| 57. Ich bemühe mich immer um kreative Problemlösungen, damit ich nicht zu eingleisig werde. | ja ☐ nein ☐ |
| 58. Kultur bildet und formt die Persönlichkeit eines Menschen. | ja ☐ nein ☐ |
| 59. Wer Anspruch darauf erhebt, ein guter Christ zu sein, sollte auch häufig zur Kirche gehen. | ja ☐ nein ☐ |
| 60. Auch in der heutigen Zeit ist die Todesstrafe ein wichtiges Mittel, um die Gesellschaft vor Gewaltverbrechen zu schützen. | ja ☐ nein ☐ |

Haben Sie die Fragen beantworten können? Gehen Sie nun Ihre Antworten anhand des nachfolgenden Lösungsblattes durch. Das Lösungsblatt gibt an, welches Ich die jeweilige Frage anspricht. Immer wenn Sie eine Frage mit »Ja« beantwortet haben – und auch nur dann –, machen Sie in der zugehörigen Spalte einen Strich. Wenn Sie beispielsweise die Aussage 1 mit »Ja« kommentiert haben, machen Sie in Spalte 1 einen Strich; haben Sie sie mit »Nein« kommentiert, tun Sie nichts. Haben Sie Aussage 2 mit »Ja« kommentiert, machen Sie in Spalte 5 einen Strich; haben Sie sie mit »Nein« kommentiert, gehen Sie weiter zur nächsten Frage, usw.
Zählen Sie nun die Striche in den einzelnen Spalten zusammen. Addieren Sie die Spalten 1 und 2 sowie 4 und 5. Diese drei Zahlen geben Ihnen eine grobe Einschätzung Ihrer drei Grundeinstellungen.

| Aussage | 1 fürsorgliches Eltern-Ich | 2 kritisches Eltern-Ich | 3 Erwachsenen-Ich | 4 angepaßtes Kindheits-Ich | 5 natürliches Kindheits-Ich |
|---|---|---|---|---|---|
| 1 | x | | | | |
| 2 | | | | | x |
| 3 | x | | | | |
| 4 | | | x | | |
| 5 | | | x | | |
| 6 | | | x | | |
| 7 | | x | | | |
| 8 | | x | | | |
| 9 | | | x | | |
| 10 | | x | | | |
| 11 | | x | | | |
| 12 | | | | | x |
| 13 | | | | | x |
| 14 | x | | | | |
| 15 | x | | | | |
| 16 | | | | x | |
| 17 | | | | | x |
| 18 | | x | | | |
| 19 | | | | x | |
| 20 | | x | | | |
| 21 | | | x | | |

| Aussage | 1 fürsorgliches Eltern-Ich | 2 kritisches Eltern-Ich | 3 Erwachsenen-Ich | 4 angepaßtes Kindheits-Ich | 5 natürliches Kindheits-Ich |
|---|---|---|---|---|---|
| 22 | | | x | | |
| 23 | | | | x | |
| 24 | | | | | x |
| 25 | | x | | | |
| 26 | | | x | | |
| 27 | x | | | | |
| 28 | | | x | | |
| 29 | | | x | | |
| 30 | x | | | | |
| 31 | | | x | | |
| 32 | | | x | | |
| 33 | | | | x | |
| 34 | | | | x | |
| 35 | | | | x | |
| 36 | | | x | | |
| 37 | | | | x | |
| 38 | | x | | | |
| 39 | | | | x | |
| 40 | | x | | | |
| 41 | | | x | | |
| 42 | | x | | | |

| Aussage | 1 fürsorgliches Eltern-Ich | 2 kritisches Eltern-Ich | 3 Erwachsenen-Ich | 4 angepaßtes Kindheits-Ich | 5 natürliches Kindheits-Ich |
|---|---|---|---|---|---|
| 43 | | | x | | |
| 44 | x | | | | |
| 45 | x | | | | |
| 46 | | | | | x |
| 47 | | | | | x |
| 48 | x | | | | |
| 49 | | | x | | |
| 50 | x | | | | |
| 51 | | | x | | |
| 52 | | | x | | |
| 53 | | | | x | |
| 54 | | | | | x |
| 55 | | | x | | |
| 56 | | x | | | |
| 57 | | | x | | |
| 58 | | | x | | |
| 59 | | x | | | |
| 60 | | x | | | |
| Ergebnis | | | | | |

## Beobachtungsanalyse im Alltag

Wie erkennen Sie nun im Alltag bei sich oder bei anderen diese drei Persönlichkeitsaspekte?

**Vom natürlichen zum angepaßten Kindheits-Ich**

1. Das *Kindheits-Ich.* Immer wenn der Mensch sich so verhält, wie er sich früher als Kind verhalten hat, befindet er sich im Zustand des Kindheits-Ichs. Das Kindheits-Ich hat im Gehirn alle Gefühle gespeichert, die wir von Geburt an erlebt haben: spontane Reaktionen, Spaß am Spiel, Drang zum Forschen, Liebe und Trotz. Man unterteilt das Kindheits-Ich in ein natürliches und ein angepaßtes Ich. Das natürliche Kindheits-Ich ist als erster Zustand schon bei der Geburt vorhanden. Hierzu gehören Spontanreaktionen wie Tasten, Fühlen, Traurigkeit, Glück. Später entwickelt sich aus der Reaktion auf Autoritätspersonen das angepaßte Kindheits-Ich. Es verhält sich so, wie Mutter und Vater es erwarten, oftmals altklug, manchmal rachsüchtig oder rebel-

**Hast du auch ein Kind?**

*Können Blumen schlafen?*
*Ist der Mond ein Mann?*
*Bindet man im Hafen auch das Wasser an?*

*Fallen Sterne runter?*
*Wem gehört der Wind?*
*Gehen Wellen unter?*
*Hast du auch ein Kind?*

*Kann man Liebe malen?*
*Gibt es bunten Schnee?*
*Wie erzählt man Zahlen?*
*Tun Schmerzen weh?*

*Krieg' ich auch mal Sorgen?*
*Guckt der liebe Gott?*
*Ist es weit bis morgen?*
*Gibst du mir Kompott?*

*Weißt du kein Gedicht mehr?*
*Werde ich bald groß?*
*Brauch' ich dich dann nicht mehr?*
*Warum weinst du bloß?*
(Miriam Frances)

lisch. Man erkennt die Kindheits-Ich-Zustände in Formulierungen wie »Ist mir doch egal«, »Ich will«, »Wenn ich mal groß bin, ...« oder im nonverbalen Bereich an einer weinerlichen Stimme, Wutanfällen, Achselzucken, Nägelkauen, Kichern, Grimassenschneiden oder Schmollen.

**Das kritische Eltern-Ich droht, das fürsorgliche zeigt Verständnis**

2. Im *Eltern-Ich* befinden sich viele Aufzeichnungen elterlicher Gebote, Regeln, Normen und Verhaltensvorschriften. Das Kind speichert die mit ihnen verbundenen Ereignisse überwiegend in den ersten sechs Lebensjahren, in denen die Bindung an das Elternhaus besonders stark ist. Auch das Eltern-Ich unterteilt man in zwei Bereiche, in das sogenannte kritische Ich mit Warnungen und das fürsorgliche Eltern-Ich mit Hilfestellungen an das Kind. Verbal erkennt man das Eltern-Ich in Formulierungen wie »Das tut man nicht«, »Das kann man nicht«, »Das mußt du dir merken«, »Das darfst du nicht vergessen«. Nonverbal wird das Eltern-Ich angezeigt durch Stirnrunzeln, hochgezogene Augenbrauen, einen erhobenen Zeigefinger, Kopfstreicheln oder in die Seite gestemmte Arme.

**Das Erwachsenen-Ich fragt und wiegt ab**

3. Das *Erwachsenen-Ich* ist der logisch-analytische Teil unserer Persönlichkeit. Es prüft die vorhandenen Daten und trifft unter Abwägung gegebener Möglichkeiten die notwendigen Entscheidungen. Es befaßt sich mit Fakten und versucht, Wertungen zu vermeiden. Erkennen kann man es in Fragewörtern wie »wieviel«, »warum«, »auf welche Weise« und im nonverbalen Bereich durch offene Gesten und Mimik gegenüber dem Gesprächspartner, wie zum Beispiel einen festen Augenkontakt usw.

**Das Okay-/ Nicht-okay-Raster**

Die Transaktionsanalyse unterteilt nun die Grundeinstellungen der Menschen in vier große Ebenen:

1. Ich bin okay – du bist okay.
2. Ich bin okay – du bist nicht okay.
3. Ich bin nicht okay – du bist okay.
4. Ich bin nicht okay – du bist nicht okay.

Die angenehmste Ebene der Kommunikation ist wohl die Ebene 1. Hier begegnen sich Menschen, die Selbstbewußtsein besitzen und andere als gleichberechtigte und ernstzunehmende Partner akzeptieren. Auf der Ebene 4 finden sich Menschen, die sich selbst und ihre Ziele aufgegeben haben, die am Leben nicht mehr teilhaben und unter Umständen gar Selbstmordabsichten hegen. Interessanter für uns sind jedoch die Ebenen 2 und 3. Solche Situationen begegnen uns beinahe täglich. Ein Alltagsszenario zur Ebene 3 wäre zum Beispiel:

**Ein schlechter Tagesstart und das Nicht-okay-Gefühl**

Sie fühlen sich unleidlich, unausstehlich, aber die anderen scheinen fit zu sein. Beim Frühstück schon verschütten Sie den Kaffee, Sie ärgern sich über das zu hart oder zu weich gekochte Ei oder über Ihren Partner, der Sie am Tisch kritisiert. Sie steigen in Ihr Auto, wollen losfahren, aber der Wagen springt erst nach vielen Versuchen an. Die Zeit drängt. Sie kommen auf die Landstraße, und da begegnet Ihnen der eingangs des Kapitels beschriebene Verkehrsrowdy. In der Firma werden Sie mit Beschwerden über Ihre Arbeit vom Vortag empfangen. Alle scheinen in Ordnung zu sein, nur Sie nicht!
Selbstverständlich möchten Sie von dieser Ebene weg und auf die Ebene 1 kommen: »Ich bin okay – du bist okay«, damit die Harmonie wiederhergestellt ist. Das ist nicht einfach, denn es setzt ein starkes Selbstbewußtsein voraus, das uns bei Mißerfolgen gerade fehlt. Häufig weichen wir deshalb auf die Ebene 2 aus. Man versucht, den Nachweis zu erbringen, daß der Fehler gerade bei den anderen liegt, diese weniger okay sind als man selbst. Für einen kurzen Moment wenigstens kann man sich so in einem Glücksgefühl des Okay-Seins wähnen. So kommt es zu den sogenannten »Psychospielen«.

## Psychospiele, Frustration und Ärger

**»Meins ist besser als deins«**

1. *Meins ist besser als deins.* Dieses Verhalten kennen Sie aus dem kindlichen Sandkastenspiel: »Meine Burg ist größer als deine«, »Mein Papa ist reicher als dein Papa«, »Unser Auto ist schöner als eures«: immer wieder die gleiche Feststellung: »Ich bin okay – du bist nicht okay.« Dies setzt sich im Erwachsenenleben fort. Denken Sie beispielsweise an die Sparkassenwerbung mit den sich am Tisch gegenübersitzenden Angebern, die ihre Fotos wie Spielkarten auf den Tisch ausspielen: »Mein Haus, mein Boot, mein Pferd!«
   Wenn ein solches Spiel gespielt wird, geht es nicht mehr um den Austausch sachlicher Argumente, um zu einer vernünftigen Entscheidung zu gelangen, sondern um die Erlangung eines, wenn auch begrenzten, Ich-bin-okay-Gefühls auf Kosten anderer.

**Das JEHIDES-Spiel beginnt . . .**

2. *Das JEHIDES-Spiel:* Aufgrund des schlechten Starts am Morgen kommen Sie zu spät ins Büro. Kaum sitzen Sie am Schreibtisch, da geht die Tür auf und der Chef faucht Sie an: »Sie sind heute wieder zu spät!« Hier beginnt das Spiel »Jetzt habe ich dich endlich, du Schweinehund«, abgekürzt »JEHIDES«. Wahrscheinlich hat auch der Chef einen schlechten Start in den Tag gehabt. Er hat unangenehme Mitarbeitergespräche führen müssen; er fühlt sich nicht okay. Nun ergreift er als Vorgesetzter die Möglichkeit, durch Ihr Mißgeschick dieses Okay-Gefühl zu bekommen, denn mit JEHIDES wird man seinen Ärger los, indem man andere demütigt.

Was werden Sie nun tun? Nach den Erlebnissen der letzten Stunden sind Sie bestimmt auch gereizt und unausgeglichen. Wenn Sie auch zum JEHIDES-Spiel neigen, werden Sie zurückfauchen und das Spiel »Tumult« in Gang setzen.

**... und endet im Tumult ...**

3. *Tumult:* Spätestens jetzt geht es nicht mehr um die Sache, nicht mehr um das Zuspätkommen, sondern um das gegenseitige Aufbauschen sehr intensiver Gefühle. Im »Tumult« gibt es kein Nutzeffektgefühl, keine Erleichterung wie nach dem »Schlag-mich«- oder JEHIDES-Spiel. Tumultspieler bauen im Verlauf des Spieles äußerst intensive Gefühle auf, können sie aber nie abreagieren. Dieses Hochschaukeln der Emotionen geht so lange, bis es einer der Spieler nicht mehr aushält und die Szene verläßt. In einer hierarchischen Situation ist klar, wer bei diesem Spiel der Sieger sein wird: der Vorgesetzte. Er wird wutentbrannt aus dem Zimmer stürmen und Sie gekränkt und mit Drohungen zurücklassen.

**... oder produziert das »Schlag-mich-Spiel«**

Neigen Sie jedoch nicht zum JEHIDES-Spiel, sondern eher zum »Schlag-mich«-Spiel, so wird die Auseinandersetzung anders ablaufen. Auf den Druck, den der Vorgesetzte ausübt, reagieren Sie nicht mit Gegendruck, sondern mit kindlicher Akzeptanz, indem Sie weinerlich zugeben, daß Sie leider morgens immer wieder Schwierigkeiten mit Ihrem Zeitplan haben, daß Sie eigentlich nichts dafür können und auch nicht wissen, wie Sie das ändern können. Deshalb bitten Sie den Vorgesetzten um Verständnis. Ergebnis: Der Vorgesetzte reagiert mit väterlichen Zügen, das Hochschaukeln zum Tumultspiel unterbleibt; allerdings bleiben Sie, wenn der Vorgesetzte das Zimmer mit strafendem Blick verlassen hat, resigniert zurück, denn Sie haben wieder einmal erfahren: »Ich bin nicht okay.«

**Das Spiel der Schuldprojektion**

4. *Das »Wenn-du-nicht-wärst«-Spiel.* »Wenn der Lehrer nicht wäre, hätte ich bessere Noten«, »Wenn meine Eltern reich gewesen wären, hätte ich ein anderes Leben führen können«, »Wenn mein Partner verständnisvoller wäre, ginge es mir besser« – immer die gleiche Schuldprojektion auf den anderen. Dieses Spiel zielt auf die Ebene 2, um das Glücksgefühl der Überlegenheit über den anderen zu erreichen. Allerdings hält dieses Glücksgefühl nur sehr kurz an, und man muß sich ständig neue Opfer suchen. Die eigentliche Unzufriedenheit wird dadurch aber nicht beseitigt.

*Grübeln über Vergangenes ist Gift für dein Wohlbefinden.*

## Richtiges Streicheln, der Weg zum optimalen Selbst

**Das Streicheln – von der Geburt bis zum Tod**

Um aus dem Teufelskreis der Transaktionsspiele auszubrechen, muß man sich fragen: Wie kommen die Menschen in solche Verhaltensmuster hinein? Die Transaktionsanalyse gibt hier eine Antwort, indem sie auf die Urform menschlicher Zuwendung zurückgeht: das Streicheln. Das Streicheln begleitet uns von der Geburt bis zum Tod. Es beginnt beim Streicheln der Amme, der Mutter, die uns über den »Schock der Geburt« hinwegtröstet. Das Streicheln gibt uns Geborgenheit. Aber wir haben Angst, daß dieses Streicheln irgendwann einmal ausbleibt. Kinder fordern deshalb das Streicheln von den Eltern ein: Denken Sie an ein Kind, das laufen gelernt hat und nun nicht mehr vom Vater die Treppe hochgetragen wird. Häufig kommt dennoch die Bitte: »Trag mich, Papa.« Das Tragen ist dann ein Ersatz für das Streicheln.

Die Transaktionsanalyse unterscheidet sechs »Streichelarten«, die die Eltern zum Teil ganz unbewußt praktizieren und damit beim Kind unterschiedliche Reaktionen hervorrufen.

**Das leistungsorientierte Streicheln**

1. *Das leistungsorientierte Streicheln:* Die Eltern streicheln das Kind dann, wenn es eine gewünschte Leistung erzielt hat: eine gute Schulnote, ein gutes Benehmen oder die Erfüllung einer bestimmten Aufgabe. Dafür wird es gelobt. Die Beziehung der Eltern zu ihrem Kind ist also wertend. Als Erwachsener wird dieses Kind immer wieder versuchen, Erfolg zu erlangen, denn es hat gelernt: Nur wenn ich Leistung erbringe, werde ich »gestreichelt«. Damit verbunden ist die immerwährende Angst vor dem Mißerfolg. Diese Kinder sind später die Leistungsträger vieler Unternehmen.

**Das anpassungsorientierte Streicheln**

2. *Das anpassungsorientierte Streicheln:* Die Eltern verlangen für ihr Streicheln, daß sich das Kind an die Normen der Umwelt anpaßt. Sie treten mit den Forderungen an das Kind: »Mach uns keine Schande!«, mit dem Vorwurf: »Was sollen denn die Leute von uns denken?« Ein Kind, das vorwiegend anpassungsorientiert gestreichelt wurde, spielt in anderer Gesellschaft, unter Freunden oder Schulkameraden oft den Clown, denn das kommt an. Als Erwachsener wird das Kind versuchen, sich anderen anzupassen und nicht aus der Reihe zu tanzen.

**Das kompromißorientierte Streicheln**

3. *Das kompromißorientierte Streicheln:* Die Bedingungen, von denen kompromißorientierte Eltern ihr Streicheln abhängig machen, sind etwas allgemeinerer Natur als die von leistungsorientierten. Sie bilden eher allgemeine Verhaltensregeln und schreiben vor, was das Kind *nicht* tun darf, um weiter gestreichelt zu werden. Die Richtlinien ergeben sich aus dem Verhalten respektierter Personen. Das Kind soll

Extreme meiden und einen ruhigen Platz in der Mitte einnehmen. Es lernt, auf der Seite der Mehrheit zu stehen. Für sein Erwachsenenleben hat es zwar Richtlinien bekommen, es wird aber nie ein Risiko eingehen und nicht unabhängig denken.

**Das bedingungslose Streicheln**

4. *Das bedingungslose, positive Streicheln:* Die Eltern streicheln das Kind ohne jede Vorbedingung, einfach nur aufgrund ihres Daseins und aus Liebe. Hieraus kann sich aus Sicht der Transaktionsanalyse am ehesten die Auffassung »Ich bin okay – du bist okay« entwickeln.

**Das negative Streicheln**

5. *Das negative Streicheln* ist das Ausbleiben von Streicheleinheiten. Kinder, die nur wenig bedingungsloses oder bedingtes Streicheln erhalten, strengen sich furchtbar an, um irgendeine Anerkennung zu erhalten. Oft lenken sie Aufmerksamkeit auf sich, indem sie etwas wirklich »Schlechtes« tun. Gelingt ihnen das, werden sie bestraft – mit negativem Streicheln. Aber ein negatives Streicheln sagt dem Kind, daß es existiert. Deshalb ist es besser als gar kein Streicheln.

**Das Null-Streicheln**

6. *Das Null-Streicheln* ist das Ausbleiben jeglicher körperlichen Zuwendung zwischen Eltern und Kindern.

**Ihr Streichelprogramm**

Überlegen Sie einmal für sich, nach welchem »Streichelprogramm« Sie aufgewachsen sind; welche »Streicheleinheiten« haben Sie von Ihren Eltern erhalten? Bringen Sie Ihrem Partner, Ihren Kindern das gleiche »Streichelprogramm« entgegen?

Wie lassen sich nun die Informationen aus der Transaktionsanalyse auf den Alltag übertragen? Unser tägliches Leben ist voll von Situationen, wie sie die Transaktionsanalyse beschreibt. Die auftretenden Situationen lassen sich in drei Gruppen klassifizieren: in sogenannte parallele, gekreuzte und verdeckte Transaktionen.

## Transaktionen im Gespräch – Harmonie, Unterordnung oder Streit

**Parallele Transaktionen fördern Harmonie**

1. Von *parallelen Transaktionen* spricht man dann, wenn der Gesprächspartner auf derselben Ebene reagiert, auf der er angesprochen wird.

> Ein Beispiel im Erwachsenen-Ich:
> Frage: Wie spät ist es?
> Antwort: Meine Uhr zeigt 20.45 Uhr.
> Ein Beispiel aus der Eltern-Ich-Ebene: Zwei Frauen sitzen sich im ICE gegenüber:
> Die erste: Anscheinend haben wir mal wieder Verspätung?
> Die zweite: Das ist ja meistens der Fall.
> Die erste: Es sieht aus, als wären die ICEs nie pünktlich. Man kann sich auf keinen mehr verlassen.

Parallele Transaktionen ermöglichen eine durchlaufende, harmonische Kommunikation zwischen den Gesprächsteilnehmern ohne Reibung. Besonders wenn sie vom Erwachsenen-Ich zum Erwachsenen-Ich gehen, fördern sie die Logik. Wenn sie von Kindheits-Ich zu Kindheits-Ich gehen, fördern sie Entspannung, Glück, Zufriedenheit, Emotionalität, das Loslassenkönnen. Auch von Eltern-Ich zu Eltern-Ich ist

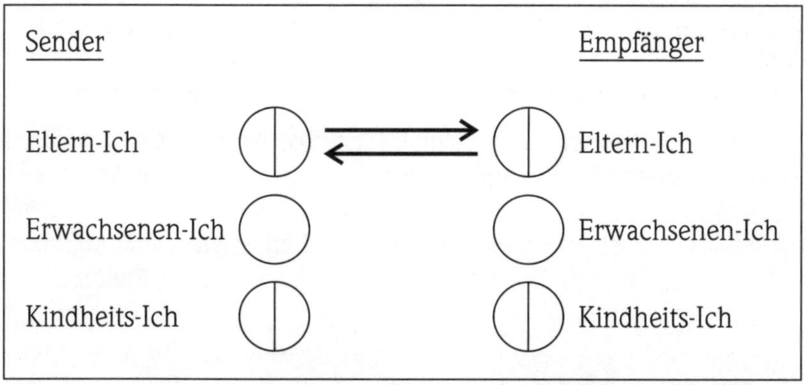


Verständigung möglich, wenn auch unter aggressiveren Vorzeichen. Parallele Transaktionen sind wie Autobahnen: Wenn man die Spuren nicht verläßt und wenn man die Geschwindigkeit einhält, gibt es kaum Kollisionen.

**Gekreuzte Transaktionen beinhalten Kollisionsgefahr**

2. Anders steht es jedoch um die sogenannten *gekreuzten Transaktionen.* Hier ist Streit, Aggression vorausprogrammiert. Der Empfänger reagiert aus einem anderen Ich-Zustand als der Sender.

Die eine (gereizt): Wo hast du denn den Kaffee gekauft?
Die andere: Wenn er dir nicht schmeckt, dann trink doch was anderes.
Oder:
Die Chefin: Haben Sie den Brief schon an die Firma Engelhard geschrieben?
Der Mitarbeiter: Wenn Ihnen das nicht schnell genug geht, dann schreiben Sie ihn doch selber.
Oder:
Die Sekretärin: Darf Herr Schulze eintreten?
Der Chef: Müssen Sie mich schon wieder stören?

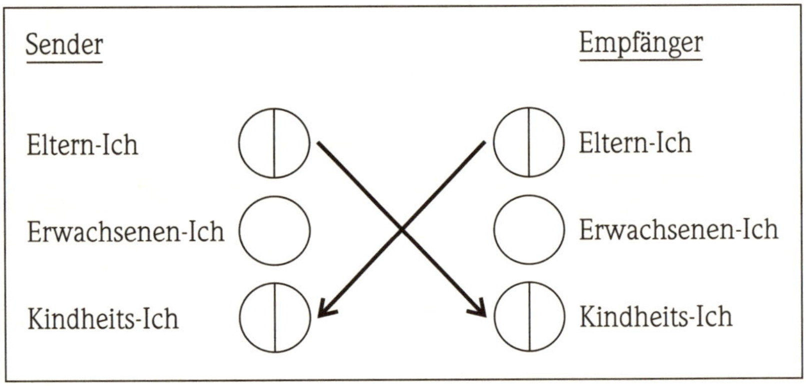


Das heißt, immer wenn beide Gesprächspartner mit ihrem Eltern-Ich das Kindheits-Ich des anderen ansprechen, entstehen gekreuzte Transaktionen, und an Kreuzungen kracht es bekanntlich. Eine Ausnahme gibt es hierbei, wenn die Reaktion aus dem Erwachsenen-Ich kommt. Dann ist die Kreuzung wieder frei, und die Kommunikation kann fortfahren.

Beispiel:
Die eine (gereizt): Wo hast du denn den Kaffee gekauft?
Die andere: Im Laden um die Ecke. Schmeckt er dir nicht? Soll ich ihn in Zukunft woanders kaufen?

Die Verärgerung des Eltern-Ichs wird durch die rationale, emotionslose Antwort des Erwachsenen-Ichs »entschärft«.

3. *Verdeckte oder komplementäre Transaktionen* sind parallele Transaktionen von einer Ebene zu einer anderen.

**Komplementäre Transaktionen sind oftmals gefährliche »Lebensfallen«**

> Beispiel:
> Die eine (gereizt): Wo hast du denn den Kaffee gekauft?
> Die andere: Ich weiß, mein Schatz, daß ich nicht einkaufen kann, aber bitte, sei nicht traurig. Ich werde mich bessern.

Durch das Eingehen auf das angesprochene Kindheits-Ich werden zwar Streit und Aggression vermieden. Bei dieser Transaktion wird jedoch der eine Gesprächspartner ständig in seinem Okay-Gefühl bestätigt, während der andere im Nicht-okay-Gefühl verharrt.

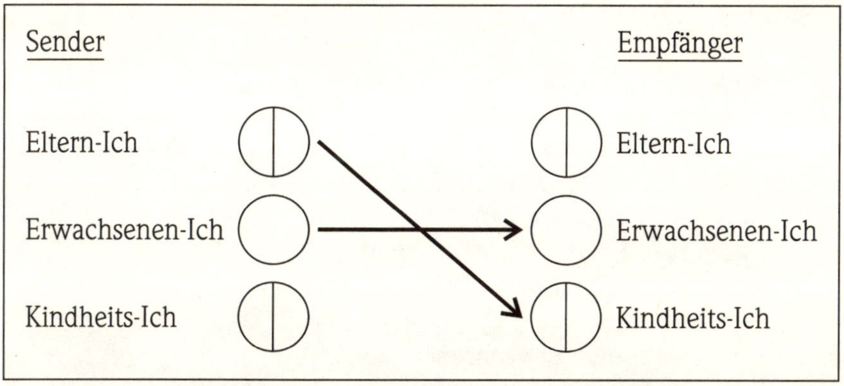


Diese Arten der Transaktionen finden täglich statt, vor allem in Familien, Firmen, Verbänden. Menschen ohne Okay-Gefühl versuchen es durch ein künstliches Okay-Gefühl über Transaktionen vom Eltern-Ich zum Kindheits-Ich herbeizuführen. Das Gegenüber reagiert mit der Annahme seiner Rolle und möglichen Frustrationen (verdeckte Transaktion) oder mit der Zurückweisung dieser Rolle (gekreuzte Transaktion). Eine Kommunikation kann nur gelingen, wenn der Partner über eine parallele Transaktion oder als Erwachsenen-Ich reagiert.
Nachdem Sie nun eine Menge über Transaktionen gelesen haben, prüfen Sie doch einmal, ob Sie sich schon etwas auskennen. Überlegen Sie bitte, aus welchem Ich die Antworten auf folgende Aussagen stammen.

**Das Eltern-Ich sendet – wer reagiert?**

1. Sendungen aus dem Eltern-Ich:
   a. Zwei Angestellte reden über ihre neue Chefin: »Man sagt, sie hascht.«
   Antwort A: »Wirklich?«
   Antwort B: »So was Ähnliches habe ich mir schon gedacht.«
   Antwort C: »Das sagen wir gleich den Kollegen.«

b. Eine ältere Angestellte zu einer jüngeren: »Das waren noch Zeiten, als man damit rechnen konnte, jedes Jahr eine Gehaltsanpassung zu bekommen.«
Antwort A: »Mensch, zu der Zeit hätte ich hier sein wollen.«
Antwort B: »Gehaltserhöhungen aufgrund von Produktivsteigerungen sind, glaube ich, realistischer.«
Antwort C: »Die Zeiten sind für immer vorbei.«

c. Büroangestellte, die sich über Kolleginnen unterhalten: »Sie haben Helga und Walter im Sozialraum erwischt.«
Antwort A: »Hätten Sie das gedacht?«
Antwort B: »Die haben sich offensichtlich häufig getroffen.«
Antwort C: »Die Glückliche!«

d. Zwei Abteilungsleiterinnen: »Der arme Robert ist schon wieder versetzt worden.«
Antwort A: »Ich weiß.«
Antwort B: »Ich kriege sein altes Büro.«
Antwort C: »Das passiert immer wieder mal.«

e. Die Telefonistin in der Vermittlung zu ihrer besten Freundin: »Stell dir vor, sie haben die Tochter vom Chef eingestellt!«
Antwort A: »Der machen wir das Leben sauer.«
Antwort B: »Natürlich, wie immer!«
Antwort C: »Kann sie was in ihrem Fach?«

**Sendungen aus dem Erwachsenen-Ich**

2. Sendungen aus dem Erwachsenen-Ich:

a. Eine Managerin zur anderen: »Ist der Bericht fertig?«
Antwort A: »Ja.«
Antwort B: »Was für eine blöde Frage. Natürlich ist er fertig.«
Antwort C: »Laß mich in Ruhe.«

b. Zwei Geschäftsleute im Aufzug: »Wann ist die Besprechung?«
Antwort A: »Um dieselbe Zeit wie immer. Das sollten Sie eigentlich wissen.«
Antwort B: »Fragen Sie mich nicht. Mir sagt nie einer was.«
Antwort C: »Morgen um 13.30 Uhr.«

c. Eine Sekretärin fragt ihre Chefin: »Wo ist die Akte Müller?«
Antwort A: »Ich hoffe, im Zerreißwolf.«
Antwort B: »In der Schublade.«
Antwort C: »Wenn Sie die Sachen dorthin täten, wo sie hingehören, wüßten Sie, wo sie sind.«

d. Ein Gutachter zum anderen: »Ich muß die Analyse noch heute abend fertigstellen.«
Antwort A: »Pech für dich. Wir feiern nämlich heute abend eine Party.«
Antwort B: »In Ordnung.«
Antwort C: »Mußt du immer bis zur letzten Minute warten?«

e. Eine Büroangestellte zur anderen: »Es wurde gerade ein neuer Kollege eingestellt.«
Antwort A: »Als ob sie nicht schon genügend Männer hätten.«
Antwort B: »Hat er einen knackigen Po?«
Antwort C: »Wie heißt er?«

**Das verspielte Kindheits-Ich findet nicht immer einen Mitspieler**

3. Sendungen aus dem Kindheits-Ich:
a. Eine Chefin, die ihren Sekretär von oben bis unten mustert: »Wie wär's mit uns heute abend?«
Antwort A: »Unverschämt!«
Antwort B (den obersten Hemdknopf aufknöpfend): »Ab wann könnten Sie?«
Antwort C: »Nichts, tut mir leid.«
b. Zwei Verkäuferinnen in der Kantine: »Ich schummle immer bei meiner Spesenabrechnung.«
Antwort A: »Ich auch.«
Antwort B: »Das muß ich melden.«
Antwort C: »Wie machst du das?«
c. Eine Sekretärin zur anderen: »Ich werde dich bei der Chefin verpetzen.«
Antwort A: »So etwas würde ich nie tun!«
Antwort B: »Mach's doch!«
Antwort C: »Das hätte unangenehme Folgen für dich.«
d. Zwei Mitarbeiterinnen während der Kaffeepause: »Der Fink ist auf deinen Posten aus.«
Antwort A: »So was soll man nicht über jemanden sagen!«
Antwort B: »Wieso glaubst du das?«
Antwort C: »Wenn ich den erwische!«
e. Eine junge Studentin zu ihrem Freund: »Dennis trägt einen heißen Tanga!«
Antwort A: »Schamlos!«
Antwort B: »Macht dich das an?«
Antwort C: »Heiße Nummer!«

**Die Lösungen**

**Lösungen:**

1. Sendungen aus dem Eltern-Ich:

| | | |
|---|---|---|
| a. | A. | Erwachsenen-Ich |
| | B. | Eltern-Ich |
| | C. | Kindheits-Ich |
| b. | A. | Eltern-Ich |
| | B. | Erwachsenen-Ich |
| | C. | Kindheits-Ich |

| | | |
|---|---|---|
| c. | A. | Eltern-Ich |
| | B. | Erwachsenen-Ich |
| | C. | Kindheits-Ich |
| d. | A. | Erwachsenen-Ich |
| | B. | Kindheits-Ich |
| | C. | Eltern-Ich |
| e. | A. | Kindheits-Ich |
| | B. | Eltern-Ich |
| | C. | Erwachsenen-Ich |

2. Sendungen aus dem Erwachsenen-Ich:

| | | |
|---|---|---|
| a. | A. | Erwachsenen-Ich |
| | B. | Eltern-Ich |
| | C. | Kindheits-Ich |
| b. | A. | Eltern-Ich |
| | B. | Kindheits-Ich |
| | C. | Erwachsenen-Ich |
| c. | A. | Kindheits-Ich |
| | B. | Erwachsenen-Ich |
| | C. | Eltern-Ich |
| d. | A. | Kindheits-Ich |
| | B. | Erwachsenen-Ich |
| | C. | Eltern-Ich |
| e. | A. | Eltern-Ich |
| | B. | Kindheits-Ich |
| | C. | Erwachsenen-Ich |

3. Sendungen aus dem Kindheits-Ich:

| | | |
|---|---|---|
| a. | A. | Eltern-Ich |
| | B. | Kindheits-Ich |
| | C. | Erwachsenen-Ich |
| b. | A. | Kindheits-Ich |
| | B. | Eltern-Ich |
| | C. | Erwachsenen-Ich |
| c. | A. | Eltern-Ich |
| | B. | Kindheits-Ich |
| | C. | Erwachsenen-Ich |
| d. | A. | Eltern-Ich |
| | B. | Erwachsenen-Ich |
| | C. | Kindheits-Ich |
| e. | A. | Eltern-Ich |
| | B. | Erwachsenen-Ich |
| | C. | Kindheits-Ich |

**Wer mitspielt, kann verlieren ...**

Versuchen Sie doch einmal in den nächsten Tagen, diese Kenntnisse über die Transaktionsanalyse bei Ihrer Kommunikation mit anderen zu überprüfen. Achten Sie besonders darauf, wenn Sie sich schlecht fühlen, wenn Sie gereizt sind, wenn Sie sich nicht okay fühlen. In diesem Zustand werden Sie gewiß häufiger zu Psychospielen neigen als dann, wenn Sie obenauf sind. Achten Sie darauf, welche Spiele man mit Ihnen spielt. Bedenken Sie: Wenn Sie Spiele akzeptieren, müssen Sie gegebenenfalls auch zulassen, daß Sie sie verlieren, denn beim Spielen gibt es immer Gewinner und Verlierer. Denken Sie auch daran, daß Spiele sich manchmal verselbständigen. Dann wird aus dem Spiel trauriger Ernst, ohne daß wir uns dem entziehen können.

**... oder das Spiel frühzeitig durchschauen**

Menschen, die zu Transaktionsspielen neigen, verfügen meistens über ein geringes Selbstwertgefühl. Wenn man Sie wieder einmal mit einem JEHIDES-Spiel konfrontiert, reagieren Sie in Zukunft nicht mit dem gleichen aggressiven Verhalten oder indem Sie sich ducken, sondern realisieren Sie

*Es werden alle Menschen älter, aber nur wenige erwachsen.*

die Situation, wie sie ist. Versuchen Sie, das Spiel zu durchschauen, und schalten Sie Ihr Erwachsenen-Ich ein. Sie werden sehen: Wenn Sie diese Spielregeln im täglichen Umgang mit Ihren Mitmenschen beherrschen, sparen Sie sich viel Ärger und viele Auseinandersetzungen. Sie machen sich tagtäglich neue Freunde und erreichen immer öfter die Ebene »Ich bin okay – du bist okay«. In diesem Zustand läßt es sich gut leben.

## Resümee

① Da bei Jungen bereits im Kindesalter oft jede Form des Kindheits-Ichs unterdrückt wird, zum Beispiel durch Anweisungen wie: »Du bist doch ein Junge«, »Männer weinen nicht« usw., ist auch für erwachsene Männer das Kindheits-Ich im täglichen Umgang schwer auszuleben. Meistens gelingt es Männern nur in ihrem Hobby, dieses zu praktizieren. Frauen dagegen leben ihr Kindheits-Ich öfter aus. Man merkt es an ihrem Lachen, sie lieben Zärtlichkeit, kokettieren usw. Frauen sollten Verständnis für diese Tatsache aufbringen und männliche Partner ermutigen, das unterdrückte Kindheits-Ich auszuleben. Lassen Sie sich durch Ermahnungen Ihres Partners, »Sei doch nicht so kindlich«, »Sei doch vernünftig«, »Sei nicht albern«, nicht irritieren. Setzen Sie gegebenenfalls auch Ihre weiblichen Mittel wie Koketterie und Charme ein.

☐ *Glück ist gar nicht mal so selten,*
*Glück wird überall beschert,*
*vieles kann als Glück uns gelten,*
*was das Leben uns so lehrt.*
*Glück ist jeder neue Morgen,*
*Glück ist bunte Blumenpracht,*
*Glück sind Tage ohne Sorgen,*
*Glück ist, wenn man fröhlich lacht.*
*Glück ist Regen, wenn es heiß ist,*
*Glück ist Sonne nach dem Guß,*
*Glück ist, wenn ein Kind ein Eis ißt,*
*Glück ist auch ein lieber Gruß.*
*Glück ist Wärme, wenn es kalt ist,*
*Glück ist weißer Meeresstrand,*
*Glück ist Ruhe, die im Wald ist,*
*Glück ist eines Freundes Hand.*
*Glück ist eine stille Stunde,*
*Glück ist auch ein gutes Buch,*
*Glück ist Spaß in froher Runde,*
*Glück ist freundlicher Besuch.*
*Glück ist niemals ortsgebunden,*
*Glück kennt keine Jahreszeit,*
*Glück hat immer der gefunden,*
*der sich seines Lebens freut.*
(Clemens Brentano)

② Häufig ordnen sich Frauen den Männern in der Weise unter, daß sie im Kindheits-Ich sozusagen gefangen bleiben. Damit werden anscheinend alle Konflikte umgangen. Das kann aber dazu führen, daß die Frau sich nicht weiterentwickelt und sich permanent dem dominanten Verhalten des Mannes unterordnet. Solche Frauen haben es sehr schwer, sich in ihrer Persönlichkeit weiterzuentwickeln, d.h. erwachsen zu werden und sich unabhängig zu machen. Sie kommen mit der Zeit aus dieser Unabhängigkeit auch nicht mehr heraus. Sehr häufig trösten sich diese Frauen mittels Tabletten oder Alkohol oder erleiden psychosomatische Krankheiten.
Hierzu ein Beispiel:
Ein Ehepaar, er erfolgreicher Geschäftsmann, sie Mutter und fürsorgliche Ehefrau, verheiratet seit zwanzig Jahren. Er bestimmt, was gemacht wird, sie erfüllt ihm alle seine Wünsche, nach außen eine Musterehe. Aber der Schein trügt: Er hat sich schon lange nach einer jüngeren Freundin umgesehen. Bei ihr hat sich ein Gefühl der Ohnmacht aufgestaut. Um ihn zu halten, erfüllt sie ihm nun erst recht jeden Wunsch. Sie kleidet sich, seinen Wünschen folgend, fast wie eine Zwanzigjährige. Diese für sie ausweglose Situation macht ihr mehr und mehr Kummerfalten. Sie hat nie gelernt, im Erwachsenen- oder im Eltern-Ich zu agieren. Sie versucht, mit Alkohol ihre Sorgen und Ängste zu verdrängen. Andere Frauen werden krank. Typische Krankheiten sind Hautkrankheiten (»Die Seele schreit um Hilfe«), Asthma (»Mir bleibt die Luft weg«), Rückenschmerzen (»Es hat mir jemand das Kreuz gebrochen«). Dann ist die Krankheit nichts anderes als ein scheinbarer Ausweg, denn sie zwingt den Partner dazu, im fürsorglichen Eltern-Ich zu agieren, und die Partnerin/der Partner fühlt sich im Kindheits-Ich bestätigt und vorübergehend auch wohl. Eine Problemlösung ist jedoch nicht erfolgt.
Frauen lernen zunehmend, sich auf der Erwachsenenebene zu bewegen oder auch auf der kritischen Elternebene einer Auseinandersetzung nicht aus dem Weg zu gehen. Und sie sind sich bewußt: Konflikte sind nicht ausgeschlossen!

③ Je nach Situation sollten Frauen entscheiden, welche Ich-Ebene leichter zum Erfolg führt. Denken Sie daran: Charme und Koketterie etc. entsprechen dem Kindheits-Ich. Dennoch: Verlieren Sie nie Ihre Weiblichkeit.

# Renate Schmidt: Schiebe Probleme nicht auf die lange Bank

*Frage: Bei einem parlamentarischen Abend nur für Frauen, der Ende 1996 stattfand, haben wir festgestellt, daß Frauen sich beim Redenhalten schwerer tun als Männer. Haben Sie den Eindruck, daß das zutrifft?*

**Frauen werden in Führungspositionen deutlicher wahrgenommen**

Schmidt: Ja und nein. Ich möchte meine eigene Biographie als Beispiel nehmen: Ich bin nun seit 36 Jahren ohne Unterbrechung berufstätig, 20 Jahre lang in der Privatwirtschaft, 13 Jahre davon in der Datenverarbeitung, 7 Jahre im Betriebsrat und seit Ende 1980 in der Politik. In allen Fällen war die Anfangszeit die schwierigste. Wenn Sie als Frau aber eine bestimmte Position erreicht haben, haben Sie es in dieser Position einfacher als Männer. Einfach weil wir so selten sind, werden wir deutlicher wahrgenommen. Als ich im Oktober 1980 in den Deutschen Bundestag gewählt worden bin, haben mich nach sechs Wochen alle Pförtner, alle meine Kollegen in der Fraktion gekannt und mit Namen angesprochen. Zwar müssen wir immer ein bißchen mehr tun als Männer in der gleichen Funktion, aber wenn wir das zu tun bereit sind, dann fällt uns unter Umständen der nächste Schritt einfach zu. Leider schlägt sich das nicht unbedingt in der Bezahlung nieder, die war bei mir immer noch niedriger als bei meinen vergleichbaren männlichen Kollegen.

*Frage: Erinnern Sie sich noch an Ihre ersten Redeauftritte?*

Schmidt: Meine allererste Rede habe ich vor 95 Möbelspediteuren in einem mit Faschingsdekoration ausgeschmückten Saal eines Hotels in Nürnberg gehalten. Da habe ich unser Konzept aus der Datenverarbeitung erläutern müssen. Ich habe darum gebeten, nicht als erste zu reden, sondern möglichst als letzte von allen. In der Mittagspause haben mir die Möbelspediteure gesagt: »Wenn Sie doch nur am Anfang geredet hätten, dann hätten wir gleich alles begriffen.«

In der Politik habe ich zum ersten Mal in meinen Arbeitskreisen zu verschiedenen Themen geredet, denn ich hatte mit meinen Erfahrungen als Hausfrau und Mutter den Männern etwas voraus. So konnte ich, wenn es ums Studium ging, über Bafög reden, weil ich von meinen Kindern Erfahrung hatte. Ich konnte mitreden, wenn's um Arbeit, Familie oder ähnliches ging.

**Habe Mut, Gefühle zu zeigen**

Vor meiner ersten Rede im Bundestag hatte ich dann riesige Angst. Aber ich habe eine Strategie, mit der Angst umzugehen, die mir auch 95prozentig gelingt: Wenn ich vor etwas Angst habe, dann versuche ich, es möglichst schnell anzugehen. So ist im Januar 1981 in meiner Arbeitsgruppe Jugend, Familie und Gesundheit gefragt worden: »Wer redet in der ersten Lesung zum Haushalt?« Ich habe mich umgeschaut, und es hat sich niemand gemeldet. Also habe ich mir ein Herz gefaßt und gesagt: »Ich mache es«, obwohl ich keine Ahnung hatte: Ich war gerade ein Vierteljahr im Deutschen Bundestag und hatte Mühe, meine Papiere von rechts nach links und dazwischen mal eins in den Papierkorb zu sortieren. Dann habe ich mich hingesetzt und meine Rede geschrieben. Ich habe mir ein neues Kleid gekauft, damit ich auch optimal wirke. Dann habe ich diese erste Rede gehalten, eine Viertelstunde zu Haushalt, Jugend, Familie, Gesundheit. Einige Zeit später habe ich in einer Debatte zur Gleichstellung von Frau und Mann im März 1981 nach Helmut Schmidt geredet. Am Ende seiner Rede hat er ein Gedicht von Schiller vorgetragen, »Errötend folgt er ihren Spuren«. Und auch ich hatte am Ende meiner Rede ein Gedicht vorgesehen, ein ganz modernes von einer Deutsch-Vietnamesin. In dem Gedicht ging es darum, daß die Frauen, weil sie so vieles können, unter anderem auch küssen und Kindergebären, schlechter bezahlt werden und weniger Aufstiegschancen haben usw. Und das einzige, was das »ZDF heute journal« an dem Tag brachte, waren die beiden Gedichte aus dieser Debatte.

Danach habe ich teilweise in einer Legislaturperiode 14-, 15mal geredet. Das war damals absolut ungewöhnlich. Ich hab' auch eine Freude am Reden. Ich möchte die Leute überzeugen, und ich hab' Spaß an Formulierungen, obwohl ich noch immer Lampenfieber davor spüre, heute natürlich weniger vor ganz normalen Reden. Aber vor größeren Reden, bei denen es um was geht, habe ich immer ein komisches Gefühl im Magen.

In meiner Firma hatte ich einmal eine Rednerschulung für leitende Mitarbeiter und Mitarbeiterinnen über zwei Tage. Da habe ich gelernt, wie man vernünftige Beispiele bringt, Zahlen plastisch darstellt, daß man Zwischenfragen stellt, um die Aufmerksamkeit zu erregen, daß man die Hände frei hat, um Gesten einsetzen zu können. Das sollten Frauen auch unbedingt tun. Ich habe gelernt, dieselbe Sprache zu reden, die man immer redet, und daß man nicht versucht, durch Fremdwörter oder durch gestelztes Gerede die Glaubwürdigkeit einer Sache zu erhöhen. Ich habe mir zum Ziel gesetzt, für die Menschen zu reden, und hätte auch ganz gerne, daß die Journalisten das auch transportieren. Das gelingt nicht immer.

*Frage: Sie haben gesagt, bei der ersten Rede haben Sie sich ein neues Kleid gekauft: Das Outfit hat also eine ganz wesentliche Bedeutung für den Redeauftritt?*

**Wenn du unsicher bist, kleide dich gut**

Schmidt: Ja, da sind viele Dinge zu beachten: Ein Redner oder eine Rednerin muß immer wissen, vor welchem Hintergrund er oder sie wahrgenommen wird. Als wir noch im Wasserwerk saßen, da hatten wir diese fürchterliche hellbeigefarbene Wand. Wenn davor eine blonde Frau steht in einem hellbeigen Kostüm mit einer weißlichen Bluse, und wenn die Hautfarbe vielleicht auch noch beige ist, dann geht diese Person unter.

*Frage: Sind die Frauen den Männern in puncto Outfit überlegen?*
Schmidt: Na ja, die Männer haben im Regelfall dunkle Anzüge an. Die heben sich vom Hintergrund meistens ab. Ansonsten haben wir Frauen da bessere Chancen.

*Frage: Gibt es nicht eine Reihe von Frauen, auch in der Wirtschaft, die nach außen hin mehr und mehr eine männliche Attitüde bekommen?*

**Frauen sollen Frauen bleiben**

Schmidt: Frauen sollen Frauen bleiben: Die Menschen merken bei einem Redner oder einer Rednerin sehr schnell, ob sie echt sind, selbst wenn sie die Argumente nicht nachvollziehen können. Sie merken ganz schnell, ob etwas glaubwürdig oder aufgesetzt ist. Um aber auf Ihre Frage zurückzukommen: Auf Weibchen zu machen, bringt nichts, aber zu sagen, man ist ein Mannweib, bringt auch überhaupt nichts. Also ich kann immer nur raten, selbst so zu bleiben, wie man ist. Frauen sind starke Wesen, manchmal deutlich stärker als die Männer, denn sie halten deutlich viel mehr aus.

*Frage: Es heißt, derjenige, der Macht hat, hat auch Macht über den Raum. Einen solchen Machtraum hat man den Frauen lange vorenthalten. Das heißt, man hat sie auf Stöckelschuhe gestellt, die sehr wackelig sind, damit sie ja keinen festen Boden unter den Füßen haben. Man hat ihnen Röcke angezogen, die eng waren, damit sie keine großen Schritte*

*machen. Hinzu kommt: Frauen haben häufiger schmalere Stimmen als Männer und können sich deshalb häufig stimmlich gegenüber Männern nicht durchsetzen.*
Schmidt: Ja, das ist richtig. Frauen, die eine hohe Stimme haben, werden immer als zickig oder kreischig betrachtet. Man kann das mit Hilfe der Technik ausgleichen. Ich habe ja den großen Vorteil, daß ich eher eine vollere Stimme habe. Ich schaffe ohne Mikrofon auch größere Säle, denn ich kann sehr laut sprechen und habe dadurch auch Autorität.

*Frage: Ein weiterer Punkt ist der Faktor Redezeit. »Zeit ist Macht«: Die größte Fraktion hat die längste Redezeit, ob sie etwas zu sagen hat oder nicht. Wenn man nun Angst bei einer Sache hat, versucht man, sie schnell hinter sich zu bringen. Damit nimmt man sich keine Zeit und nimmt man sich auch keine Macht. Und das ist bei Frauen noch stärker der Fall als bei Männern.*

**Ein Problem nicht auf die lange Bank schieben**

Schmidt: Deshalb habe ich auch vorher gesagt, die Redesituation »zu erledigen versuchen«, nicht sie »hinter sich zu bringen«. Wenn ich ein Problem erkenne, schiebe ich es nicht auf die lange Bank, sondern ich versuche, es frontal anzugehen. In der Politik ist es wichtig zu agieren und nicht reagieren zu müssen. Bei Konflikten ist es immer besser, daß man selber die Initiative ergreift und sagt: »Wir müssen reden.« Was jetzt die Angst vor der Redesituation betrifft: Wenn ich sage, ich muß diese Rede halten, und zwar möglichst schnell, dann meine ich nicht, möglichst schnell im Ablauf der Rede, sondern möglichst bald.

*Frage: Frauen sind erfahrungsgemäß wesentlich aufgeschlossener gegenüber Dingen, die eher im Gefühlsbereich als im logisch-analytischen Bereich liegen. Müssen sich Frauen stärker gegenseitig helfen?*

**Frauen müssen sich gegenseitig stützen**

Schmidt: Ja, ich bin auch der Meinung, Frauen müssen sich gegenseitig stützen. Ich versuche im Regelfall, Frauen, auch von anderen Parteien, weniger anzugreifen. Das heißt auch, daß die Frauen, die es geschafft haben, andere aufbauen sollten. Frauen helfen Frauen – diese Synergie ist sehr hilfreich.

# Mit anderen Menschen umgehen

## Unser Gehirn als Schaltstelle des Verhaltens

**Vom »herzhaften« zum »gehirnhaften« Menschen**

»Das Gehirn verstehen heißt, die Natur des Menschen verstehen«, meinte 435 v. Chr. der Philosoph Hippokrates. Er siedelte den Mittelpunkt des Menschen im sogenannten Corpus Hippocraticum an. Sein Kollege Aristoteles, der von 384 bis 322 v. Chr. lebte, verlagerte das Zentrum des Menschen, seine Steuerung, vom Gehirn zum Herzen – mit weitreichenden Konsequenzen: Denn über Jahrhunderte nach Aristoteles wurde das Herz als die wichtigste Schaltstelle des Menschen betrachtet. Noch heute sprechen wir davon, daß jemand »sein Herz verloren« hat, daß jemand »hartherzig« sei oder »kein Herz habe«.

Erst in diesem Jahrhundert gelangen der Hirnforschung wesentliche Fortschritte. Bekannt wurden die Analysen des Gehirnchirurgen Wilder Penfield, der bei Operationen durch elektrische Reizung des Gehirns Erinnerungen und Funktionen bestimmter Felder bei den Patienten auszulösen imstande war. Das war 1940. 1952 knüpfte Paul D. MacLean mit seiner sogenannten Triune-Brain-Methode an diese Arbeiten an. 1961 durchtrennte Roger Sperry, Nobelpreisträger für Medizin, bei Affen erstmals die Verbindung zwischen den Großhirnhälften und entdeckte dabei die Spezialisierung der zwei Hirnhemisphären. Seither sprechen wir aufgrund ihrer unterschiedlichen Funktionen von den »zwei Gehirnen« des Menschen:

**Unsere Steuerungszentralen: das linke und rechte Großhirn**

- Die linke Großhirnhälfte verarbeitet vorwiegend Informationen, die linear (nacheinander), logisch, begrifflich und sequentiell kodiert sind, wie zum Beispiel die Sprache oder die Mathematik.
- Die rechte Großhirnhälfte verarbeitet vorwiegend Informationen, die ganzheitlich, simultan (gleichzeitig) und bildlich kodiert sind, wie zum Beispiel bildliche oder akustische Eindrücke.

Haben Sie nicht schon einmal die folgende Situation erlebt?

Sie sitzen am Schreibtisch und bearbeiten den Posteingang. Ein Kollege, der mit Ihnen gemeinsam die Abteilung leitet, betritt den Raum. Er geht mit Ihnen die Post durch. Sie sind gewöhnt, die Briefe zu überfliegen, schnell weiterzulesen, Entscheidungen zu treffen, abzulegen, und haben so nach kurzer Zeit den halben Postberg hinter sich gebracht. Ihr Kollege dagegen ist erst beim zweiten Brief, den er sorgsam studiert. Er hat Fragezeichen an den Rand geschrieben und möchte mit Ihnen über die Einzelheiten des Briefes sprechen. Vielleicht reagieren Sie etwas nervös, etwas aggressiv, weil Sie schon andere Dinge im Kopf haben.

Ein anderer Fall:
Sie sind auf Kundenbesuch. Sie haben sich beim Vorstandsvorsitzenden angemeldet und kommen in sein Sekretariat. Dort herrscht Hektik: Telefone klingeln, junge Sekretärinnen arbeiten an den Computern. Sie werden gebeten, Platz zu nehmen. Sie müssen lange warten. Plötzlich geht die Tür zum Vorstandszimmer auf. Ein dynamischer vierzigjähriger Mann rennt durch den Raum, ohne Sie wahrzunehmen, und geht wieder in das Büro zurück. Sie warten weiter und werden langsam unruhig. Dann geht die Tür auf, und der »dynamische Vierziger« bittet Sie in sein Büro. Dort herrscht Unordnung: der Schreibtisch überladen, Regale und Sideboards vollgestellt. Während Sie noch eintreten, klingelt das Telefon, und Ihr Gesprächspartner greift ohne Rücksicht auf Ihre Gegenwart zum Hörer und führt das Telefonat. Danach erst folgt eine kurze Vorstellung zwischen Ihnen und ihm. Er drängt zur Sache. Während des Gesprächs läuft er durch den Raum. Teilweise führt er zwei Telefongespräche gleichzeitig. Sie, die Sie alles exakt vorbereitet haben und eine genaue Vorstellung über den Ablauf hatten, kommen in einer solchen Situation nur schwer zurecht.

**Die Entdeckung des »Drei-einigen-Gehirns«**

Offenbar treffen in diesen Beispielen Menschen mit ganz unterschiedlichen Charaktereigenschaften aufeinander. Sie finden ihre Erklärung im MacLeanschen Modell des »Drei-einigen-Gehirns«. Im Kapitel »Transaktionsanalyse« haben Sie drei Verhaltenstypen kennengelernt: das Kindheits-Ich, das Eltern-Ich und das Erwachsenen-Ich. Auch MacLean geht von drei Schaltbereichen aus, die er in verschiedenen Hirnregionen ansiedelt: dem Stammhirn, dem darüberliegenden Zwischenhirn und dem beim Menschen sehr ausgeprägten Großhirn. Diese drei Gehirnbereiche haben sich in der Evolutionsgeschichte entwickelt. Populärwissenschaftlich kann man die drei Gehirne als Computerteile mit jeweils eigener Funktion und eigenem Zeitbezug betrachten.

**Das Stammhirn übernimmt die Routinesteuerung**

Das evolutionsgeschichtlich älteste Gehirnteil ist das Stammhirn. Seine Entwicklung reicht über 250 Millionen Jahre zurück, in eine Zeit, als Reptilien die Erde beherrschten. Deshalb nennt MacLean dieses Gehirn auch das Reptiliengehirn. Es bestimmt lebenswichtige Körpervorgänge wie Atmung, Kreislauf, Stoffwechsel und weckt in uns Grundgefühle des Überlebens wie Hunger, Durst etc. Auch die verschiedenen Bereiche der Fortpflanzung, der Partnersuche etc. sind hier angesiedelt. Das Stamm-

hirn arbeitet aufgrund von Erfahrungen. Es orientiert sich an erlebten Fällen und ist in seiner Grundtendenz vergangenheitsorientiert. Die Gewohnheiten des Menschen, Routinesteuerungen, sind hier zu Hause. Das Stammhirn bringt Traditionen, Rituale hervor und ist auf Sicherheit bedacht.
Es ist beispielsweise dafür verantwortlich, wenn wir im Urlaub Sandburgen bauen, um Fremde fernzuhalten, wenn wir einen Zaun um unseren Garten ziehen und wenn wir die Toreinfahrt mit einem Reserviert-Schild versehen. Es ist auch im Spiel, wenn wir unser Territorium mit Waffengewalt verteidigen.

**Das Zwischenhirn sorgt für Emotionen**

Das Zwischenhirn entwickelte sich vor ungefähr 200 Millionen Jahren, in der Zeit, als die Herrschaft der Reptilien zu Ende ging. Es markiert die Fortentwicklung der Lebewesen von Meeres- zu Landbewohnern und kommt bei allen Säugetieren vor. Diese neue Jagdgesellschaft der Säugetiere mußte auf völlig andere Situationen reagieren, um zu überleben. Dafür mußten andere Verhaltensprozesse vom Gehirn gesteuert werden. Der hierfür entwickelte Gehirnteil lieferte den »Antrieb« für die neuen Verhaltensformen: die Emotionen. Sie wägen ab zwischen Flucht und Angriff oder der Möglichkeit, sich tot zu stellen.
Das Zwischenhirn ist ein »Jetzt-Hirn«. Es lebt in der Gegenwart und ist auf die (organisierte) Gruppe programmiert, im Unterschied zum Reptiliengehirn, das auf eine unkoordinierte Menge ausgerichtet ist.

**Das Großhirn plant die Zukunft**

Über diesen beiden Gehirnen thront das Großhirn. Es ist das letzte in der Entwicklungsgeschichte des Menschen und entstand erst bei höheren Säugetieren. Sein Volumen und seine Leistungsfähigkeit unterscheidet den Menschen von allen anderen Lebewesen der Erde. Das Großhirn verknüpft, verbindet, analysiert und plant. Während das Stammhirn vergangenheitsorientiert, das Zwischenhirn gegenwartsbezogen ist, richtet sich das Großhirn auf die Zukunft. Das schließt etwas ein, was das Tierreich wohl kaum kennt: die Sorge um das Morgen. Das Großhirn ist individuell. Es orientiert sich nicht an der Masse, nicht an der Gruppe, sondern am Einzelwesen.

**Grün-, Rot- und Blau-Typen**

Alle drei Gehirnregionen bilden zusammen das menschliche Gehirn. Jeder Mensch besitzt Stammhirn, Zwischenhirn und Großhirn. Untersuchungen haben aber ergeben, daß wir Menschen diese drei Gehirne in unterschiedlicher Weise bei unterschiedlichen Situationen einsetzen. Und so gibt es einmal den mehr zukunftsorientierten, analytischen Typ, den mehr gegenwartsgesteuerten und emotionellen Typ sowie den vergangenheitsorientierten, von Primärmotiven geleiteten Reaktionsmenschen. Der Neurologe Rolf W. Schirm ordnet diesen Gehirntypen drei Farben zu. Das Stammhirn verbindet er mit der Farbe Grün, das Zwischenhirn mit der Farbe Rot und das Großhirn mit der Farbe Blau. Schirm spricht in diesem Zusammenhang von Grün-, Rot- und Blau-Typen.

## Was für ein »Gehirntyp« bin ich?

**Testen Sie Ihren Typ!**

Ob Sie nun im Privat- oder Berufsleben erfolgreich sind, hängt zum großen Teil davon ab, ob Sie sich selber kennen und ob Sie sich selber richtig einschätzen. In der Zeitschrift »Brigitte« wurde im Heft 1/80 eine solche Einteilung dargelegt. Sie können anhand des folgenden Tests herausfinden, ob Sie eher ein Grün-, Rot- oder Blau-Typ, ob Sie also vorwiegend emotional, sozial oder rational bestimmt sind.
Lösen Sie die Testaufgaben. Zu jeder Lösung finden Sie eine Ziffernkombination. Achten Sie dabei auf die Vorzeichen Plus oder Minus.
Bei den ersten Aufgaben entscheiden Sie bitte, welche Seite der beiden Fragenpaare besser auf Sie zutrifft. Manchmal werden Sie meinen, daß beide zutreffen. Entscheiden Sie sich dann für die Aussage, die am ehesten typisch für Sie ist. In jedem Fall sollten Sie nur eine Antwort auswählen.

A Haben Sie einen großen Freundeskreis,
B oder haben Sie nur wenige enge Freunde?
C Nehmen Sie bei Entscheidungen auch ein Risiko in Kauf,
D oder möchten Sie immer auf »Nummer Sicher« gehen?
E Nehmen Sie Angelegenheiten gern selbst in die Hand,
F oder lassen Sie die Dinge lieber an sich herankommen?

Notieren Sie Ihre Ziffern mit dem Vorzeichen rechts im Kästchen.

Die nächste Gruppe von Aufgaben gibt Ihnen etwas mehr Auswahl:
Sie kommen in eine Gruppe fremder Menschen. Wie ergeht es Ihnen dort? Wählen Sie aus den folgenden drei Fragen die eine aus, die am besten und häufigsten auf Sie zutrifft.

G Fühlen Sie sich zunächst unbehaglich?
H Finden Sie schnell und ohne Mühe Kontakt?
I Werden Sie leicht zum Mittelpunkt?

Sie haben sich geärgert, sind wütend, aufgeregt. Wie reagieren Sie?
Entscheiden Sie, welche der sechs folgenden Fragen am besten und welche am wenigsten auf Sie zutrifft. Sie müssen also jeweils zwei Punkte ankreuzen.

K Möchten Sie am liebsten »in die Luft gehen«?
L Möchten Sie sich jemandem mitteilen?
M Möchten Sie sich zurückziehen, allein damit fertig werden?

Wie würden Sie Ihr Temperament einschätzen?

N Sind Sie eher ruhig und freundlich?
O Oder eher lebhaft und impulsiv?
P Oder eher still und zurückhaltend?

Die letzten Aufgaben entscheiden die Richtung:
Wählen Sie aus den nachstehenden zehn Fragen die aus, die Sie mit »Ja« beantworten können. Seien Sie dabei nicht zu kritisch, etwa vier bis fünf Aussagen, die einigermaßen auf Sie zutreffen, sollten Sie schon finden.

Q Sagen Sie offen Ihre Meinung und reden nicht um den heißen Brei herum?
R Sind Sie ausgleichend, vermittelnd und kompromißbereit?
S Erledigen Sie auch unangenehme Dinge möglichst sofort?
T Sind Sie sehr ordnungsliebend, manchmal fast pedantisch?
U Sind Sie kurz entschlossen?
V Fällt es Ihnen schwer, ganz aus sich herauszugehen?
W Lieben Sie die raffinierte Küche?
X Sind Sie lärmempfindlich?
Y Nehmen Sie leicht zu, auch wenn Sie nicht viel essen?
Z Werden Sie sehr ungeduldig, wenn Sie warten müssen?

Auf den folgenden Seiten können Sie Ihr Ergebnis analysieren:

| | Grün | Rot | Blau | Grün | Rot | Blau |
|---|---|---|---|---|---|---|
| A | +1 | 0 | −1 | | | |
| B | −1 | 0 | +1 | | | |
| C | 0 | +1 | −1 | | | |
| D | 0 | −1 | +1 | | | |
| E | −1 | +1 | 0 | | | |
| F | +1 | −1 | 0 | | | |
| Trifft am besten zu | | | | | | |
| G | 0 | 0 | +2 | | | |
| H | +2 | 0 | 0 | | | |
| I | 0 | +2 | 0 | | | |
| Trifft am besten zu | | | | | | |
| K | 0 | +2 | 0 | | | |
| L | +2 | 0 | 0 | | | |
| M | 0 | 0 | +2 | | | |
| Trifft am wenigsten zu | | | | | | |
| K | 0 | −2 | 0 | | | |
| L | −2 | 0 | 0 | | | |
| M | 0 | 0 | −2 | | | |
| Trifft am besten zu | | | | | | |
| N | +2 | 0 | 0 | | | |
| O | 0 | +2 | 0 | | | |
| P | 0 | 0 | +2 | | | |

| | Grün | Rot | Blau | Grün | Rot | Blau |
|---|---|---|---|---|---|---|
| Trifft am wenigsten zu | | | | | | |
| N | –2 | 0 | 0 | | | |
| O | 0 | –2 | 0 | | | |
| P | 0 | 0 | –2 | | | |
| Mit »Ja« beantwortet | | | | | | |
| Q | 0 | +1 | –1 | | | |
| R | +1 | –1 | 0 | | | |
| S | –1 | 0 | –1 | | | |
| T | 0 | 0 | +1 | | | |
| U | 0 | +1 | 0 | | | |
| V | –1 | –1 | +1 | | | |
| W | +1 | 0 | 0 | | | |
| X | 0 | –1 | +1 | | | |
| Y | +1 | 0 | –1 | | | |
| Z | –1 | +1 | 0 | | | |
| © Rolf Schirm, BRIGITTE Picture Press | | | | | | |

Saldieren Sie nun die Werte der einzelnen Spalten.

Wenn Sie in der roten Spalte am höchsten liegen:

**Der Rot-Anteil sorgt für Aktion**

Sie sind ein aktiver Mensch, immer in Aktion. Gelassen abzuwarten fällt Ihnen schwer. Sie sind ein Mensch des Augenblicks und ergreifen Ihre Chancen. Sie sind offen, schnell, direkt, kontaktfreudig. Diplomatie ist nicht Ihre Stärke. Sie reagieren häufig kompromißlos und reden nicht lange um den heißen Brei herum. Sie gehen Risiken ein nach dem Motto »Wer wagt, gewinnt«. Gerne sind Sie Mittelpunkt einer Gesellschaft. Sie möchten zu denen gehören, deren Meinung Gewicht hat. Von Ihnen geht eine natürliche Autorität aus. Wettbewerb reizt Sie und veranlaßt Sie, Ihr Bestes zu geben. Erfolgserlebnisse sind für Sie sehr wichtig: Je schneller, je greifbarer, um so besser. Sie teilen die Welt hierarchisch ein. Es ist schwer für Sie, einen Partner neben sich zu dulden. Auseinandersetzungen mit Ihrem Partner tragen Sie meist offen aus.

Wenn Sie in der grünen Spalte am höchsten liegen:

**Grün fördert Harmonie**

Sie sind ein Menschenkenner, und Sie interessieren sich für Ihr Umfeld. Sie reden viel mit Menschen und mögen sie. In der Gruppe bilden Sie den sozialen Mittelpunkt. Einsamkeit kennen Sie kaum: Sie schätzen Ihre Familie, Ihren großen Freundeskreis, den Verein und pflegen den Umgang. Sie sind weniger anfällig für Eifersucht. Erfolg ist Ihnen nicht das Wichtigste. Sie leiden unter Abläufen, die ohne zwischenmenschlichen Kontakt ablaufen: nur durch Maschinen in kalter Präzision. Sie lieben die Freundlichkeit, die Gemütlichkeit, das Angenehme: gut essen, gut trinken, Unterhaltung und Feier. Sie lassen sich nicht so schnell aus der Ruhe bringen.

Wenn Sie in der blauen Spalte am höchsten liegen:

**Ordnung ist ein Resultat des Blau-Anteils**

Ihnen fällt es oft schwer, Gefühle zu äußern. Ihre Mitmenschen lernen Sie daher nur sehr langsam kennen. Sie leben zurückgezogen, kühl, individualistisch. Sie gehen Ihren eigenen Weg. Sie neigen manchmal dazu, eine Mauer um sich aufzubauen, und sind argwöhnisch, wenn andere Ihnen zu nahe treten. Die menschliche Berührung, ein Streicheln, fällt Ihnen sehr schwer. Ordnung ist Ihr halbes Leben; Sie erfassen und organisieren Vorgänge. Sie haben einen Hang zum Perfektionismus. In den Mittelpunkt einer Gesellschaft kommen Sie meist nicht durch bloße Herzlichkeit, sondern eher durch sachliche, präzise, ja wissenschaftlich aufgebaute Gespräche. Ihr Freundeskreis ist nicht sehr groß, denn es fällt Ihnen schwer, enge Bindungen zu akzeptieren. Bindungen zu lösen fällt Ihnen genauso schwer. Und so bleiben Sie lieber in einer festen Gruppe, in der Sie Ihre Rolle gefunden haben. Ihr Gehirn neigt dazu, alles vorauszuplanen, zu überschauen, abzuwägen. Sie grübeln und tüfteln. Nach Feierabend können Sie nur schwer abschalten. Man kann sich auf Sie und auf Ihr Wort verlassen.

**Jeder Vorteil produziert einen Nachteil**

Natürlich kommen diese Typen nicht in »Reinform« vor; jeder von uns ist ein Mischtyp. *Den* »Rot-Typen« ohne Blau- oder Grün-Anteile gibt es nicht. Aber wir setzen in den unterschiedlichsten Lebenssituationen vornehmlich einen Gehirnteil ein. Manche Menschen bedienen sich aber auch gleichmäßig der drei Teile. Das sind sehr ausgewogene Menschen, auch hier mit einem Nachteil: Sie haben keine Gebiete, auf denen sie besonders überlegen sind. Rolf Schirm spricht davon, daß jeder Vorteil in einem Gehirnteil notwendigerweise mit einem Nachteil in den beiden anderen Gehirnteilen einhergeht. Den »idealen Menschen« gibt es also auch hier nicht. Es kommt immer darauf an, die eigenen Fähigkeiten richtig einzusetzen und nicht dagegen zu arbeiten.

**Setzen Sie Ihre »Farbe« optimal ein**

Vergleichen läßt sich das am besten mit einem Skatspiel: Das Blatt ist ausgegeben. Sie müssen nun in der richtigen Art Ihr Blatt einsetzen. Spielen Sie gegen Ihr Blatt, werden Sie verlieren. Erkennen Sie aber die Chancen, die Sie mit Ihrem Blatt haben, und trumpfen Sie richtig, so werden Sie gewinnen. Das ist auch mit der Zuordnung zu einem Rot-, Grün- oder Blau-Typ gemeint: das Erkennen der eigenen Strukturen, der eigenen Fähigkeiten und ihr Einsatz im Leben.

## Im Verhaltensmosaik Typenstrukturen erkennen

Wie erkennen Sie nun Ihr Gegenüber? Wie können Sie von äußeren, beobachtbaren Verhaltensweisen auf innere Vorgänge schließen? Stellen Sie sich hierfür einmal ein Mosaik vor.

Je mehr einzelne Mosaiksteine Sie von einem Mitmenschen haben, je

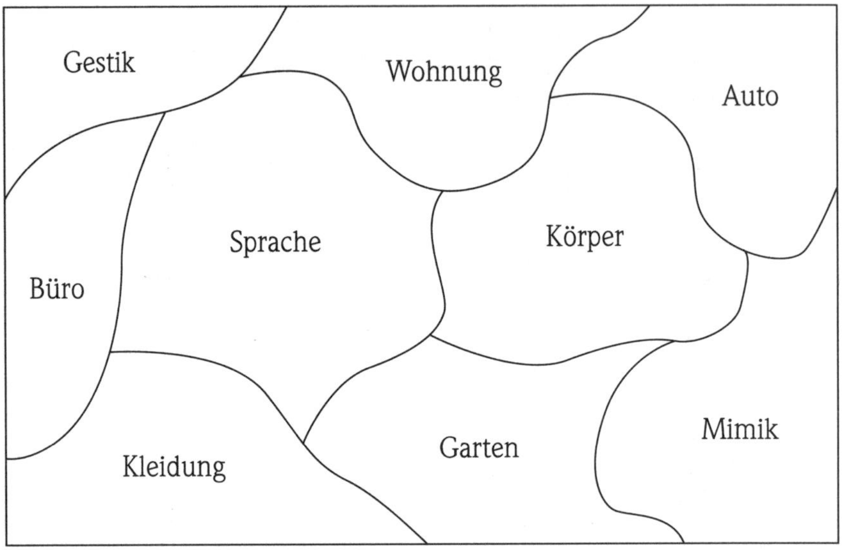


mehr Äußerlichkeiten Sie betrachten, um so schärfer wird sich das Mosaik vor Ihnen abbilden. Das heißt, Sie können nicht nur von *einem* Mosaikstein auf den Charakter eines Menschen schließen.

Statt der Farben benutzen wir nun drei verschiedene Symbole: das Dreieck für den mehr extrovertierten, nach außen gerichteten Rot-Typen, den Kreis für den gruppenorientierten, integrierenden Grün-Typen und das Quadrat für den logisch-analytischen und eher introvertierten Blau-Typen. Wie bekommen Sie nun Zugang zu Ihrem Gegenüber?

## 1. Der Körper

**Der sportliche Rot-Typ**

Meistens herrscht ein athletischer Körperbau vor: breite Schultern, schmale Hüften. Dieser Typ Frau weiß, daß er gut über den Körper wirkt, und neigt dazu, beispielsweise im Fitneßstudio etwas für seinen Körper zu tun.

**Der »runde« Grün-Typ**

Der rundliche Typ Frau fällt durch seinen runden Körpertyp auf. Sie ißt und trinkt gerne und ist allen Lebensgenüssen gegenüber sehr aufgeschlossen. Das wirkt sich auch auf ihren Körperbau aus: ein kleiner Bauch, Rundungen, auch im Gesicht.

**Der hagere Blau-Typ**

Der introvertierte Typ Frau hat häufig eine schlanke Figur, kaum Fettansätze. Da dieser Typ dazu neigt, Probleme in sich »hineinzufressen«, achtet er auf eine gesunde Ernährung und vermeidet zuviel Fett.

Hüten Sie sich auch vor falschen Schlüssen: Nicht alle rundlichen Menschen sind Grün-Typen. Der Körperbau ist nur ein Mosaikstein.

## 2. Das Outfit

**Der mode-orientierte Rot-Typ**

Dieser Typ Frau legt sehr viel Wert auf Kleidung. Modern, farbintensiv, körperbetont gibt sich dieser Typ. Sie kann mit Kleidung umgehen, weiß, was ihr steht. Auf Accessoires legt sie viel Wert: Schmuck, Haartracht, Brille. Aber es ist meistens nicht übertrieben, sondern paßt sich dem Typ an.

**Der bequeme Grün-Typ**

Dieser Typ Frau legt Wert auf Bequemlichkeit. Sie liebt braune und graue Farben. Sportlich, aber nicht sportlich-schick, ein bißchen modisch, aber nicht zu modisch: Hauptsache bequem.

**Der akkurate Blau-Typ**

Was sie kauft, ist solide Qualität. Sie neigt zu dunklen Farben, Grau- und Blaufarben. Wenig Betonung des eigenen Körpers, wenig Schmuck, wenig Accessoires, will nicht über den Körper auffallen.

## 3. Stimme – Sprache – Mimik – Gestik

**Der dynamische Redner**

Dieser Typ Frau redet viel. Im Extrem ist es die »Schwätzerin«. Reden ist ein Hauptteil ihres Lebens. Die Stimme ist meistens laut. Sie nimmt wenig Rücksicht auf andere. Die Mimik ist ausgesprochen wechselhaft, mal freundlich, mal weniger freundlich, die Gestik ist weit ausholend. Dieser Typ ist immer in Bewegung. Sie spricht häufig in der »Ich«-Form, egozentriert. Die Meinung anderer interessiert sie wenig.

**Der gemütliche Redner**

Dieser Typ Frau ist der gemütliche unter den Menschen. Man erkennt sie daran, daß sie häufig in der »Wir«-Form spricht. Für sie ist alles gruppenorientiert. Sie spricht über die Familie; sie spricht über ihr Haus. Ihr Gesichtsausdruck ist meistens ein Lachen. Sie ist fast immer freundlich.

**Der präzise Formulierer**

Dieser Typ Frau ist der Schreiber. Sie meidet das gesprochene Wort, weil sie Schwierigkeiten in der Wortfindung hat, weil sie nicht spontan genug ist, weil sie lieber in Ruhe nachdenkt und dann ihre Dinge präzise niederschreibt. Sie ist der Dichter, Denker und Planer-Typ. Sie formuliert gerne in der normativen, der »Man«-Form. Sie spricht davon, daß »man« sich in einer gewissen Form benimmt. Ihre Stimme ist meistens leise, zurückhaltend. Weder in Mimik noch in der Gestik läßt sich feststellen, was sie gerade denkt.

## 4. Auto – Garten – Haus

»Sage mir, wie du wohnst, und ich sage dir, wer du bist.« Während man sich im Bereich der Kleidung, des Habitus in der Sprache und der Stimme noch verstellen kann, so ist es kaum möglich, auf Dauer in einer Umgebung zu wohnen, die nicht dem eigenen Charakter entspricht. Das bedeutet: Es ist sinnvoll, Menschen, die man näher kennenlernen will, zu Hause, in ihren »vier Wänden«, bei ihrer Familie zu besuchen.

**Der üppige Rot-Typ**

Wenn Sie diesen Typ Frau besuchen, achten Sie auf das Auto, das vor dem Haus steht: ein Sportwagen, ein Cabrio, ein Wagen mit einer auffälligen Lackierung, mit Extras. Der Garten ist bepflanzt, einsehbar, nicht mit einer Mauer umgeben. Das Haus ist meistens auffällig. Falls es ein Reihenhaus ist, handelt es sich häufig um ein Eckhaus. Es hebt sich von den Nachbarhäusern ab, sei es, daß es eine andere Tür, eine andere Farbe, ein anderes Dach hat. Der Vorgarten oder auch der Garten hinter dem Haus ist üppig, auch mit botanischen Kostbarkeiten versehen.

**Der unauffällige Grün-Typ**

Dieser Typ Frau liebt das Reihenhaus. Sie ist gerne in der Gruppe, im Verein. Sie wird sich kaum von anderen unterscheiden, wird den gleichen Vorgarten haben. Gerne unterhält sie sich mit dem Nachbarn über den Gartenzaun. Hollywoodschaukel oder Grillgeräte dürfen nicht fehlen. Die Wiese ist dazu da, daß man auf ihr spielt, sie ist ein Teil ihres Wohnzimmers.

**Der abgrenzende Blau-Typ**

Vor ihrem Haus werden Sie häufig ein ... Fahrzeug mit unauffälliger Farbgebung finden. Ein Sichtschutz verhindert, daß Sie von außen in den Garten schauen können. Mit Schildern wie »Vorsicht bissiger Hund« oder »Ausfahrt freihalten« grenzt dieser Typ sein Terrain ab. Ihr Haus hat keine Fenster, die zur Vorderseite gerichtet sind. In ihrem Haus soll man nicht hineinsehen: »My home is my castle« könnte über ihrem Eingang hängen.

## 5. Wohnung – Arbeitsplatz

**Der großzügige Rot-Typ**

Die Wohnung dieses Typs Frau ist großzügig und mit viel freien Räumen eingerichtet: moderne Möblierung, moderne Farbgebung, große Flächen. Der Aufbau ist meistens asymmetrisch. Die Sitzmöbel sind nicht auf Bequemlichkeit ausgerichtet, sondern dem Stil entsprechend: entweder modern oder antik.

**Der bequeme Grün-Typ**

Dieser Typ Frau legt Wert auf Bequemlichkeit. In ihrer Wohnung ist alles behaglich, mit warmen, braunen Farben: Auf ein bequemes Sofa, einen Fernsehsessel, die Sitzecke will sie nicht verzichten. Die Sekretärin wird Ihnen Kaffee anbieten. Die Firma wird dieser Typ in seinen Privatbereich mit hineinnehmen.

**Der ordentliche Blau-Typ**

Für diesen Typ Frau ist wichtig, daß alles seinen Platz hat. Sie werden feststellen: Die Wohnung ist meist symmetrisch eingerichtet: Sofa, rechts und links Stühle, in der Mitte der Tisch. Auch nach Jahren werden die Möbel noch genauso gestellt sein. Sauberkeit, Exaktheit, die Fransen der Teppiche sind gefegt. Sie finden Qualitätsmöbel, schwere Möbel, Möbel, die fürs Leben gekauft sind. Ähnlich auch im Büro: eine präzise Ordnung, ein absolut aufgeräumter Schreibtisch, alles hat seinen Platz. Sie werden kaum ein Familienbild auf dem Schreibtisch finden.

In den folgenden Kästen sind die Charaktereigenschaften der Typen noch einmal zusammengefaßt.

**Der EXTRO-(Rot-)Typ**
**(emotionale Komponente)**

- sucht Überlegenheit
- entscheidet spontan und emotionell
- neigt zu Oberflächlichkeit und zu Verallgemeinerungen
- wechselt häufig seine Meinung
- ist ein starker Kontakter
- argumentiert gerne »ich«bezogen
- wirkt durch Spontaneität, Dynamik und durch seine äußere Erscheinung

**Der AMBO-(Grün-)Typ**
**(soziale Komponente)**

- befindet sich gerne in Gruppen und Vereinen
- ist kein Kämpfertyp, sondern sucht Ausgleich und Kompromiß
- vermeidet radikale Änderungen
- argumentiert gerne »wir« bezogen
- wirkt durch Gemütlichkeit, Ausgeglichenheit und durch menschliches Verständnis

**Der INTRO-(Blau-)Typ**
**(sachliche Komponente)**

- braucht Abstand
- gewinnt erst bei längerem Kennen
- vermeidet Emotionen
- tut nichts ohne Plan
- hat eine feste Zeiteinteilung
- denkt systematisch
- argumentiert gerne »man«bezogen
- wirkt durch Förmlichkeit und Genauigkeit

## Der Umgang mit den einzelnen Typen

Tips für den Umgang mit dem Rot-Typ

**Behandeln Sie Rot-Typen wie einen Diamanten**

Behandeln Sie den Rot-Typ wie einen Diamanten. Er ist wertvoll, hart, hart in der Argumentation, hart in seinen Ansichten, glitzernd, brillierend. Dieser Typ wechselt häufig die Facetten seiner Ansichten und steht meist unter Druck. Lassen Sie dem Rot-Typ die Möglichkeit, aus sich herauszugehen, sich zu produzieren. Unterbrechen Sie ihn nicht. Gehen Sie davon aus, daß seine Terminplanung »sehr dynamisch« ist. Führen Sie keine langen Argumentationen mit ihm, sondern kommen Sie auf den Punkt. Runden Sie ihm gegenüber Zahlen ruhig auf, kommen Sie mit allgemeinen Darstellungen, Beispielen und Metaphern. Loben Sie ihn, geben Sie ihm Anerkennung. Verlangen Sie keine langweiligen Schreibtischaufgaben, keine »Abwicklungsaufgaben« von ihm. Für Buchhaltungsaufgaben ist dieser Typ nicht geeignet. Setzen Sie auf seine Schnelligkeit, Lebendigkeit, Dynamik. Vergessen Sie nicht seine gewisse Oberflächlichkeit und Ungenauigkeit. In der Gruppe will er die Führung haben. Achten Sie deshalb auf seine Teamfähigkeit. Er ist ein Kämpfertyp und wird sich häufig über die Gruppe hinwegzusetzen versuchen.

Tips für den Umgang mit dem Grün-Typ

**Behandeln Sie Grün-Typen wie eine Perle**

Behandeln Sie den Grün-Typ wie eine Perle in einer Perlenkette. Die Perle ist Teil eines Ganzen. Sie ist rund, glänzt auf der Haut eines Menschen, d. h., sie braucht den menschlichen Kontakt. Dieser Typ bevorzugt die Familien- und Gruppenzugehörigkeit, ausgiebige Geschäftsessen, Unterhaltung, Freundschaft, Kameradschaft, das Vereinsleben, Ausgewogenheit. Insbesondere Harmonie ist für diesen Typ ausgesprochen notwendig. Er ist kein Kämpfertyp, sondern baut auf das Angenehme. Er faßt nicht gern Entschlüsse; er schiebt Entscheidungen vor sich her. Wenn er Entscheidungen trifft, holt er sich Rückendeckung in seiner Umgebung. Er ist der Typ, der sich anpaßt und immer wieder an der Gruppe orientiert. Alleingänge, Extravaganzen, auffallendes Verhalten sind Dinge, die er nicht gerne für sich akzeptiert. Er hält Gruppen zusammen und ist ein neutraler, ausgleichender Faktor. Wenn Sie Geschenke mitbringen, denken Sie an seine Familie, an seine Kinder, an seinen Hund oder seine Katze, an sein Hobby. Argumentieren Sie möglichst »wir«bezogen. Sein Herz verlangt immer nach Sicherheit in der Gruppe.

Tips für den Umgang mit dem Blau-Typ

**Behandeln Sie Blau-Typen wie einen Goldbarren**

Der Introvertierte liebt Genauigkeit, Pünktlichkeit, Sachlichkeit. Formulieren Sie Ihr Anliegen langsam, verständlich und präzise. Vermeiden Sie Übertreibungen und überzogene Forderungen. Halten Sie sich an korrekte Tatsachendarstellungen. Die Interna des Blau-Typs gehen Sie persönlich nichts an. Trennen Sie Geschäfts- und Privatleben. Für die Form des Geschäftsessens und abendlicher Zusatzprogramme ist er nur schwer zu begeistern. Behandeln Sie ihn wie einen Goldbarren. Er braucht die Sicherheit eines Tresors: präzise Strategien, schriftlich festgehalten, detailliert, nachvollziehbar. Er ist ein Spezialist für Controlling und für buchhalterische Dinge. Auf ihn ist absoluter Verlaß. Sein Gehirn ist ein planerisches, zukunftsorientiertes, jedoch auch ein Gehirn, das Veränderungen, Rollenwechsel etc. nur sehr ungern nachvollzieht. Das Denken basiert auf den Erfahrungen der Vergangenheit und den Planungen in die Zukunft. Seien Sie höflich zu ihm. Beachten Sie Stil, Etikette und Umgangsformen. Achten Sie seine Prinzipien, und fordern Sie ihn nicht heraus. Argumentieren Sie möglichst »man«bezogen, normativ und sachlich.

## Resümee

① Akzeptieren Sie Ihren Typ, und setzen Sie Ihre Stärken ein.
② Respektieren Sie konträre Typen, und nutzen Sie deren Stärken.
③ Beobachten Sie Ihre Mitmenschen, und stellen Sie sich auf deren Kommunikationsverhalten ein.
④ Argumentieren Sie nicht nur logisch, sondern vor allem typologisch.
⑤ Achten Sie bei der Zusammensetzung von Teams auf eine »gute Mischung«.
⑥ Vermeiden Sie zu schnelle Vorurteile.

# Sabine Christiansen: Habe »offene Türen« für dein Team

**Frauen verspüren eine Doppelbelastung**

*Frage: Müssen Frauen mehr leisten als Männer?*
Christiansen: Ich glaube, Frauen müssen grundsätzlich mehr leisten als Männer. Egal, wie kooperativ der Mann zu Hause ist, letztlich bleibt vieles im häuslichen Bereich doch Frauensache, d. h., ich meine die Doppelbelastung Haushalt und Beruf. Außerdem muß eine Frau im Beruf erst einmal beweisen, daß sie es überhaupt kann. Sie wird ganz anders eingestuft, während Männer immer von einem gleichen Level ausgehen. Grundsätzlich aber haben die Chancen für Frauen zugenommen. Das heißt nicht, daß diese Chancen auch immer wahrgenommen werden, weil Frauen sich oft die Frage stellen, ob sie sich den psychischen Streß antun sollen. So kommt es, daß bis zu einer gewissen Hierarchie der Frauenanteil stark angestiegen ist – sogar in den technischen Berufen –, aber nach oben dünnt sich das stark aus.

*Frage: Haben Sie sich bei Ihrem Beruf gesagt: Ich will das?*
Christiansen: Ich habe die mir angebotene Chance ergriffen.

**Arbeit muß Spaß machen**

*Frage: Muß man sich in der täglichen Arbeit immer neu beweisen?*
Christiansen: Nein, hier in der Redaktion ist kein täglicher Kampf. Aber es ist eine täglich neue Herausforderung, weil Sie im Nachrichtengeschäft jeden Tag andere Themen haben. Es gibt ganz wenig Routine, weil immer Unvorhergesehenes passiert. Anders wird es allerdings bei der neuen Sendung sein. Da gibt es natürlich Erwartungen an Quoten, an Führungsqualitäten. Aber nach zehn Jahren habe ich eine neue Herausforderung gesucht. Das heißt für mich nicht unbedingt, daß ich versuche, auf der Karriereleiter weiter nach oben zu kommen, sondern ich habe den Weg in die Breite gesucht. Denn ich bin ein Mensch, der sehr stark nach seinen Interessen fragt: »Was will ich eigentlich?« Nicht: »Wo verdiene ich am

meisten?« Ich bin ein Workaholic, aber dafür muß die Arbeit mir dann Spaß machen.

*Frage: Was können Sie denn besonders gut?*
Christiansen: Ich bin sicher eine starke Teamarbeiterin, ich bin sicher kritikfähig, ich bin für eine offene Art des Umgangs, ich setze auf einen heterogenen Kreis um mich herum, d. h., ich brauche ganz junge Menschen ebenso wie alte, erfahrene, Leute aus verschiedenen Ressorts, so daß ein möglichst vielfältiger Austausch stattfindet und kein Hofstaat entsteht, der einen nur bestätigt.

*Frage: Haben Frauen eine besondere Art zu führen?*
Christiansen: Ich glaube, da gibt es keinen Unterschied zwischen Frauen und Männern. Das wichtigste ist der Begriff der Glaubwürdigkeit. Wenn Sie so handeln, wie Sie reden, dann sind Sie für die Mitarbeiter glaubwürdig. Das zweite ist, Teamgeist zu besitzen.

**Teamarbeit und Glaubwürdigkeit sind wichtige Kriterien**

*Frage: Wird der Machtkampf unter Frauen härter ausgetragen?*
Christiansen: Ich habe es zum Glück nie erlebt. Ich habe immer mit vielen Frauen sehr gut zusammengearbeitet. Hier kann ich das Wort »Kampf« überhaupt nicht in den Mund nehmen. Wir haben hier ein sehr kollegiales, fast freundschaftliches Miteinander. Es gibt allerdings Berichte von Kolleginnen aus anderen Redaktionen, vor allem aus dem Printbereich, die sagen, daß schon harte Konkurrenz vorhanden ist. Deshalb schauen wir bei Personaleinstellungen nicht nur, was die einzelne in ihrem beruflichen Umfeld leistet, sondern auch, wie sie ins Team hineinpaßt.

*Frage: Kommen Sie mit einem Mann oder mit einer Frau als Chef besser zurecht, oder macht das keinen Unterschied für Sie?*
Christiansen: Das macht keinen Unterschied. Ich habe unter beidem gearbeitet, und ich kann da keinen Unterschied feststellen, außer daß Frauen auch in Führungspositionen bessere Teamarbeiterinnen sind. Ich habe auch die Erfahrung gemacht, daß Frauen weniger das Rad schlagen. Das heißt, wenn Sie eine Konferenz beobachten, in der zumeist männliche Teilnehmer sitzen, dann werden, auch wenn das Thema abgehandelt ist, drei oder vier Wortmeldungen vorliegen, die nur das gleiche noch einmal schildern, damit sie auch etwas zum Thema gesagt haben. Das ist ein Ritual, das mehr unter Männern stattfindet. Frauen reden nicht soviel drum herum.

**Frauen bringen die Sache auf den »Punkt«**

*Frage: Meinen Sie, daß das Outfit und die Körpersprache für eine Frau auf dem Weg in die Führungsetagen wichtig ist?*
Christiansen: Die Körpersprache ist sicherlich eine sehr wichtige Sache.

**Man merkt, wenn jemand eine Rolle spielt**

Bei einer ausweichenden Körpersprache habe ich das Gefühl, dem oder der kann ich nicht vertrauen. Ansonsten spannt sich auch hier das Wort Glaubwürdigkeit wie ein großer Bogen bei der Kleidung, der Gestik und der Mimik; denn alles, von dem mein Gegenüber merkt, das ist die Person, so ist sie, das wird akzeptiert. Dagegen wird alles, was in die Abteilung Show gehört, irgendwann entlarvt. Man merkt es sehr vielen Menschen auch an, ob sie eine Rolle spielen oder nicht. Das gleiche gilt auch für die Kleidung: Sie betont oft eine Rolle, in der sich der- oder diejenige sehen möchte. Manchmal sieht man Menschen an, daß die Kleidung gar nicht paßt. Sie bewegen sich anders, als es der Schnitt der Kleidung hergibt. Sicher gehört gepflegtes Äußeres dazu, sicher gehört dazu das Wissen um gewisse Normen, die sich allerdings in den letzten zehn Jahren etwas aufgelöst haben.

*Frage: Frauen haben die Tendenz, sich der Männerwelt auch kleidungsmäßig anzunähern.*
Christiansen: Es gab ja neulich einmal diesen »Stern«-Artikel, in dem alle Frauen mit dem gleichen Outfit fotografiert wurden: im Nadelstreifenanzug, und das von einer Fotografin, die gesagt hat: »Karrierefrau heißt Nadelstreifenanzug.«

*Frage: Das heißt, daß der Nadelstreifenanzug offenbar auch für die Frau identischer ist mit Erfolg und Macht als beispielsweise ein Kostüm.*
Christiansen: Wie man eben gewisse andere Dinge den Frauen einfach nicht zutraut. Lange gab es die Auseinandersetzung um die Frage: Sollen wir weibliche Piloten haben? Da erinnere ich mich an viele Umfragen, in denen Frauen sagten: »Ich möchte nicht von einer Frau geflogen werden.« – Warum eigentlich nicht? Frauen müssen in jedem Bereich ein paar Vorreiterinnen haben, die ein positives Beispiel darstellen, so daß dann von Mannes Gnaden weitere Frauen eingestellt werden, weil man sagen kann: Die hat's ja ganz gut gemacht. Dieser Erfolg zieht dann andere nach sich.

*Frage: Braucht man als Frau einen Partner, der die Frau fördert?*

**Frauen müssen Netzwerke errichten**

Christiansen: Ich glaube nicht, daß man das auf einen Partner verengen kann. Es geht genausogut mit einem starken Willen und einem guten Freundes- und Kollegenkreis. Wichtig ist eine Offenheit und Ehrlichkeit, die spürbar sein muß. Es ist das Hauptproblem der Frauen, daß wir uns lange nicht getraut haben, selber zu formulieren, was wir wollen. Es ist heute eines der meistdiskutierten Anliegen der Frauen: Wie schaffen wir Netzwerke? Die Männer haben vom Rotary-Club über den Skat-, Golf- und Taubenzüchterverein Netzwerke, die wunderbar funktionieren. Bei Frauen noch nicht. Deshalb wissen die Frauen untereinander gar nicht, wo eine Kollegin in entsprechender Position sitzt, die vielleicht einmal gern wechseln möchte. Wir haben einmal – beispielsweise beim § 218 – beschlossen, daß alle relevanten Frauenredaktionen dieses Thema hochbringen. Das macht Sinn. Aber das haben wir erst vor kurzem erkannt. Deshalb halte ich ihr Frauennetzwerk »SYNERGIENET« für eine äußerst wichtige Einrichtung.

*Frage: Was machen Sie, um fit zu bleiben?*
Christiansen: Ich gehe gerne schwimmen und mit dem Hund spazieren, ab und zu Tennis spielen oder Fahrrad fahren. Aber bedingt durch die langen Arbeitszeiten komme ich zuwenig zu diesen sportlichen Aktivitäten.

*Frage: Brauchen Sie viel Schlaf?*
Christiansen: Nein, ich bin ein 6-Stunden-Schläfer. Wenn ich mal acht Stunden schlafe, merke ich, da war am Vortag etwas, was doch härter war.

*Frage: Wie sieht es aus mit Ihrer Ernährung?*
Christiansen: Ernährung läuft so nebenbei, denn ich bin keine große Esserin. Ich achte darauf, daß viel Obst, Joghurt, Vollkornbrot und mal eine leichte Suppe dabei ist. In den Wochen ohne »Tagesthemen« gehe ich auch mal abends essen.

*Frage: Was kann denn eine Frau besser als der Mann?*
Christiansen: Sie kann in vielen Fällen diplomatischer agieren. Frauen mögen auch emotionale Diskussionen, halten dabei meistens erheblich mehr aus als Männer und entscheiden für sich in einer anderen Art die Relevanz dieser Dinge. Sie überlegen von einer anderen Warte aus und auch aus dem Bauch heraus. Ich glaube auch, daß Frauen sehr entscheidungsfähig sind. Deshalb sind Frauen auch sehr gute Führungspersönlichkeiten. In unserem Zeitalter können Sie nicht mehr in den althergebrachten Hierarchien denken, Sie können nicht mehr die fördern, die bisher gefördert wurden, weil in Zukunft eine ganz andere Kreativität verlangt wird. Andere Strukturen bedingen eine andere Führung, und dafür sind Frauen sehr geeignet. Frauen sind bis in das hohe Alter lernfähig. Es gibt so tolle alte Frauen, die so neugierig sind und immer wieder lernen und jeden Abschnitt ihres Lebens nutzen, um weiter – nicht höher – zu kommen. Das gibt so eine abgerundete Persönlichkeit. Das finde ich wunderbar, wenn man solche Menschen trifft.

**Frauen sind gute Führungspersönlichkeiten**

*Frage: Was halten Sie von Quotenfrauen?*
Christiansen: In vielen Bereichen mögen sie notwendig sein, damit Frauen erst einmal hineinkommen. Auf keinen Fall auf Dauer und auf keinen

Fall für jeden Bereich. Man hat gesehen, daß gutes Zureden keinen Sinn gehabt hat; es waren alles Lippenbekenntnisse der Männer.

*Frage: Ein Karrieremann ist gesellschaftlich akzeptiert, eine Karrierefrau dagegen ist negativ belegt.*

**Für Frauen ist der Begriff »Laufbahn« typischer als der Begriff »Karriere«**

Christiansen: Auch beim Karrieremann haben die Deutschen Schwierigkeiten, denn ein Karrieremann wird ja nicht beneidet, sondern er hat ja gleich wieder Neider. Trotzdem: Beim Mann heißt es: »Der hat's geschafft, der ist gut.« Wenn's die Frau geschafft hat, heißt es: »Na, wer wird wohl darunter gelitten haben?« Denn eine Karrierefrau hat landläufig immer ganz harte Ellenbogen und damit viele Opfer auf der Strecke gelassen. Der Begriff wird viele Frauen daran gehindert haben, weiterzumachen. Frauen machen nicht so sehr Karriere, die steil nach oben verläuft, sondern sie machen eine Laufbahn, die auch mal in die Breite geht.

*Frage: Wie würden Sie sich denn bezeichnen?*
Christiansen: Meinetwegen als Karrierefrau, denn das ist schon eine Karriere gewesen. Für mich ist es persönliche Genugtuung, in dem Job zu sitzen, der mir am meisten Spaß macht. Das ist doch das Höchste überhaupt, gerade heute, wenn man sich die Ausbildungssituation an den Universitäten anschaut. Sich das aussuchen zu können, was man gerne macht, und den Beruf auszuüben, den man liebt, das kann nicht mehr jeder, sondern viele müssen erst einmal ausweichen. Und deshalb ist es das am höchsten anzusehende Gut überhaupt. Hinzu kommt, daß es mir auch eine wirtschaftliche Sicherheit verschaffen soll und damit eine Unabhängigkeit. Ich glaube aber, daß Frauen selten einen Beruf ausüben, den sie wirklich widerwillig machen, nur um das Geld nach Hause zu bringen. Da wird Frau viel mutiger sein als Mann und sagen: »Da wechsle ich mal.« Auch wenn sie nicht das Ideale findet. Für den Mann wäre das aber ein Karriereknick.

*Frage: Würde die Welt etwas anders aussehen, wenn mehr Frauen mitregierten?*

Christiansen: Ja, bestimmt. Es gab viele Beispiele von Frauen in der Geschichte, die die Welt verbessert haben. Es gäbe eine andere Diskussionskultur und eine andere Machtfrage, andere Zirkel, in denen – bestenfalls – offener entschieden würde. Ich glaube aber, daß es auf alle Fälle weniger kriegerische Auseinandersetzungen gäbe.

**Frauen agieren oftmals diplomatischer**

*Frage: Es sei denn, die Frauen übernehmen männliche Strukturen und damit kriegerische Handlungen.*

Christiansen: Maggie Thatcher und die Falklands. Ja, aber es ist natürlich klar: Wenn Maggie Thatcher gegen einen Mann als Kriegsgegner antreten muß, dann muß sie auf ihn entweder eingehen – und das heißt eben Kriegsschiffe losschicken – oder mit weiblichen Mitteln kämpfen. Aber das macht wenig Sinn. Also muß sie sich erst einmal darauf einlassen, bevor sie ihn in einer Verhandlungsposition hat. Das gilt im übrigen auch für den beruflichen Bereich. Manchmal muß ich mich scheinbar auf die männliche Strategie einlassen, damit ich mir eine Basis des Vertrauens schaffe, um mein Spiel spielen zu können.

# Die Zeit optimal nutzen

## Die persönlichen Zeitfresser

Kennen Sie nicht auch den täglichen Ausruf: »Ich habe keine Zeit!«? – Haben Sie genug Zeit? – Wahrscheinlich werden auch Sie diese Frage verneinen. Dann befinden Sie sich in guter Gesellschaft, denn mehr als 80 Prozent aller berufstätigen Menschen antworten wie Sie.

**Zeit ist unwiederbringlich**

Zeit haben alle in der ungefähr gleichen Menge zur Verfügung. Zeit ist eines der kostbarsten Dinge, die wir überhaupt besitzen. Sie ist unwiederbringlich, und sie ist verloren, wenn sie falsch genutzt wird. Daher befaßt sich dieses Kapitel mit Zeitmanagement. Zeitmanagement bedeutet, die eigene Zeit bewußter zu steuern und vor allem Fremdbestimmungen in den Griff zu bekommen. Ziel ist also, die täglichen Aufgaben in kürzerer Zeit mit weniger Aufwand, weniger Hektik und Streß und mit geringerem Leistungsdruck zu bewältigen. Das bedeutet mehr Freude und ein schnelleres Vorankommen in Richtung Ihrer Lebensziele. Das erste, was Sie tun sollten, ist: Spüren Sie Ihre persönlichen »Zeitdiebe« auf. Die folgende Liste nennt Ihnen typische »Zeitfresser«. Gehen Sie einmal diese Liste durch und *kreuzen Sie die zehn für Sie wichtigsten an.*

*Nimm dir Zeit zum Denken, dies ist die Quelle der Kraft!*
*Nimm dir Zeit für die Arbeit, denn dies ist der Preis des Erfolges!*
*Nimm dir Zeit für die Liebe, sie ist der wahre Reichtum des Lebens!*
*Nimm dir Zeit, dich umzuschauen, der Tag ist zu kurz, um selbstsüchtig zu sein!*
*Nimm dir Zeit zum Spielen, dies ist die Freude der Jugend!*
*Nimm dir Zeit, um mit Freunden zusammenzusein und ihnen zu helfen, dies ist die Quelle des Glücks!*
*Nimm dir Zeit zum Lachen, dies ist die Musik der Seele!*
*Nimm dir Zeit zum Gebet, sie bringt dir Gott näher und wäscht den Staub der Erde von deinen Augen!*

**Fassen Sie Ihre »Zeitdiebe«**

1. »Ich mache, was mir gerade in den Sinn kommt.« Ergebnis: unklare Zielsetzung. ☐
2. »Alle Dinge sind mir gleich wichtig.« Ergebnis: mangelnde Prioritätensetzung. ☐
3. »Wo fange ich bloß an?« Ergebnis: fehlende Übersicht über noch zu Erledigendes. ☐
4. »Ich könnte aber auch etwas anderes tun.« Ergebnis: schlechte Planung im Tagesablauf. ☐
5. »Wenn ich doch nur schon fertig wäre.« Ergebnis: Hast, Ungeduld. ☐
6. »Ich mache alles selber.« Ergebnis: zuwenig Delegation. ☐
7. »Die macht das schon richtig.« Ergebnis: fehlende Kontrolle delegierter Arbeiten. ☐
8. »Mach du mal.« Ergebnis: mangelnde Koordination, falsches Teamwork. ☐
9. »Däumchendrehen.« Ergebnis: Wartezeiten (bei Terminen, Verabredungen). ☐
10. »Ich brauche alle Infos.« Ergebnis: alle Fakten wissen wollen. ☐
11. »Und den Rest kriegen wir später.« Ergebnis: Aufschieberitis. ☐
12. »Mit dir habe ich jetzt nicht gerechnet.« Ergebnis: unangemeldete Besucher. ☐
13. »Ach, du bist's.« Ergebnis: telefonische Unterbrechungen. ☐
14. »Also gut, dann mach's halt ich.« Ergebnis: nicht nein sagen können. ☐
15. »Davon wußte ich noch gar nichts.« Ergebnis: verspätete und unvollständige Informationen. ☐
16. »Eigentlich würde ich ja lieber ...« Ergebnis: fehlende Selbstdisziplin. ☐
17. »Heute habe ich zu nichts Lust.« Ergebnis: mangelnde Motivation. ☐
18. »Den Rest mache ich nachher.« Ergebnis: Aufgaben liegenlassen. ☐
19. »Schau mal da.« Ergebnis: Ablenkungen, Lärm. ☐
20. »Dafür habe ich leider keine Zeit mehr gehabt.« Ergebnis: mangelnde Vorbereitung auf Gespräche und Besprechungen. ☐
21. »Habe ich dir das nicht gesagt?« Ergebnis: unpräzise Kommunikation. ☐
22. »Jetzt redet die noch immer.« Ergebnis: langwierige Besprechungen. ☐
23. »Hast du schon gehört ...« Ergebnis: privater Schwatz. ☐
24. »Und dann muß ich dir noch sagen ...« Ergebnis: zuviel Kommunikation. ☐
25. »Geben Sie mir das bitte schriftlich.« Ergebnis: zu viele Aktennotizen. ☐
26. »Ist das aber ein Chaos!« Ergebnis: persönliche Desorganisation, überquellender Schreibtisch. ☐

27. »Wo war doch gleich mein Zettel?« Ergebnis: Papierkram. ☐
28. »Auch wenn ich's nicht gleich finde: Hier geht nichts verloren.« Ergebnis: schlechtes Ablagesystem. ☐
29. »Ich hab's mir doch notiert.« Ergebnis: die Suche nach Notizen, Telefonnummern, Adressen etc. ☐
30. »Und dann muß ich noch ...« Ergebnis: Versuch, zuviel auf einmal zu tun. ☐

Wenn Sie nun Ihre zehn gefräßigsten Zeitdiebe gefunden haben, denken Sie über die möglichen Ursachen nach und wie Sie sie unschädlich machen können.

## Das Pareto-Prinzip und die Eisenhower-Methode

**Das 80 : 20-Prinzip regiert die Welt**

Kennen Sie das Pareto-Prinzip? Es geht auf den italienischen Volkswirtschaftler Vilfredo Pareto (1848–1923) zurück und wurde in Hunderten von Untersuchungen bestätigt. Diese auch oftmals 80:20-Prinzip genannte Methode sagt, daß 20 Prozent der aufgewandten Zeit einen Anteil von 80 Prozent der Leistungsergebnisse bringen, während die restlichen 80 Prozent des Aufwandes nur noch 20 Prozent der Gesamtleistung erbringen.

| Pareto-Prinzip (80:20-Prinzip) | | |
|---|---|---|
| **Input** | **bringen** | **Output** |
| 80 % der aufgewandten Zeit | bringen | 20 % der Ergebnisse |
| 20 % der aufgewandten Zeit | | 80 % der Ergebnisse |

**Die Eisenhower-Methode trennt Wichtiges von Unwichtigem**

Wie erreichen Sie nun eine Optimierung dieses Prinzips? Es gibt wichtige und dringende Aufgaben, aber nur die dringendsten müssen sofort erle-

> *Herr, gib mir die Gelassenheit, die Dinge hinzunehmen, die ich nicht ändern kann, verleih mir den Mut, die Dinge zu ändern, die ich ändern kann, und schenke mir die Weisheit, das eine vom anderen zu unterscheiden.* (Oettinger)

digt werden. Die auf den US-General Eisenhower zurückgehende Entscheidungsmethode fragt nach den Kriterien

- Dringlichkeit und
- Wichtigkeit.

Ihre Aufgaben teilen Sie nach der Dringlichkeit in drei Bereiche ein: in A-Aufgaben, das sind Aufgaben, die Sie sofort und persönlich erledigen; in B-Aufgaben, die Sie zu einem späteren Zeitpunkt selbst erledigen, und in C-Aufgaben, die Sie reduzieren und delegieren können. Schließlich gibt es noch unwichtige Aufgaben, die gleich in den Papierkorb wandern.

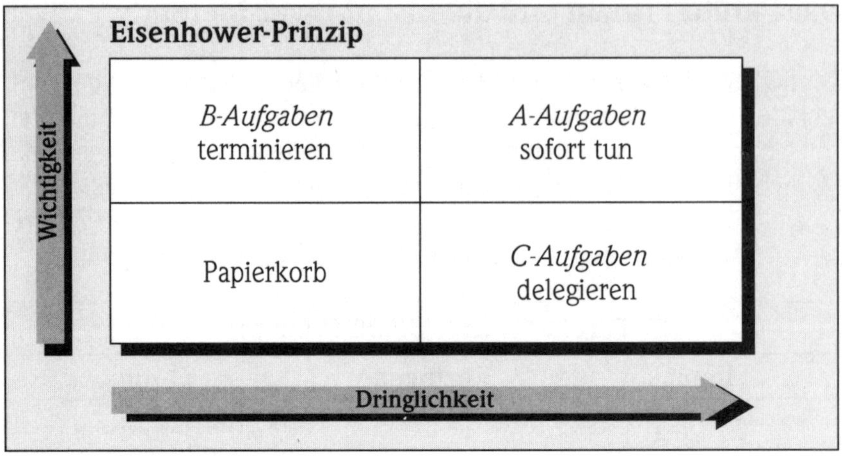


Nach Lothar J. Seiwert, Mehr Zeit für das Wesentliche. © verlag moderne industrie, Landsberg am Lech 1997[17], S. 138

Ordnen Sie Ihre Aufgaben in Zukunft nach dem A-B-C-Papierkorb-Prinzip, und lassen Sie sich nicht von anderen Dingen beirren. Grundlage dabei ist, daß Sie auch bereit sind, Aufgaben an Mitarbeiter zu delegieren. Natürlich kostet eine richtige Delegation auch Zeit. Sie ist eine Investition. Sie fordert Information, Hilfe, Prüfung. Aber später bringt sie Zeit,

*Liebst du das Leben? Dann verschwende keine Zeit, denn daraus ist das Leben gemacht.* (Benjamin Franklin)

weil sie Sie von aufwendigen »C-Aufgaben« freihält. Wählen Sie dazu die geeignete Mitarbeiterin, den geeigneten Mitarbeiter aus, formulieren Sie die delegierten Aufgaben exakt, fordern und beraten Sie Ihre Mitarbeiterinnen und Mitarbeiter, beurteilen Sie die Arbeiten, loben Sie gute Arbeit, und wenden Sie Rück- und Weiterdelegation ab.
Gehen Sie bei Ihren Überlegungen in drei Schritten vor.
Fragen Sie sich:

**1. Schritt**

## 1. Warum überhaupt?

- Ist es unbedingt notwendig, diese Fahrt zu unternehmen, diesen Text zu verfassen, diese Besprechung anzusetzen, diesen Brief zu lesen?
  Seien Sie sparsam mit Ihrem Zeitkapital, trennen Sie Wichtiges von Unwichtigem. **Eliminieren Sie Unwichtiges.**
  Falls Sie eine Sache für notwendig erachten, fragen Sie sich:

### 2. Warum gerade ich? 

**2. Schritt**

- Kann diese Aufgabe nicht von meinen Mitarbeitern erledigt werden? Bin ich wirklich die Zuständige, oder liegt hier eine Rückdelegation vor?
  Trauen Sie Ihren Mitarbeitern etwas zu: **Delegieren Sie weniger wichtige Aufgaben.**
  Falls nur Sie die Aufgabe erledigen können, fragen Sie:

### 3. Warum ausgerechnet jetzt?

**3. Schritt**

- Ist die Arbeit wirklich so dringend, oder kann sie noch etwas warten? Ist jetzt wirklich der beste Zeitpunkt?
  Arbeiten Sie in Ihrem Tagesplan mit Terminen, und versuchen Sie, auch Ihre Umwelt zeitlich zu fixieren: **Terminieren Sie Ihre Aufgaben.**

*Aufschub ist der Dieb der Zeit.* (Eduard Young)

Zum Zeitmanagement gehört auch, Prioritäten zu setzen. Die A-B-C-Analyse teilt den Umfang der Aufgaben in folgende Teile: Die A-Aufgaben machen etwa 15 Prozent der Menge aus, ihre Effizienz liegt dagegen bei 65 Prozent. Die B-Aufgaben machen etwa 20 Prozent der Arbeitsmenge aus und haben ebenfalls eine Effizienz von 20 Prozent. Die weniger wichtigen C-Aufgaben, meist Routinetätigkeiten, benötigen etwa 65 Prozent des Arbeitsanfalls, während sie mit nur 15 Prozent am Arbeitserfolg teilhaben.

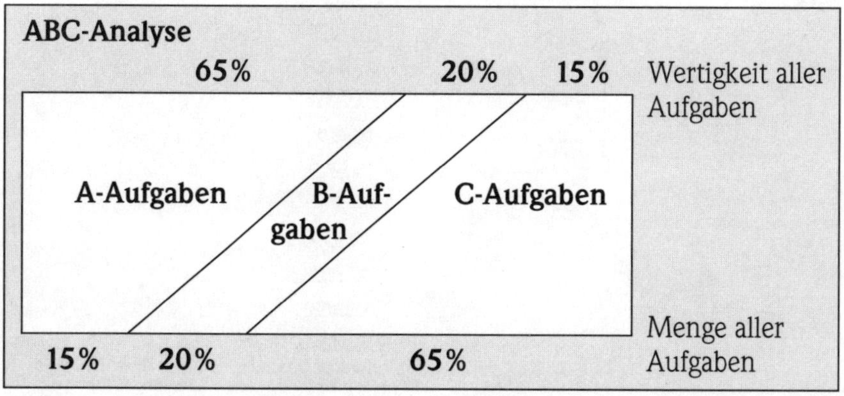


Nach Lothar J. Seiwert, Mehr Zeit für das Wesentliche. © verlag moderne industrie, Landsberg am Lech 1997[17], S. 134

Übung:
Erstellen Sie eine Übersicht über Ihre Aufgaben und teilen Sie sie in A-, B- und C-Aufgaben. Überprüfen Sie die Zeit, die Sie für diese Aufgaben investiert haben, und nehmen Sie – wenn nötig – Korrekturen vor. Gehen Sie dabei nach dem Eisenhower-Prinzip vor. Kaufen Sie sich einen möglichst großen Papierkorb, und delegieren Sie die C-Aufgaben. Besuchen Sie ein Seminar im »Zeitmanagement«.

## Die natürliche Tagesleistungskurve

*Ihre Zukunft ist heute: hier und jetzt und heute. Was immer Sie tun, Sie können es nur heute tun. Versuchen Sie nicht, alle Probleme auf einmal zu bewältigen. Wenn Sie sich wirklich von unliebsamen Gewohnheiten befreien wollen, tun Sie es nur für heute. Sie sind wohl 24 Stunden lang in der Lage, gegen etwas anzukämpfen, Sie würden aber vor der Aussicht zurückschrecken, es Ihr ganzes zukünftiges Leben tun zu müssen.*

**Arbeiten Sie nicht gegen Ihre biologische Tagesuhr**

Jeder Körper hat ein Auf und Ab seiner Leistungsbereitschaft. Der eine hat sein Leistungshoch am Vormittag, der andere ist nachmittags am aktivsten, wieder andere arbeiten in den Abendstunden am effektivsten, wenn Ruhe ins Büro eingekehrt ist, die Kollegen aus dem Haus sind. Im Durchschnitt liegt jedoch der Leistungshöhepunkt am Vormittag, wenn Magen, Bauchspeicheldrüse, Milz und Herz auf Hochtouren arbeiten. Daher sollten Sie alle A-Aufgaben in diesem Leistungshoch erledigen. Nach dem Mittagessen, wenn ein Leistungstief einsetzt, sollten Sie vornehmlich B- und C-Aufgaben bearbeiten.

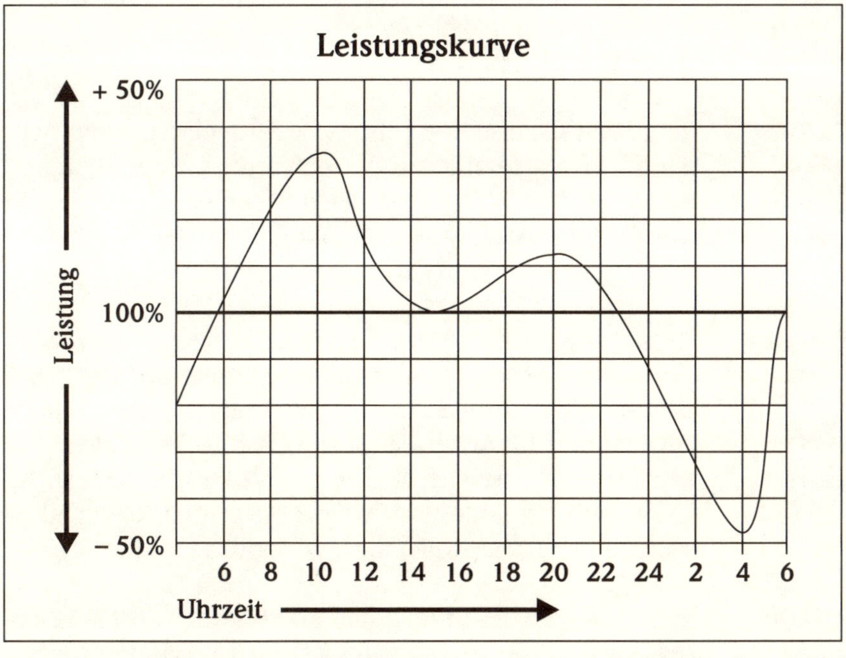


Nach Lothar J. Seiwert, Mehr Zeit für das Wesentliche. © verlag moderne industrie, Landsberg am Lech 1997[17], S. 178

Tragen Sie in das folgende Diagramm Ihre persönliche Leistungskurve ein:

**➧ Zeichnen Sie nun Ihre persönliche Leistungskurve:**

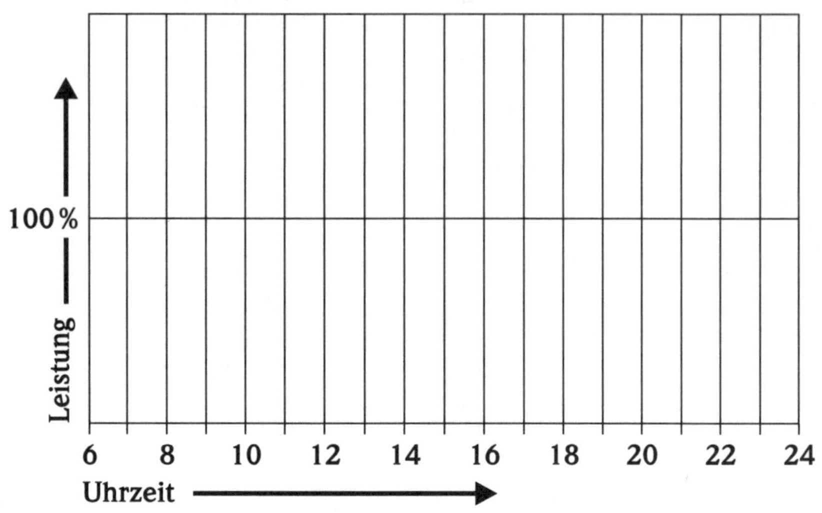


Wenn Sie also Ihre optimale Leistungsstärke erreichen wollen, arbeiten Sie niemals gegen Ihre biologische Tagesuhr. Sie vermeiden so einen höheren Energieaufwand bei geringerer Effektivität.

**7 Uhr**

Jetzt heißt's »aufstehen«. Ihr Herzschlag beschleunigt sich, die Körpertemperatur steigt, der Körper produziert Streßhormone. Werden Sie Ihren nächtlichen Ballast los: Erledigen Sie Ihren Stuhlgang, denn die innere Uhr der Verdauungsorgane steht jetzt gut für Ihre Figur.

**8–9 Uhr**

Jetzt ist eigentlich die beste Zeit für die Liebe, weil die Drüsen besonders viele Hormone produzieren. Aber nichts da: Die meisten Menschen befinden sich werktags um diese Stunde auf dem Weg zur Arbeit – es ist »Rush-hour«. Vorsicht vor frühem Streß: Jetzt ist auch die Zeit der Infarkte und Schlaganfälle. Die Schmerzhürde liegt um diese Zeit niedrig: Rheumatiker spüren ihre steifen Glieder mehr als tagsüber.

**10 Uhr**

Voller Dampf voraus! Jetzt läuft der Organismus auf Hochtouren: Die Körpertemperatur hat ihr Maximum erreicht, Sie sind am leistungsfähigsten: kreativ, redegewandt, dynamisch. Das Kurzzeitgedächtnis arbeitet am besten, weil alle Schaltstellen im Gehirn rege sind. Das ist die beste Zeit für Prüfungen, Examen und Vorstellungsgespräche.

**11 Uhr**

Jetzt ist die beste Zeit, mit Ihren Leistungen zu glänzen: Die Kreativstunde ist angebrochen: Rechenaufgaben werden bestens gelöst, kleine Schwächen bleiben unbemerkt.

**12 Uhr**

12 Uhr ist »Magenstunde«: Die Fettverarbeitung funktioniert jetzt optimal, und der Magen produziert eifrig Säure. Die Nahrung wird direkt in Energie umgewandelt und schlägt sich nicht auf die Hüften. Sie dürfen also ohne Reue essen.

**13–14 Uhr**

Gönnen Sie Ihrem Körper danach eine Ruhepause. Ihre Leistungsfähigkeit liegt 20 Prozent unter dem Tagesdurchschnitt. Denn nach dem Essen herrscht Blutleere im Gehirn. Das Blut wird im Bauch benötigt, um die Arbeit der Verdauungsorgane zu unterstützen. Wie wär's mit einem Besuch beim Friseur? Die Haare lassen sich nun besonders gut frisieren. Auch ein Zahnarztbesuch empfiehlt sich um diese Zeit: Die Zähne sind jetzt am unempfindlichsten gegen Schmerz. Lokale Betäubungen wirken jetzt am längsten. Oder hält Ihr Zahnarzt auch Siesta?

**15–16 Uhr**

Ob mit oder ohne Mittagsschlaf: Die Glücksstunde ist da. Arbeiten, die Ausdauer verlangen, egal ob auf körperlichem oder geistigem Gebiet, sind jetzt am besten aufgehoben. Das Langzeitgedächtnis verarbeitet Informationen nun am besten, und die Muskelkraft erreicht ihr Maximum. Wer jetzt trainieren will, kann auf sportliche Höchstleistung hoffen. Unser zweites Leistungshoch im Tagesablauf ist allerdings etwas niedriger als das erste.

**17 Uhr**

Zur »Sauerstoffstunde« steigen die Vitalkräfte an: Nieren und Blase arbeiten sehr fleißig. Auch die Kopfhaare wachsen um diese Zeit am schnellsten.

**18–19 Uhr**

Jetzt ist die beste Zeit für ein kommunikatives Abendessen. Die manuellen Fertigkeiten sind auf dem Höhepunkt, die Wortgewandtheit hat ein Hoch, und Geschmacks- und Geruchssinn sind am weitesten ausgeprägt. Die Bauchspeicheldrüse ist besonders aktiv, die Leber verhält sich dem Alkohol gegenüber toleranter als sonst.

**20 Uhr**

Jetzt ist die beste Aufnahmefähigkeit der Haut. Auch Medikamente werden jetzt besser verwertet als am Vormittag. Aber Vorsicht: Um diese Stunde tritt eine Ruhephase ein. Es ist nicht günstig, auch noch blutdrucksenkende Medikamente einzunehmen. Während Sie entspannen, wird Ihr

Sinn für Ästhetik geschärft. Also ab ins Konzert oder Theater!

**21 Uhr**

Egal, ob Sie ein Morgen- oder Abendmensch sind: Ihre Verdauungsorgane stellen nun ihre Arbeit ein. Alles, was Sie jetzt noch verzehren, bleibt bis morgens unverdaut im Magen. Auch die Leber stellt nun die Alkoholverdauung ein, Nikotin wirkt um diese Zeit am giftigsten. Jetzt beginnt die Produktion des Schlafhormons Serotonin.

**22 Uhr**

Jetzt kommt die Stunde der Körperpolizei. Besonders viele Leukozyten (weiße Blutkörperchen) schwimmen im Blut (12 000 pro Milliliter, morgens nur 5 000).

**23 Uhr**

Nun stoppt der Organismus die Ausschüttung des Streßhormons Kortisol. Stoffwechsel, Blutdruck laufen auf Sparflamme. Es ist Zeit für die erste Traumphase. Also ab ins Bett! Bei Schwangeren setzen oft die Wehen ein. Grund: Wehenauslösende Hormone dominieren über wehenhemmende.

**0–2 Uhr**

Um Mitternacht schläft alles – nur die Zellen der Haut nicht. Sie teilen sich jetzt häufiger. Wachgebliebene sind um die Geisterstunde sehr schreckhaft. Wer um 1 Uhr noch arbeitet, hat ein extremes Leistungstief, Schläfer dagegen die größte Schlaftiefe.

**3 Uhr**

Um diese Zeit fallen wir in ein tiefes Loch. Das schläfrig und labil machende Hormon Melatonin ist daran schuld. Die Polizei registriert zu dieser Zeit die meisten Selbstmorde.

**4 Uhr**

Jetzt ist's mit dem Ausruhen meist vorbei: Wir bekommen den ersten Schub Kortison (Streßhormon).

**5 Uhr**

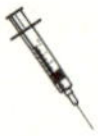

Die Hormonproduktion ist in vollem Gange. Die Produktion des männlichen Geschlechtshormons Testosteron hat jetzt ihren Höchststand erreicht. Langsam werden wir wieder mit Energie gefüllt.

**6 Uhr**

Der Kortisonschub wirkt wie ein innerer Wecker: Unser Stoffwechsel wird angeregt und liefert Energie und Eiweißbausteine für die bevorstehende Tagesarbeit. Der Organismus bereitet sich langsam aufs Aufstehen vor.

*Arbeit ist Spiel; wenn ich arbeite, entspanne ich mich. Nichtstun dagegen macht mich müde.* (Pablo Picasso)

Wie Sie der Tagesleistungskurve entnehmen können, haben die einzelnen Organe unseres Körpers zu unterschiedlichen Zeiten ihre Höchst- und Tiefzeiten. Das wußten schon die alten Chinesen, die vor vielen hundert Jahren eine »Organuhr« zusammengestellt haben.

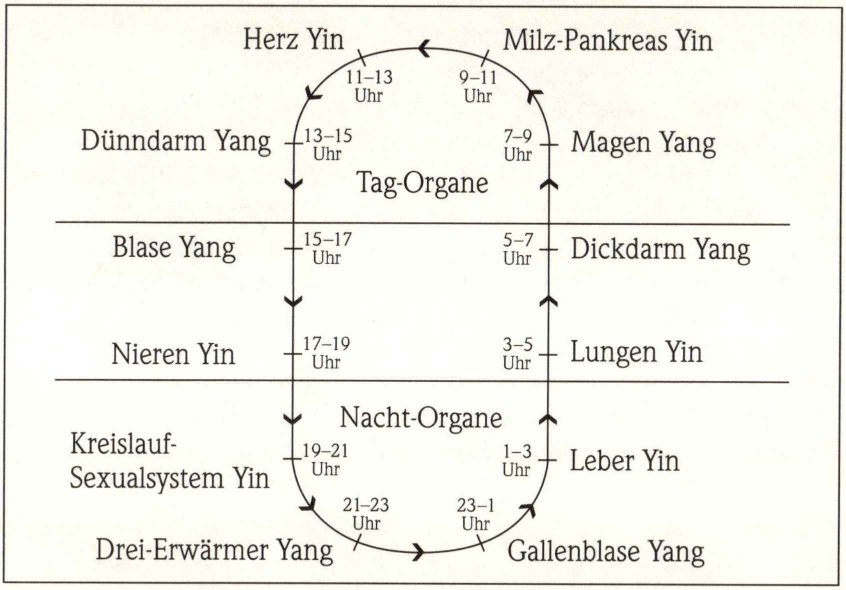


| | Organ | | Stunde |
|---|---|---|---|
| 手太陰 | Lunge | 寅 | 3–5 Uhr nachts |
| 手陽明 | Dickdarm | 卯 | 5–7 Uhr morgens |
| 足陽明 | Magen | 辰 | 7–9 Uhr morgens |
| 足太陰 | Milz | 巳 | 9–11 Uhr vormittags |
| 手少陰 | Herz | 午 | 11–1 Uhr mittags |
| 手太陽 | Dünndarm | 未 | 1–3 Uhr nachmittags |
| 足太陽 | Blase | 申 | 3–5 Uhr nachmittags |
| 足少陰 | Niere | 酉 | 5–7 Uhr nachmittags |
| 手厥陰 | Herzbeutel | 戌 | 7–9 Uhr abends |
| 手少陽 | 三焦 San Tsiao | 亥 | 9–11 Uhr abends |
| 足少陽 | Galle | 子 | 11–1 Uhr um Mitternacht |
| 足厥陰 | Leber | 丑 | 1–3 Uhr nachts |

## Tagesleistung durch den Biorhythmus

Neben den Schwankungen der Tagesleistungskurve läßt sich über einen längeren Zeitraum hinweg ein sogenannter Biorhythmus erkennen. Der Biorhythmus macht das Auf und Ab unserer Lebenskräfte transparent und informiert über »starke« und »schwache« Tage. Im einzelnen lassen sich hierbei drei Rhythmen unterscheiden:

**Drei Rhythmen bestimmen unsere Aktivitäten**

- ein körperlicher Rhythmus mit einer Dauer von 23 Tagen,
- ein seelischer Rhythmus mit einer Dauer von 28 Tagen und
- ein geistiger Rhythmus mit einer Dauer von 33 Tagen.

Der körperliche Rhythmus bestimmt die Aktivitäten des Körpers, der seelische Rhythmus Stimmungen, schöpferische Fähigkeiten und Gefühle und der geistige Rhythmus Konzentration und Geistesgegenwart. Da aber die drei Phasen unterschiedlich lang sind, kommt es bei jedem Menschen zu unterschiedlichen, immer wieder wechselnden Kombinationen von seelischem, geistigem und körperlichem Wohl- bzw. Unwohlbefinden.

*Halte dir jeden Tag dreißig Minuten für deine Sorgen frei, und in dieser Zeit mache ein Nickerchen.* (Abraham Lincoln)

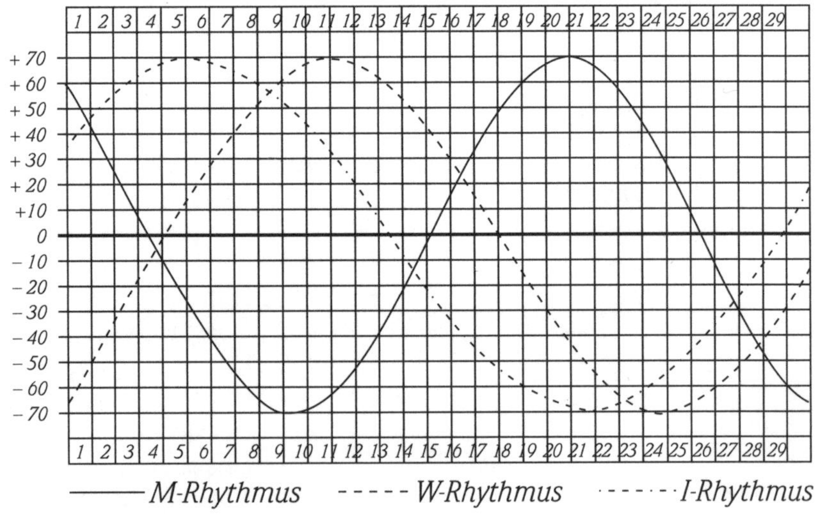


Rhythmogramm in Kurvenform.

Am Ende eines jeden Arbeitstages sollten Sie immer eine Rückschau halten und sich folgende Fragen stellen:

- Wo bin ich an Kleinigkeiten hängengeblieben?
- Welche Aufgaben habe ich falsch bewertet?
- Wo habe ich faule Kompromisse gemacht?
- Hat mich der heutige Tag meinem Ziel näher gebracht?
- Wie würde ich mich als Mitarbeiterin oder Kollegin selbst beurteilen?

**Trennen Sie sich abends von Ihrer Arbeit**

Notieren Sie sich danach die A- und B-Aufgaben für den nächsten Tag. Schließen Sie anschließend Ihr Planungsbuch, verabschieden Sie sich von Ihrer Arbeit, und vergessen Sie alle A-, B-, C- und Papierkorb-Aufgaben, und widmen Sie sich voll der Familie, Ihrem Hobby, Ihrer Seele, Ihrem Körper.

*Es ist nicht wenig Zeit, die wir haben, sondern es ist viel Zeit, die wir nicht nützen.* (Seneca)

## Resümee

① Verschwenden Sie nicht Ihre Zeit, denn Zeit ist unwiederbringlich. Fassen Sie Ihre Zeitdiebe, denn sie sind die gefährlichsten aller Diebe auf dieser Welt.
② Trennen Sie Wichtiges von Unwichtigem, und lernen Sie die Kunst der Delegation.
③ Arbeiten Sie nicht gegen Ihre persönliche Tagesleistungskurve. Nutzen Sie Ihre Leistungshochs für wichtige Tätigkeiten.
④ Beobachten Sie Ihren Biorhythmus, und seien Sie vorsichtig an »Gefahrentagen«.

# Birgit Breuel: Verschleudere nicht das Kostbarste: die Zeit

**Achtung beim Betreten des männlichen Terrains**

*Frage: Haben es Frauen in der Wirtschaft oder in der Politik schwerer als Männer?*

Breuel: Mein Eindruck ist, daß es Frauen auf dem Karriereweg viel schwerer haben, weil sie sich in einem ganz anderen Wettbewerbsumfeld befinden. Das männliche Umfeld ist sehr auf Kameradschaft, Schulterklopfen und Biertrinken angelegt, eine Atmosphäre, die Frauen nicht gewohnt sind. Ich meine aber auf der anderen Seite auch, daß, wenn Frauen eine gewisse Stufe erreicht haben, sie es nicht mehr schwerer haben, weil Frauen in gewissen Positionen gerne gesehen werden – so etwas wie »Gruppenbild mit Dame«.

*Frage: Wenn man Positionen wie die ihrigen erreicht, bewegt man sich auf männlichem Terrain. Muß man so werden wie ein Mann, um Erfolg zu haben?*

**Frauen müssen Frauen bleiben**

Breuel: Eine solche Anpassung halte ich für einen ganz großen Fehler. Frauen müssen Frauen bleiben und ihre spezifischen Fähigkeiten und Möglichkeiten einsetzen. Anpassung ist überall im Leben eine schlechte Methode. Man muß Kompromisse machen können, nicht sich anpassen.

*Frage: Sie haben mit der Treuhand in einer Männerwelt zu tun gehabt, in der es um Milliarden ging. Hat bei diesem Geldgeschäft das Geschlecht keine Rolle gespielt?*

**Teamfähigkeit ist ein wichtiges weibliches Attribut**

Breuel: Ich glaube, daß Frauen eine Fähigkeit ausgeprägter haben als Männer, das ist die Teamfähigkeit. Das lernt man zu Hause, in der Familie, und das war auch etwas, das in der Treuhand sehr stark gelebt worden ist.

*Frage: Nun kennen Sie die Politik und die Wirtschaft. Sehen Sie da Unterschiede für Frauen?*

Breuel: Wir haben weniger Frauen in Führungspositionen der Großunternehmen, im mittelständischen Bereich. Aber gerade bei der Existenzgründung sind Frauen sehr erfolgreich. Ich vermute, daß es eher daran liegt, daß die Großunternehmen besonders unflexibel in diesem Bereich sind. Sie schmücken sich zwar mit Frauenbeauftragten, aber das führt nicht immer zu den richtigen Ergebnissen.

*Frage: Viele Frauen haben Ängste, sich darzustellen, ihre Meinung durchzuboxen.*

**Frauen und das »schlechte Gewissen«**

Breuel: Frauen haben oft Sorgen, den nächsten Karriereschritt zu tun, weil sie immer schauen: Paßt das mit dem Mann, mit der Familie, mit anderen Verpflichtungen zusammen? Das schlechte Gewissen begleitet Frauen in vielen Phasen des Lebens. Diese Barriere ist für Frauen schwer zu überwinden.

*Frage: Woher nehmen Sie die Kraft für Ihre Aufgaben?*

Breuel: Wenn man eine Aufgabe hat, von der man innerlich überzeugt ist, kann man auch eine entsprechende Leistung erbringen.

*Frage: Was können Sie Frauen raten?*

**Jede Karriere hat ihren Preis**

Breuel: Es gibt kein Patentrezept. Jede muß ihren eigenen Weg gehen. Frauen müssen selbstbewußt sein, aber sie müssen sich auch bewußt sein, daß berufliche Weiterentwicklung immer Rechte und Pflichten beinhaltet.

*Frage: Zahlen Frauen für die Karriere einen höheren Preis?*

Breuel: Das kann man so pauschal nicht beantworten. Richtig ist, daß, wenn man voll berufstätig ist, dieses schon angesprochene schlechte Gewissen immer da ist. Wenn Sie eine ordentliche Ausbildung haben und hinterher »nur« Familie machen, sagt man: »Es ist unglaublich, daß du nichts Vernünftiges machst.« Wenn Sie Beruf und Familie machen, sagt man: »Die vernachlässigt ihre Kinder.« Zwischen diesem Konflikt laufen Frauen ihr Leben lang hin und her. Männer sind da ganz gnadenlos. Die machen ihren Job, und Familie macht die Frau. Das ist in der jüngeren Generation besser geworden.

*Frage: Wie wichtig ist Ihnen die Familie?*

**Familie bedeutet Schutz**

Breuel: Ich glaube, ohne eine Familie, die einem den Rücken stärkt – das gilt für meine Großfamilie insgesamt –, könnte ich ein solches Leben gar nicht aushalten. Die Familie ist für mich ein Schutzwall, hinter den ich mich zurückziehen und hinter dem ich auch völlig offen und ungeschützt reden kann.

*Frage: Halten Frauen auf einer gewissen Ebene zusammen?*

Breuel: Das ist eine schwere Frage. Ich glaube, daß Netzwerke bei Frauen nicht so ausgebaut sind wie bei Männern. Frauen benötigen Netzwerke. In Amerika beispielsweise gibt es kleine rote Chips, mit denen sich die Frauen gegenseitig vergüten, wenn sie sich mit einer Dienstleistung aushelfen: Kinder hüten, Einkaufen, Bürotätigkeiten oder ähnliches. Da spielt Geld keine Rolle, sondern es kommt darauf an, daß jede in etwa gleich viel für die Gemeinschaft beiträgt.

*Frage: Was machen Sie, um sich fit zu halten?*
Breuel: Im Winter gehe ich Ski laufen und mache sonst viel Gartenarbeit.

*Frage: Achten Sie auf Ihre Ernährung?*
Breuel: Ich fürchte, da ist in der Woche nicht viel Zeit dazu.

**Ein energischer Mann ist ein toller Mann; eine energische Frau ist eigentlich keine Frau**

*Frage: Für viele Frauen ist das Wort »Karriere« negativ belegt.*
Breuel: Da gibt es viele Vorurteile, zum Beispiel daß man sagt: Ein energischer Mann ist ein toller Mann; eine energische Frau ist eigentlich keine Frau! – zumindest in meiner Generation. Damit müssen wir Frauen leben. Daß man im Berufsleben bei Vertragsverhandlungen Härte einbringen muß, ist verständlich. Frauen können aber auch ihre Weiblichkeit, Geschicklichkeit und Atmosphärisches einsetzen. Darin liegen ihre besonderen Chancen.

*Frage: »Karrierefrau«, »Powerfrau« – können Sie mit diesen Begriffen für sich etwas anfangen?*
Breuel: Nein, damit kann ich gar nichts anfangen. Ich habe das Glück gehabt, immer berufliche Tätigkeiten auszuüben, die ich innerlich mittragen konnte, und da ist es leichter, etwas Vernünftiges daraus zu machen.

*Frage: Haben Sie Ihre Karriere geplant?*
Breuel: Nein, das kann man nicht. Ich hoffe, daß ich meine Ziele nicht durch Macht, sondern durch Überzeugungskraft erreicht habe. Wichtig ist mir auch richtiges Zeitmanagement. Ich verliere nicht gern Zeit durch An- und Abreise, versuche Termine, die räumlich zusammenliegen, auch zeitlich zu koordinieren und lasse mich nicht in Streß und Hektik bringen.

*Frage: Gibt es etwas, was Sie auf Ihrem Karriereweg besonders geärgert hat?*
Breuel: Als Treuhandchefin war ich vielen Anfeindungen ausgesetzt. Daß die Treuhand den Ostdeutschen viel zugemutet hat, daß die Ostdeutschen diese Institution und damit auch mich als Vertreterin dieser Institution mindestens nicht leiden konnten, mir teilweise Haß entgegenbrachten, respektiere ich. Was ich nicht akzeptiert und wogegen ich mich auch gewehrt habe, war Kritik aus dem Westen, wo man sich etwas behäbig zurücklehnte und dennoch Kritik anbrachte. Das fand ich nicht in Ordnung.

*Frage: In welcher zeitlichen Entfernung können Sie sich eine Bundeskanzlerin vorstellen?*
Breuel: Im konservativen England hat es eine Margaret Thatcher gegeben. Wenn die richtige Person in Deutschland da ist, wird sie sich schon durchsetzen.

**Wenn die Zeit reif ist, wird es auch eine Bundeskanzlerin geben**

# Überzeugend reden

## Die Konzeption einer Rede

Gut reden zu können ist eine wichtige Voraussetzung für Ihren Erfolg. Wer gut reden kann, kann Menschen führen. Dabei zählt nicht nur das Fachwissen, sondern mindestens ebenso dessen Vermittlung. Auffallen heißt hierbei die Devise, und zwar positiv auffallen.

**Beginnen Sie Ihre Arbeit nicht mit dem ersten Satz**

Nehmen wir an, Sie hätten sich entschieden, vor einem großen Publikum Ihre neue Strategie vorzustellen. Nun sitzen Sie in Ihrem Arbeitszimmer an einem Samstag nachmittag. Vor Ihnen liegt ein Stapel weißen Papiers, und krampfhaft suchen Sie nach den ersten Worten. Langsam, aber stetig steigt ein Unwohlsein in Ihnen empor. Die Angst vor der selbstauferlegten Aufgabe wächst. – Falsch! Machen Sie nicht diesen Fehler, und versuchen

*Um eine improvisierte Rede zu halten, braucht man mindestens drei Wochen.* (Mark Twain)

Sie nicht, den ersten Satz gleich druckreif niederzuschreiben. Gehen Sie systematisch vor. Beginnen Sie also nicht mit dem ersten Satz, sondern nutzen Sie das Formblatt »Rede-Basis-Analyse«. Auch ein Pilot wird nicht jedesmal, bevor er die Maschine startet, sich überlegen, welche Handlungen erforderlich sind. Er hat eine Checkliste. Auch Sie sollten mit einer Checkliste arbeiten. Sie werden sehen: Der Start ist hinterher ein Kinderspiel.

**Rede-Basis-Analyse**

**Redner(in):** ______________________

**Thema:** ______________________

______________________

**Redeziel(e):** ______________________

**Kernaussagen:** ______________________

______________________

**Wann?** Termin: __________ Uhrzeit: __________

Veranstaltungsrahmen bzw. -ziele:

______________________

voraussichtliche Verfassung der Zuhörer(innen):
physisch: ____________ psychisch: ____________

**Wie lange?** Zeitvorgabe: ____ Puffer: ____ Zeitsignale: ____
Fragen/Einwände:
sofort/anschließende Diskussion/nicht erlaubt

**Wo?** Raumgröße: ___ qm Pult: ___ Visualisierung: ___
Sitzordnung Zuhörer:
Reihen/Blocktafel/U-Tafel/Tische/Stehempfang
Störfaktoren: ____________________________
Mikrofonanlage: _____ Großraumprojektion: _____

**Vor wem?** Wieviel Personen? __________ Alter: __________
Männer/Frauen/gemischt sozialer Status: ______
______________________________________________
Zuhörermotive: _______________________________
______________________________________________
______________________________________________

Kontrahenten: ________________________________
andere Redner(innen), Ehrengäste ______________

Wie bearbeiten Sie nun dieses Formblatt?

**Definieren Sie Ihr Redeziel**

Tragen Sie zunächst die Daten ein, die Ihnen vorgegeben sind: den Termin, die Uhrzeit, die Zeitvorgabe und die wahrscheinliche Publikumszusammensetzung. Dann sollten Sie sich mit dem Redeziel beschäftigen. Ein Redeziel bestimmt das Verhalten der Zuhörer am Ende Ihrer Rede. Was sollen die Zuhörer(innen) nach Ihrer Rede wissen, fühlen, wollen oder können? Redeziele sollten möglichst präzise formuliert sein, denn je genauer das Ziel definiert ist, desto wahrscheinlicher werden Sie es erreichen.

**Informieren Sie sich über das Publikum**

Nehmen wir als Thema die »Produkteinführung der neuen Ware Alpha-Design«. Ein Redeziel könnte dann lauten: »Die Teilnehmer(innen) sind am Ende der Rede davon überzeugt: Alpha-Design ist ein optimales Angebot, und Sie sind in der Lage, dieses Angebot den Kunden/Kundinnen anzubieten.« Hier noch ein Tip: Lassen Sie am Ende Ihrer Rede die Redeziele kontrollieren. Lassen Sie abfragen, was die einzelnen Teilnehmer(innen) von Ihrer Rede noch wissen. So werden Sie feststellen, ob und inwieweit Sie Ihr Redeziel erreicht haben.

**Formulieren Sie Ihre Botschaften: Drei sind genug**

Alles Folgende orientiert sich nun an diesem Redeziel. Zuerst einmal sind das die Botschaften oder Kernaussagen. Im Normalfall sollte eine Rede

*Eine gute Rede soll das Thema erschöpfen, nicht die Zuhörer.*
(Winston Churchill)

nicht mehr als zwei bis drei Kernaussagen enthalten. Es sollten jedoch nicht mehr als fünf sein. Je mehr Botschaften Sie in die Rede packen, desto komplizierter wird die Rede. Die Zuhörerinnen und Zuhörer können vieles von dem, was Sie sagen, vergessen. Das, was sie jedoch behalten müssen, sind Ihre Botschaften. Überlegen Sie sich also gut, welche Botschaften Sie vermitteln wollen.

**Beachten Sie die Tagesleistungskurve**

Wenden Sie sich anschließend den Einzelheiten zu. Zu welcher Zeit wird die Rede gehalten? Halten Sie die Rede am Vormittag, dann ist zu erwarten, daß die Teilnehmer(innen) aufnahmefähiger sind als bei einer Abendveranstaltung (siehe S. 99 Tagesleistungskurve). Halten Sie die Rede kurz vor dem Mittag, wenn den Teilnehmer(inne)n der Magen knurrt, oder nach dem Mittagessen, wenn sich das Blut vom Gehirn in den Magen verzogen hat, ist die Aufnahmebereitschaft eingeschränkt. Wie sieht der Veranstaltungsrahmen aus? Was sind die Ziele der Veranstaltung? Sind die Teilnehmer wirklich gekommen, um etwas zu lernen, oder sitzen sie die Veranstaltung nur ab, weil es »angeordnet« ist oder weil das Büffet lockt? Haben Sie für Ihre Rede einen Zeitpuffer, d. h., wie weit können Sie überziehen? Wenn Sie ein ausformuliertes Manuskript haben, können Sie Ihre Redezeit genauer abschätzen. Wenn Sie ein Stichwortzettel- oder Mind-Map-Manuskript bevorzugen, benötigen Sie Zeitsignale. Sie sollten dann eine Uhr parat oder eine Kollegin/einen Kollegen im Saal sitzen haben, die/der Ihnen die Zeit signalisiert. Wie sieht die Sitzordnung aus? Reihen- oder Blocktafel, oder stehen die Teilnehmer? Sind Störfaktoren zu erwarten? Berücksichtigen Sie beispielsweise die Möglichkeit einer Lautsprecherdurchsage. Wenn diese genau zu dem Zeitpunkt kommt, an dem Sie Ihre Rede beginnen oder Ihre Kernbotschaften versenden möchten, dann ist der Erfolg in Frage gestellt.

**Benötigen Sie ein Mikro?**

Wie sieht es mit der Mikrofonanlage aus? Haben Sie ein drahtloses Mikrofon, dann können Sie sich im Raum bewegen. Haben Sie ein Richtmikrofon, dann stört jede Veränderung in Ihrer Körperhaltung den Fluß der Rede, so daß die Zuhörer(innen) abgelenkt werden. Handelt es sich um eine Großveranstaltung mit einer Großbildprojektion, bei der mit einer Kamera Ihr Kopfbild auf eine Leinwand übertragen wird? Hier bietet sich der Einsatz eines Speech-Prompters an, über den wir noch sprechen werden.

**Ein Rednerpult: ja oder nein?**

Ist ein Rednerpult vorhanden, und wenn ja, wie hoch ist es? Ist es verstellbar? Die Manuskriptablage des Pultes sollte sich auf Höhe der Taille befinden. Ist das Pult zu klein, wirkt Ihr Oberkörper zu groß; ist das Pult zu hoch, wirken Sie wie eine Marionette. Natürlich ist die Frage »Pult: ja oder nein« generell zu stellen. Für das Pult spricht, daß Sie dort Ihr Manuskript ablegen können und Sie frei sind für die Gestik. Der Nachteil des Pultes: Es trennt Sie von Ihrem Publikum und verleitet zum krampfhaften Festhalten. Schön ist es natürlich, wenn die Rednerin oder der Redner frei redet, ohne Pult, ohne sich festhalten zu müssen. Wenn Sie also die Möglichkeit haben, von acht Rednerinnen die einzige zu sein, die frei spricht, dann stellen Sie sich neben das Pult. Allein durch die offene Geste, die Sie dadurch erzeugen, werden Sie gewinnen.

**Welche Sprache verstehen die Zuhörer?**

Mit wie vielen Teilnehmer(inne)n rechnen Sie? Ist es eine kleine Gruppe mit 20, 30 Interessierten oder eine Massenveranstaltung mit 500 oder 1000 Gästen, zu denen Sie im einzelnen keine persönliche Verbindung aufbauen können? Wie ist die Altersstruktur? Sind es ältere Menschen,

*Ich habe zu meinem Leidwesen oft erfahren, daß Ironie in der Rede oftmals nicht verstanden wird.* (Franz Josef Strauß)

die eine langsamere Sprache und eine andere Wortwahl gewöhnt sind, oder sind es jüngere Menschen mit einem eigenen Vokabular? Wie ist der soziale Status, die Motivation des Publikums? Setzt es sich überwiegend aus Männern oder aus Frauen zusammen? Gibt es Widersacher(innen) im Saal? Müssen Sie mit Einwürfen rechnen?

*Verwende nie ein neues Wort, sofern es nicht drei Eigenschaften besitzt: Es muß notwendig, es muß verständlich und es muß wohlklingend sein.* (Voltaire)

Wenn Sie nun Ihre Basisanalyse ausgefüllt haben, überlegen Sie sich noch, welchen atmosphärischen Charakter Ihre Rede haben soll. Verwenden Sie hierzu ein »Polaritätenprofil« zur Vorbereitung. Das Polaritätenprofil zeigt anhand von gegenübergestellten Eigenschaften, wie Ihre Rede »eher« beschaffen sein soll. Bedenken Sie, daß jede Rede anders ist, abhängig von der Zeit, vom Thema, vom Publikum und auch von Ihrer eigenen Tageskonstitution.

**Jede Rede ist einzigartig**

**Polaritätenprofil**

| | |
|---|---|
| sachlich | heiter |
| nüchtern | pathetisch |
| hochsprachlich | umgangssprachlich |
| gebunden | locker |
| feststellend | fragend |
| verhalten | mitreißend |
| trocken | humorvoll |
| konventionell | originell |

| | |
|---|---|
| tiefgründig | streifend |
| abstrakt | konkret |
| förmlich | freundlich |
| defensiv | aggressiv |
| zurückhaltend | herausfordernd |
| knapp | redundant |
| passiv | aktiv |

## Möglichkeiten der Redevorbereitung

Ganzheitlichkeit in der Rede

**Das Mind Map als ganzheitliche Form der Redevorbereitung**

Auch nach diesen Vorbereitungen fangen Sie noch nicht an, Ihre Sätze zu formulieren, sondern strukturieren Sie nun erst Ihre Botschaften, Argumente und Gedanken. Verwenden Sie hierfür eine Technik, die auf die unterschiedlichen Funktionen unserer beiden Gehirnhälften aufbaut. Erstellen Sie sich ein *Mind Map.* Warum ein Mind Map? Es stellt eine gelungene Verbindung von bildhaftem und sprachlichem Denken dar. Bereits den alten Ägyptern war aufgefallen, daß man bei geöffneter menschlicher Schädeldecke eine scheinbar gleichförmige Teilung des Gehirns in einen rechten und einen linken Teil erkennen kann. Diese beiden Gehirnteile haben – das hat erst die Gehirnforschung des 19. Jahrhunderts erkannt – unterschiedliche Aufgaben. Die Logik sitzt weitgehend links, Bilder werden rechts erzeugt. Je nach Persönlichkeit dominiert bei den meisten Menschen eine Gehirnhälfte. Machen Sie deshalb doch einmal einen Test, um festzustellen, ob Sie eher links- oder rechtshirnorientiert sind.

| | |
|---|---|
| 1. Haben Sie Geduld, und gehen Sie an eine Aufgabe von verschiedenen Gesichtspunkten heran, bis Sie schließlich eine Lösung erhalten? | ☐ Ja ☐ Nein |
| 2. Können Sie etwas gut in eher groben Zügen planen und beschreiben? | ☐ Ja ☐ Nein |
| 3. Bringen Sie gerne Ordnung in etwas, und achten Sie auf die richtige Reihenfolge? | ☐ Ja ☐ Nein |
| 4. Denken Sie im allgemeinen sehr logisch, und können Sie erkennen, warum sich andere Menschen auf eine bestimmte Art und Weise verhalten? | ☐ Ja ☐ Nein |

| | |
|---|---|
| 5. Können Sie ein paar Worte in mehreren Fremdsprachen sprechen? | ☐ Ja ☐ Nein |
| 6. Können Sie meistens die richtigen Worte finden, um Ihre Gefühle zu beschreiben? | ☐ Ja ☐ Nein |
| 7. Fällt Ihnen Kategorisieren und das Ordnen von Unterlagen leicht? | ☐ Ja ☐ Nein |
| 8. Sind Sie in Ihren Ansichten objektiv; versuchen Sie, erst die Tatsachen zu erlernen, bevor Sie sich entscheiden? | ☐ Ja ☐ Nein |
| 9. Lieben Sie Puzzles und Wortspiele? | ☐ Ja ☐ Nein |
| 10. Finden Sie gerne den Sinn in einer Sache, die ohne Sinn erscheint; können Sie die Gedanken eines Menschen für einen anderen interpretieren? | ☐ Ja ☐ Nein |
| 11. Bevorzugen Sie Zahlen, Fakten in logischer Abfolge? | ☐ Ja ☐ Nein |
| 12. Bevorzugen Sie einen geordneten und übersichtlichen Arbeitsplatz/Studierplatz? | ☐ Ja ☐ Nein |
| 13. Haben Sie wenig Zeit? | ☐ Ja ☐ Nein |
| 14. Interessieren Sie sich für Technik und technische Lösungen? | ☐ Ja ☐ Nein |
| 15. Handeln Sie oft spontan, und sind Sie manchmal voreilig in Ihren Schlußfolgerungen? | ☐ Ja ☐ Nein |
| 16. Sind Sie ein Tagträumer, sind Ihre nächtlichen Träume wirklichkeitsnah und spannend? | ☐ Ja ☐ Nein |
| 17. Sind Sie an Musik, Malerei, Tanz und künstlerischen Ausdrucksformen interessiert? | ☐ Ja ☐ Nein |
| 18. Fehlt Ihnen das besonders gute Gefühl für Zeit? | ☐ Ja ☐ Nein |
| 19. Bilden Sie sich öfter aufgrund Ihres Gefühles ein Urteil als aufgrund von Fakten? | ☐ Ja ☐ Nein |

| | |
|---|---|
| 20. Haben Sie manchmal das Gefühl, etwas schon einmal gesehen oder erlebt zu haben – wie in einem anderen Leben? | ☐ Ja ☐ Nein |
| 21. Haben Sie häufig gewisse Ahnungen, und folgen Sie oft Ihrem Instinkt? | ☐ Ja ☐ Nein |
| 22. Sind Sie ein visueller Typ? Können Sie sich Orte am besten über Farben und Formen einprägen? | ☐ Ja ☐ Nein |
| 23. Weinen Sie leicht, sind Ihre Gefühle schnell verletzt? | ☐ Ja ☐ Nein |
| 24. Sind Sie romantisch, sind Schönheit und Luxus für Sie wichtig? | ☐ Ja ☐ Nein |
| 25. Denken Sie oft an Vergangenes? | ☐ Ja ☐ Nein |
| 26. Lernen Sie leichter durch Tun und direktes Beobachten? | ☐ Ja ☐ Nein |
| 27. Bezeichnen viele Ihren Arbeitsplatz/Studierplatz als chaotisch und ungeordnet? | ☐ Ja ☐ Nein |
| 28. Interessieren Sie sich für Psychologie und ganzheitliche Heilweisen? | ☐ Ja ☐ Nein |

- Zählen Sie nun bitte zusammen, wie viele von den Fragen 1–14 Sie mit »Ja« beantwortet haben.
- Dann zählen Sie bitte zusammen, wie viele von den Fragen 15–28 Sie mit »Ja« beantwortet haben.
- Tragen Sie nun das Ergebnis in das folgende Schema ein, indem Sie an der jeweiligen Punktmarke einen senkrechten Strich ziehen.

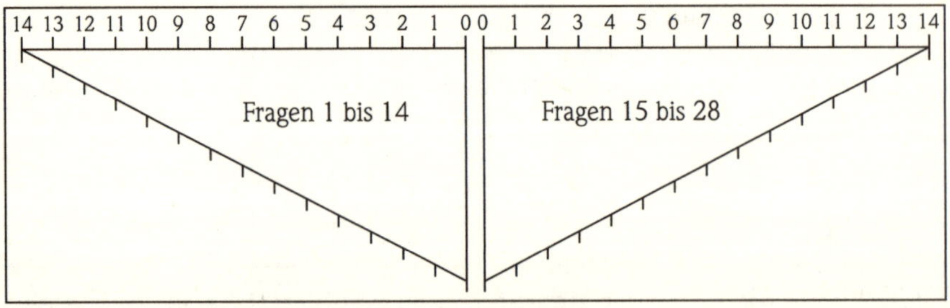


(Entnommen aus: Peter H. Ditko, N. Engelen, In Bildern reden. Die neue Redekunst aus Ditkos Schule, Düsseldorf 1996, S. 37 ff.)

**Der Hirndominanztest zeigt Ihnen Ihre »Links-rechts-Verteilung«**

Es handelt sich bei diesem Test um einen sogenannten Hirndominanztest, den wir dem Buch von Eggertsberger und Eder entnommen haben. Die ersten 14 Fragen geben Aufschluß darüber, inwieweit Sie die linke Hirnhälfte gebrauchen, die Fragen 15 bis 28 beziehen sich auf den Gebrauch Ihrer rechten Hirnhälfte. Die Autoren weisen in ihrem Buch allerdings einschränkend darauf hin, daß es sich bei diesem Test nur um eine Annäherung handeln kann. Um die Hirnhälftendominanz wirklich exakt bestimmen zu können, bedürfe es noch zusätzlich der Messungen des psychogenen Hirnfelds und seiner Reaktion auf Streß und Anforderungen.

**Frauen fällt es leichter, zwischen rechts und links zu wechseln**

Seit den letzten Jahrhunderten ist die Erziehung auf unseren Schulen und Universitäten stärker linkshirnorientiert: Die Sache steht im Vordergrund. Erst in den letzten Jahren hat das Gefühl wieder eine ihm zustehende, wichtige Stellung erhalten. Im Management, gerade im Organisationsbereich, werden die Menschen immer stärker gezwungen, linkshirnorientiert zu denken. Besonders Männern auf Vorstandsebenen fällt es sehr schwer, in Bildern zu denken, weil sie gelernt haben, die Welt nur in logisch-analytischen Abläufen zu fassen. Eine Studie der Psychologen Sally und Bennett A. Shaywitz von der Yale-Universität hat ergeben, daß zwischen Männern und Frauen ein Unterschied in der Fähigkeit besteht, rechts- und linkshirnorientiert zu arbeiten. Es zeigte sich, daß Männer vor allem die linke Hirnhälfte in Anspruch nehmen, Frauen hingegen *auch* die rechte. Bei Intelligenztests koppelten Männer die linke und die rechte Hirnhälfte stärker aneinander als Frauen, bei denen beide Gehirnhälften wesentlich selbständiger arbeiteten. Das heißt, Frauen fällt es leichter als Männern, zwischen rechts und links abzuwechseln. Diese Denkmethodik versetzt Frauen in die Lage, ganzheitlich zu denken und zu reden. Sie müssen nur lernen, zwischen links und rechts in der richtigen Reihenfolge abzuwechseln, denn das ist auch das Geheimnis einer erfolgreichen Rhetorik.

**Links prüft, rechts speichert ab**

Informationen werden der linken Gehirnhälfte angeboten, und diese prüft, ob die Informationen wahr oder unwahr, wahrscheinlich oder unwahrscheinlich, richtig oder überzogen sind. Das Abspeichern fällt der linken Hirnhälfte jedoch schwer. Das macht die rechte Gehirnhälfte. Sie ist der für das Bildhafte zuständige Gehirnteil. Sie arbeitet nicht in Zahlen, Fakten, abstrakten Vorstellungen, sondern in Bildern.
Denken Sie einmal an Ihren letzten Urlaub zurück. Nehmen Sie sich ruhig ein wenig Zeit dazu. Wo waren Sie untergebracht? Was haben Sie erlebt und gesehen? Wie haben Sie sich dabei gefühlt? – Was merken Sie? Es tauchen Bilder auf. Die wichtigsten Dinge, die Sie erlebt haben, werden in mentalen Bildern abgespeichert, die Sie abrufen können.

**Die Zusammenarbeit beider Gehirnhälften ist wichtig**

Grundsätzlich kommt es nicht so sehr darauf an, die eine oder andere Hirnhälfte bis zur Perfektion zu trainieren, sondern es geht um Austausch, Interferenz und Zusammenspiel. Kreative Leistungen – wie sie etwa auch in der Abfassung einer guten Rede gefordert sind – kommen immer dann zustande, wenn beide Hemisphären optimal miteinander interagieren: links informieren und prüfen, rechts speichern. Auch müssen Sie davon ausgehen, daß Ihr Publikum aus einer Mischung von rechts- und linksorientierten Denktypen besteht. Deshalb müssen Sie eine Ausgewogenheit von Rechts- und Linkshirn schaffen.

| **Die beiden Gehirnhemisphären** | |
|---|---|
| *Die linke* | *Die rechte* |
| • motorisch und sensorisch verbunden mit der rechten Körperhälfte, der rechten Hand, dem rechten Sehfeld | • motorisch und sensorisch verbunden mit der linken Körperhälfte, der linken Hand, dem linken Sehfeld |
| • verarbeitet und ordnet Informationen nacheinander (linear): erst A, dann B, dann C | • verarbeitet und ordnet Informationen gleichzeitig (simultan), dabei aber auch diffus |
| • speichert Sprache, Zahlen, Statistiken, Symbole, Fakten | • speichert Bilder, Charts, Analogien, Phantasien, Metaphern, Poesie |
| • ist zuständig für verbale Kommunikation: Sprechen, Lesen, Schreiben | • ist zuständig für die Handhabung von nichtverbalem Material, z. B. für die Körpersprache, aber auch für eine archaisch bildhafte Sprache; beherbergt die Fähigkeiten des Visualisierens und Phantasierens |
| • mit ihr lernen wir rechnen, schreiben und lesen | • mit ihr lernen wir malen, komponieren und dichten |
| • verwendet Wörter primär als Zeichen und verknüpft sie nach grammatischen Regeln | • ist empfänglich für die Bilder und den Klang der Wörter, hat nur eine begrenzte Syntax |
| • denkt begrifflich | • denkt bildlich |

| *Die linke* | *Die rechte* |
|---|---|
| • beherbergt das Erinnerungsvermögen für komplexe Bewegungsfolgen | • beherbergt das Erinnerungsvermögen für komplexe Bilder |
| • registriert Einzelheiten: die Warze im Gesicht | • erfaßt Ganzheiten (komplexe Bilder): das ganze Gesicht |
| • merkt sich den Namen von Personen | • merkt sich das Gesicht von Personen |
| • leistet das Verständnis für technische Texte | • leistet das Verständnis für literarische (künstlerische, poetische) Texte |
| • zergliedert die wahrgenommene Welt und alle Informationen in überschaubare und benennbare Ausschnitte und Teile | • verbindet die wahrgenommene Welt und alle Informationen zu einem Gefüge von Ganzheiten |
| • kommuniziert über sensorische Wahrnehmung | • kommuniziert über kinästhetische Wahrnehmung |
| • erfaßt zeitliche Dimensionen | • erfaßt räumliche Dimensionen (Raum-Körper-Orientierungen, Körperbilder, Körperschemata) |
| • besitzt die Fähigkeit zu Analyse und Kategorisierung und ist dadurch in der Lage, aus verschiedenen Informationen das Trennende herauszuarbeiten; infolgedessen sind ihr Unterscheidungen besonders wichtig → sie zerlegt | • besitzt die Fähigkeit zur Synthese und Spekulation und ist dadurch in der Lage, aus völlig verschiedenen Informationsgehalten das Gemeinsame herauszuarbeiten; infolgedessen sind ihr Verbindungen besonders wichtig → sie fügt zusammen |
| • ist primär verantwortlich für die Logik | • ist verantwortlich für die Emotionen |
| • analysiert zeitliche Abläufe | • synchronisiert zeitliche Abläufe und Ereignisse, ist deshalb tendenziell »zeitlos« |

| *Die linke* | *Die rechte* |
|---|---|
| • interpretiert Geschichten und Musik; ist eher Musikkritiker | • nimmt Geschichten und Melodien auf und »versteht« sie im emphatischen Sinne; ist eher Musiker |
| • sieht Ursachen und Wirkungen | • sieht Entsprechungen und Ähnlichkeiten |
| • verfügt über die Domäne der Abstraktion | • verfügt über die Domäne der Konkretion |
| • führt mathematische Operationen auf dem Gebiet der Arithmetik durch | • löst komplexe mathematische Probleme auf dem Gebiet der Geometrie |
| • kommuniziert digital, stellt also keine Sinnbeziehung zwischen den Zeichen und dem Bezeichneten her | • kommuniziert analog, ist also in der Lage, unmittelbar sinnhafte Beziehungen zwischen Zeichen und Bezeichnetem zu entdecken (kann z. B. Bilderschriften gut lesen) |
| • weiß, »wie« | • entdeckt, »was« |
| • ist dominant | • ist subdominant |
| • lernt durch Pauken | • lernt durch Beobachtung und Spiel, geprägt durch das Verstehen von Analogien und Metaphern |
| • hat für die eigenen Motive und Geschichten eine rationale Erklärung | • ist bereit, die Welt auch in ihren Widersprüchen wahrzunehmen; nimmt deshalb auch die negativen Komponenten der eigenen Motive und Geschichten wahr |
| • steht hauptsächlich mit angenehmen Gefühlen in Beziehung und wird auch dann aktiv | • steht hauptsächlich mit unangenehmen Gefühlen in Beziehung und wird auch dann aktiv |

| *Die linke* | *Die rechte* |
|---|---|
| • ist in der Lage, *bewußt* Verbindungen zwischen einzelnen Gedanken herzustellen | • erkennt Begebenheiten ganzheitlich, als Muster und Struktur |
| • Metapher: der Wissenschaftler | • Metapher: der Weise |
| • betrachtet die Welt unter mathematischem Aspekt | • betrachtet die Welt unter symbolischem Aspekt |
| • entspricht dem bewußten Ich; beherbergt Sekundärprozesse | • entspricht dem unbewußten Es; beherbergt Primärprozesse |
| • orientiert sich an der Zeit, setzt auf Historie | • orientiert sich am Raum, ist ewig und zeitlos |
| • Objektebene | • Metaebene |
| • ist kontrolliert; versucht, Fehler und Risiken zu vermeiden; stellt Regeln auf | • ist ungeduldig, emotional, spontan und sprunghaft; spielt, liebt das Risiko; neigt dazu, Regeln zu brechen |
| • ist realistisch | • ist neugierig und phantasiert |
| • ist Objekt | • ist Subjekt |
| • ist konservierend | • ist divergierend |
| • ist diskret | • ist kontinuierlich |
| • denkt und handelt logisch, benutzt Argumente und arbeitet mit Beobachtung | • denkt und handelt figurativ, pocht auf Erfahrung und arbeitet mit Intuition |
| • verarbeitet Informationen bewußt | • verarbeitet Informationen unbewußt |
| • ist verständig und vernünftig | • fühlt und ist genießerisch |

Sehen Sie hier noch einmal eine grafische Darstellung der Gehirndominanz.

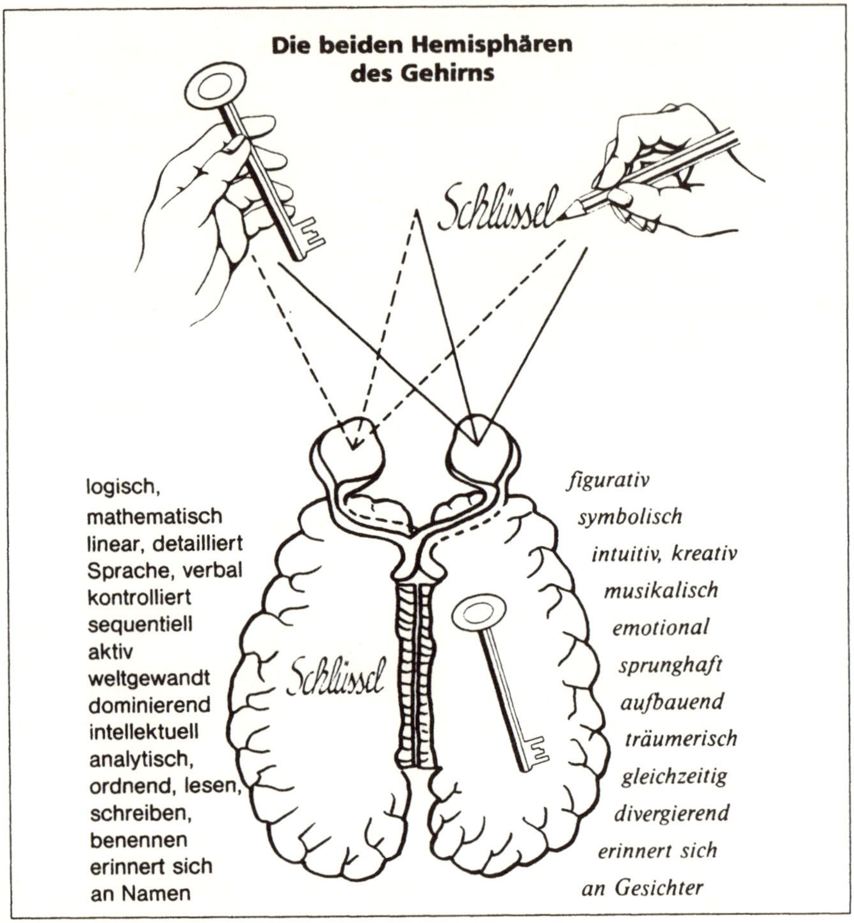


(nach Spinola/Peschanel)

| **Der Linkshirnige und der Rechtshirnige: Eine kleine Typologie** | |
|---|---|
| *Der Linkshirnige* | *Der Rechtshirnige* |
| • Er denkt in Worten, also linear, Schritt für Schritt. Sein Zuständigkeitsbereich sind Logik und Grammatik der Sprache. | • Er denkt in Bildern und Analogien. Sein Zuständigkeitsbereich ist der Klang der Sprache, die Wortmalerei sowie die Körpersprache. |

| *Der Linkshirnige* | *Der Rechtshirnige* |
|---|---|
| • Er sucht einfache Lösungen für komplexe Probleme und konzentriert sich dabei auf Details, läuft aber Gefahr, sich zu verzetteln. Sein Leitbild ist »die konkrete Aktion«. | • Er sucht die Synthese und behält auch dann den Überblick, wenn er die Details nicht (er)kennt. Sein Leitbild ist »die große Idee«. |
| • Da er immer eins nach dem anderen tut, muß er seine Konzentration immer auf einen Punkt richten – z. B. auf den Satz, den er gerade hört oder sagt. | • Da er holistisch denkt, hört er auf die Botschaft des Gesagten. |
| • Er kann rechnen und »wissenschaftlich« vorgehen. | • Er hat einen Sinn für Ästhetik, ist künstlerisch orientiert und kann Gedichte schreiben, Musik komponieren usw. |
| • Er ist zuständig für kausale (= formale) Logik, kann also logische Schlüsse aus Daten und Fakten ableiten. | • Seine Logik ist akausal. Er akzeptiert das Sowohl-Als-auch und denkt in Regelkreisen und Wechselwirkungen. |
| • Infolgedessen argumentiert er auch logisch und hat für alles eine Erklärung. | • Er argumentiert oft mit Gefühlen und Intuition und gibt auch schon mal zu, etwas nicht zu wissen. |
| • Auch sein Lernprozeß verläuft hauptsächlich in der Auseinandersetzung mit Fakten. | • Er lernt durch Aktion, Tun und Beobachten. |
| • Er erstellt Regeln und erkennt Gesetzmäßigkeiten. Hat er sie einmal erkannt, möchte er sich auch an sie halten. | • Er ist innovativ und kreativ. Regeln und Gesetzmäßigkeiten kümmern ihn wenig, d. h., er neigt dazu, sie zu sprengen und nach neuen Wegen zu suchen. |

| *Der Linkshirnige* | *Der Rechtshirnige* |
|---|---|
| • Er arbeitet exakt, voraussagbar, detailliert, konzentriert und korrekt. | • Er arbeitet spontan, intuitiv und sprunghaft. |
| • Er kümmert sich gerne um Bereiche, die in unserer westlichen Kultur für wichtig gelten. Je älter diese sind, um so lieber befaßt er sich mit ihnen. | • Er kümmert sich gerne um Dinge, die anderen (noch) fremd erscheinen. Hierbei hat er eine ausgezeichnete Antenne für Schwingungen, Trends, Zeitströme. |
| • Er hat nie Zeit und ist mit »Volldampf in den Herzinfarkt« unterwegs. | • Er versucht alle möglichen Therapien und bricht sie wieder ab. |
| • Er neigt zu Hypochondrie, lernt aber schnell, seinen Zustand zu verbessern. | • Er lernt langsam und oft qualvoll (für die anderen!), seinen Zustand zu verbessern. |
| • Er liebt es, Dingen Namen zu geben und ihnen Etiketten aufzukleben. Hat er sie so klassifiziert, betrachtet er die Angelegenheit bereits als halb gelöst. Mißlingt die Klassifizierung, ist er verunsichert. | • Es fasziniert und/oder amüsiert ihn, wenn er etwas nicht sofort versteht oder wenn er seine Erkenntnisse nicht in Worte fassen kann. Meistens vermag er es dann aber, sie poetisch zu umschreiben. |
| • Er haßt Unsicherheiten und unkalkulierbare Risiken und will am liebsten bereits vorher wissen, wohin es geht, was es kostet usw. | • Er liebt das Risiko und wird oft als chaotisch beschrieben. Er experimentiert gerne, auch wenn er keine Ahnung hat, wohin der Versuch führt. |
| • Er denkt und handelt primär vergangenheitsbezogen. | • Er denkt und handelt primär zukunftsbezogen. |
| • Er beherrscht meisterhaft die Wahrnehmung und Planung von Zeit. | • Er beherrscht meisterhaft die Wahrnehmung des Raumes und die Orientierung in ihm. Dies gilt sowohl für ihn selbst als auch für Objekte, ebenso für den inneren Raum, die Körperwahrnehmungen. |

| *Der Linkshirnige* | *Der Rechtshirnige* |
|---|---|
| • Sein primäres Schlüsselwort ist »Kontrolle«. Es macht ihn verrückt, wenn er etwas nicht versteht. | • Sein primäres Schlüsselwort ist »Lebensfreude«. |
| • Funktioniert etwas nicht, ist er nervös, unruhig, hektisch, überdreht, euphorisch. | • Funktioniert etwas nicht, ist er mit sich unzufrieden, depressiv, launisch, emotional schwankend. |
| • Er sucht immer nach Antworten, auch ohne die wichtigen Fragen zu kennen. Findet er keine, neigt er dazu, persönlich beleidigt zu sein. Dementsprechend haßt er Fragen, die er nicht beantworten kann. | • Er hat die Neugierde des Kindes und ist immer auf der Suche nach Fragen – auch dann, wenn dies unangebracht ist, z. B. bei Privatangelegenheiten. |
| • Er neigt zu selbstzerstörerischen Tendenzen und rechnet immer mit dem Schlimmsten. | • Da ihm jegliches Körpergefühl fremd ist, ignoriert er auch die Warnsignale seines Körpers. |

Zusammenfassend läßt sich sagen:

- *Der linkshirnige Typ,* der dazu neigt, die Signale der rechten Gehirnhälfte zu überhören, löst seine Probleme logisch, analytisch und Schritt für Schritt. Dabei bevorzugt er Zahlen und Fakten in möglichst logischer Abfolge. Ist er nicht sowieso Wissenschaftler oder Jurist, so sind seine Interessengebiete Technik sowie Finanz- oder Rechnungswesen. Entwickelt er sich günstig, wird aus ihm ein hochkarätiger Spezialist mit ungeheurem Wissen in einem Bereich. Dieses Wissen bezeichnet man als »tief«. Entwickelt er sich jedoch ungünstig, so wird er zum »Oberbuchhalter«, der vor lauter Bäumen den Wald nicht mehr sieht.
- *Der rechtshirnige Typ,* der dazu neigt, die Signale der linken Gehirnhälfte zu überhören, löst seine Probleme intuitiv und mit Gefühl für »Ganzheit«. Er bevorzugt Konzepte, ist offen für Entwicklungen und interessiert sich für Musik, Kunst und Psychologie. Fast alle Künstler gehören dazu, aber auch viele Architekten. Bei günstiger Entwicklung wird aus ihm ein höchst kreativer Mensch mit einem ungeheuren Wis-

sensspektrum. Entwickelt er sich dagegen ungünstig, dann wird er zum »Hansdampf in allen Gassen«, der es auf keinem Gebiet zu etwas bringt.

(Entnommen aus: Peter H. Ditko, Norbert Engelen, In Bildern reden. Die neue Redekunst aus Ditkos Schule, Düsseldorf 1996, S. 46 ff.)

**Die Bibel: ein Buch voller Bilder**

Ein Werk voll von Bildern ist die Bibel. Im Evangelium nach Matthäus wird beispielsweise geschildert, wie Jesus auf dem Wasser geht: »Als ihn die Jünger über den See kommen sahen, erschraken sie, weil sie meinten, es sei ein Gespenst. Da rief Petrus: ›Herr, wenn du es bist, so befiehl, daß ich auf dem Wasser zu dir komme.‹ Jesus sagte: ›Komm!‹ Da stieg Petrus aus dem Boot und ging über das Wasser auf Jesus zu. Als er aber sah, wie heftig der Wind war, bekam er Angst und begann unterzugehen. Er schrie: ›Herr, rette mich!‹ Jesus streckte sofort die Hand aus, ergriff ihn und sagte zu ihm: ›Du Kleingläubiger, warum hast du gezweifelt?‹«

**Petrus denkt links und droht zu ertrinken**

Petrus ist ein typischer Mann: Sein Gehirn ist linksorientiert. Er sieht Jesus auf dem Wasser laufen und denkt: »Das kann nicht sein.« Und als Jesus ihm befiehlt, selbst auf dem Wasser zu gehen, scheitert er, weil seine linke Gehirnhälfte ihn auf die Unmöglichkeit aufmerksam macht.

**Nur Bilder bleiben haften**

Aber Bilder sind wichtig. Denn viele Fakten in vielen Reden werden vergessen. Übrig bleiben die Bilder. Denken Sie einmal an die Rede von J. F. Kennedy in Berlin. Wenn Sie sie damals schon erlebt haben: Was wissen Sie noch von dieser Rede? Sie haben fast alles vergessen, aber Sie werden gewiß die Worte behalten haben: »Ich bin ein Berliner.« Das ist das Bild, das übriggeblieben ist. Der südafrikanische Präsident Nelson Mandela hat bei seinem Amtsantritt von der »Morgenröte der Demokratie« gesprochen und nicht etwa von einem demokratischen Neuanfang, was er aber damit gemeint hatte. Sein Bild ging um die Welt.

**Das Mind Map: Ihr Gedankenbaum**

Zurück zum Mind Map. Das Mind Map verbindet die beiden Gehirnhälften und gibt uns die Möglichkeit, aus den traditionellen linksdominanten Gewohnheiten auszubrechen. Um ein Mind Map anzufertigen, nehmen Sie sich zuerst einmal ein großes Blatt Papier, am besten sogar in Flip-chart-Größe (DIN A1), und *stellen* sich vor das Blatt. In die Mitte des Blattes schreiben Sie Ihr Redethema, sozusagen als Mittelpunkt des Gedankenbaumes. Anschließend schreiben Sie Ihre Kernbotschaften an sogenannte »Äste«, die vom Mittelpunkt ausgehen. Die Äste sind also die Hauptgedanken, die Schlüsselworte. Auch hier gilt, was wir für die Botschaften schon gesagt haben: Nehmen Sie nicht zu viele Äste, denn je mehr Äste Sie ansetzen, desto unübersichtlicher wird das Mind Map. Ihre Äste nehmen sich gleichsam gegenseitig das Licht und müssen später beschnitten werden.

# Das Mind Map als Redemanuskript

Und so könnte Ihr Mind Map aussehen:

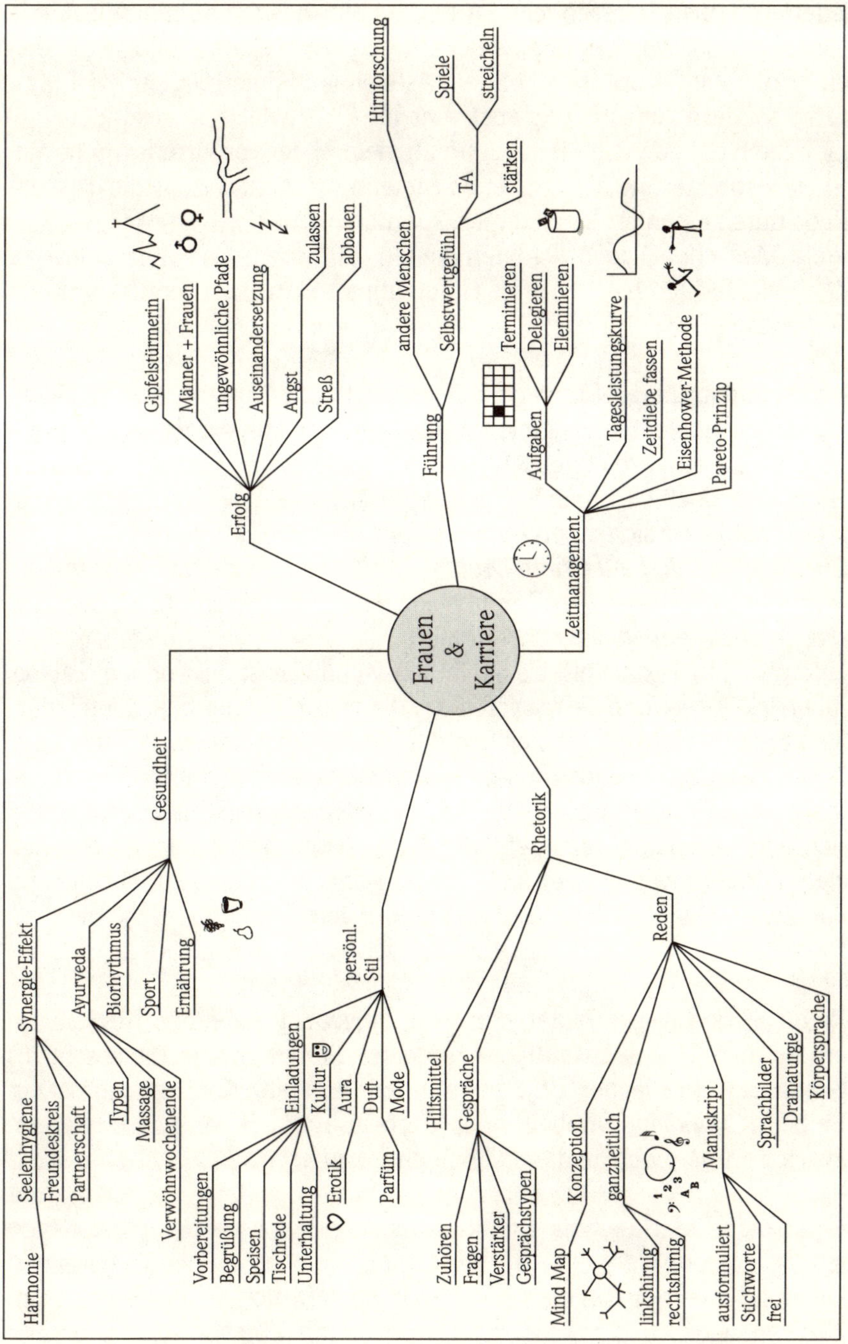

**Äste ohne Blätter werden abgeschnitten**

Lassen Sie dann Ihre Gedanken zu den einzelnen Botschaften frei assoziieren: Fügen Sie Ihre Blätter an den Baum. Sollten Sie feststellen, daß an einem Ast kaum Blätter »wachsen«, machen Sie das, was ein guter Gärtner auch macht: Schneiden Sie ihn einfach ab. Wichtig ist nun, daß Sie an jeden Ast neben den sachlichen Aussagen Bilder, Symbole anheften. Überlegen Sie also, welches Bild, welche Metapher, welche Analogie Sie den einzelnen Ästen zuordnen können. Äste ohne Bildmaterial sind nicht tragend, sondern morsch. Aber auch hier gilt: »Allzuviel ist ungesund.« Nehmen Sie nicht zu viele Bilder, denn zu viele Bilder verwirren. Am besten ist es, wenn Sie eine übergreifende Metapher finden, welche die gesamte Rede durch einen großen Rahmen zusammenhält.
Viele Menschen haben Schwierigkeiten, in Bildern und Metaphern zu denken. Deshalb hier zu Ihrer Hilfe einige »Metaphernspeicher« (siehe Seite 129):

Dazu ein Ratschlag: Notieren Sie Bilder nicht mit Worten, sondern zeichnen Sie Symbole. Sie sind leichter im Gehirn abzuspeichern, und in ein Manuskript eingezeichnet läßt sich die Rede damit leichter vortragen. Hierzu eine kleine Übung: Versuchen Sie, sich folgende Geschichte einzuprägen, ohne sie sich zu notieren:
*Ein Zweibein sitzt auf einem Dreibein und ißt ein Einbein. Da kommt ein Vierbein und nimmt dem Zweibein das Einbein. Da nimmt das Zweibein das Dreibein und schlägt das Vierbein.*
Lesen Sie den Text so oft, bis Sie ihn auswendig aufsagen können. Fällt es Ihnen leicht? – Wenn Sie reagieren wie die meisten Menschen, dann haben Sie versucht, die digitalen Zeichen des Textes (Buchstaben, Wörter) Ihrer linken Gehirnhälfte einzutrichtern – und damit wieder einmal der rationalen Seite den Vortritt gelassen. Viel leichter wäre es Ihnen gefallen, Sie hätten sich folgende Bilder dazu gemerkt: Ein Mensch (ein Zweibein) sitzt auf einem dreibeinigen Hocker und ißt eine Hähnchenkeule (ein Einbein). Da kommt ein Hund (ein Vierbein) und nimmt dem Menschen die Keule weg. Da nimmt der Mensch den Hocker und schlägt damit den Hund.

**Bilder prägen sich leichter ein als Worte**

Wenn Sie sich diese Bildergeschichte eingeprägt haben, versuchen Sie erneut, den Text auswendig zu sprechen. Sie werden erstaunt sein: Es geht nun viel einfacher. Und wenn Ihnen nach Jahren wieder einmal ein Einbein, Zweibein, Dreibein oder Vierbein über den Weg läuft, werden Sie sich immer noch an diese Geschichte erinnern.

**Die Loci-Technik ersetzt das Auswendiglernen**

Eine solche Merktechnik ist nicht neu: Sie heißt »Loci-Technik« (von lateinisch *locus* = der Ort) und geht wahrscheinlich auf den griechischen Dichter Simonides von Keos (ca. 500 v. Chr.) zurück. Er stellte sich beim Auswendiglernen der Rede ein Haus vor mit Eingang, einem großen

Metaphernspeicher:

| | |
|---|---|
| Schiff  | Dschungel  |
| Auto  | Landschaft  |
| Spuren  | Eisenbahn  |
| Flugzeug 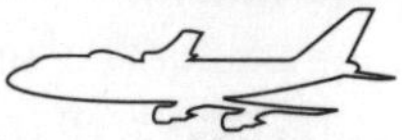 | Ozean  |
| Sport  | Gärtner  |
| Baum  | Schirm  |
| Fluß 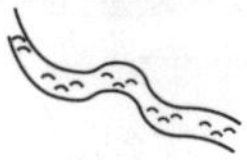 | Blume  |
| Familie  | Musik  |
| Wetter  | Getränk  |
| Gesundheit  | Stadt  |
| Haus  | Ereignis 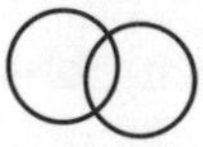 |
| Bergsteigen  | Uhr  |
| Trecker  | Tag  |
| Kirche  | Jahrmarkt  |

Wohnraum und entsprechend vielen Möbelstücken, die er zur Erinnerung an den Inhalt seiner Rede brauchte. Beim Halten der Rede ging er in Gedanken die einzelnen Ecken seines Hauses durch und konnte so nacheinander die einzelnen Redepunkte abrufen. Dabei achtete er sehr darauf, daß aus seiner Wohnung kein »Trödelladen« wurde: System und Ordnung waren die wichtigsten Merkprinzipien, ähnlich wie bei unserem Mind Map. Wollen Sie sich mit dieser Methode weiter beschäftigen, schauen Sie doch einmal in das Buch »In Bildern reden«. Die genauen Angaben finden Sie im Anhang.

**Beteiligen Sie andere Menschen an Ihrer Vorbereitung**

Wenn Sie die Zeit nicht drängt, lassen Sie Ihr Mind Map ruhig hängen. Überschlafen Sie es, und stellen Sie sich am nächsten Tag noch einmal vor Ihr Mind Map. Sie werden sehen: Ihr Gehirn hat weitergearbeitet. Ihnen werden neue, zusätzliche Gedanken kommen. Holen Sie Ihren Partner, Ihre Kinder, Freunde und Kollegen, und lassen Sie sie das Mind Map anschauen. Vielleicht wollen Sie Ihr Mind Map auch neu strukturieren. Wichtig ist nur: Benutzen Sie Blockbuchstaben für die Leitmotive, setzen Sie an jeden Ast nur ein Schlüsselwort, verwenden Sie farbige Stifte, und notieren Sie Bilder und Symbole. So können Sie kontrollieren, ob Sie gleichmäßig rechts- und linkshirnorientiert gearbeitet haben und ob Ihre Rede ganzheitlich entsteht.

## Die Rededramaturgie

Damit haben Sie schon die wichtigsten Dinge zur Redevorbereitung getan. Nun müssen Sie Ihre Gedanken in eine Vortragsstruktur bringen. Dazu bieten sich drei Redegliederungen an: die sogenannte »3-Schritt-Technik«, die »Standpunkt- oder Statementformel« sowie die »Problemlösungsformel«.

**Die »3-Schritt-Technik«**

Die wohl einfachste der drei Techniken ist die »3-Schritt-Technik«. Sie beginnt mit dem sogenannten Attention Step, der über den argumentierenden Hauptteil zum appellativen Schluß führt. Was ist ein Attention Step? Nun, für jede Rede gilt grundsätzlich: Sie müssen Ihre Zuhörer dort abholen, wo sie sich befinden. Zu Beginn einer Rede sind sie gedanklich häufig nicht im Vortragsraum. Sie sind noch bei der Familie, noch in ihren Büros oder schon beim Mittagessen.

### Die Anekdote vom Indianerhäuptling

Ein Indianerhäuptling fährt zum ersten Mal mit einer Eisenbahn zu einem befreundeten Indianerstamm. Der Zug fährt in den Bahnhof ein, der Häuptling steigt aus und setzt sich hinter den Zug auf die Gleise. Mittlerweile ist der Zug weitergefahren, und die anderen Häuptlinge stehen erstaunt um den Ankömmling, der noch immer auf den Gleisen sitzt: »Was machst du auf den Schienen?« fragen sie ihn. Und er antwortet: »Ich warte auf meinen Geist, der nachkommt.«

**Aufmerksamkeit durch den Attention Step**

Genau das ist das Ziel des Attention Steps: Er soll den Geist der Zuhörer(innen) abholen, soll ihn zum Thema hinführen, soll Aufmerksamkeit und Interesse wecken. Denn ein geglückter Start ist der halbe Erfolg. Hierfür gibt es die verschiedensten Möglichkeiten: Sie können mit einer Aktualität beginnen, zum Beispiel: »Die Steuerdiskussion ist in aller Munde.« Oder: »Als ich heute morgen die Zeitung aufschlug, stieß ich auf folgenden Artikel.« Oder beginnen Sie mit einer Frage an das Publikum, mit einer Visualisierung, einer Provokation, einem Zitat oder einer Anekdote, die zu Ihrem Thema führt. Vermeiden Sie aber Bekanntes, Floskelhaftes und die üblichen Anfangsworte wie »Ich möchte Ihnen heute etwas über ... sagen.« Beginnen Sie niemals mit Entschuldigungen, beispielsweise dafür, daß das Thema zu kompliziert ist, daß Sie zuwenig Redezeit haben oder daß Sie keine gottbegnadete Rednerin sind.

**Strukturieren Sie Ihre Argumentation reihend, chronologisch oder dialektisch**

Nach dem Attention Step folgt der Argumentationsteil, entweder in reihender Form (erstens, zweitens, drittens), in chronologischer Form (was war, was ist, was wird sein?), in dialektischer Form (als These, Antithese, Synthese) oder in der an Schlagkraft sich steigernden Form. Ihre Argumentation schließen Sie ab mit einer Zusammenfassung, einer Frage an die Zuhörer(innen), ein Vorschlag oder eine Empfehlung für die Zukunft, die sie mit nach Hause nehmen sollen.

**Der Schlußappell verlangt Präzision**

Die Standpunktformel ist natürlich nur dann sinnvoll, wenn Sie Ihre Position gleich zu Beginn Ihrer Rede preisgeben wollen. Dann folgt die Argumentation und – in der Standpunktformel besonders wichtig – ein plausibles Beispiel, ein Beispiel, das dem Publikum unmittelbar einleuchtet und

> *Eine Rede ist wie eine Liebesbeziehung. Jeder Dummkopf kann sie anfangen, aber sie mit Anstand zu Ende zu bringen, das will gekonnt sein.* (Mancroft)

das Ihren Standpunkt plausibilisiert. Danach folgt die zusammenfassende Schlußfolgerung und der Appell an die Hörer, sich der Auffassung anzuschließen und für die Forderung einzutreten. Bedenken Sie bitte, daß Sie beim Appell immer sehr präzise argumentieren. Denn das Wichtigste einer Rede ist ihr Anfang (Sie wollen die Zuhörer für sich gewinnen) und der Schluß, denn den bewegen die Leute in ihren Köpfen.

**Gehen Sie mit Ihren Zuhörer(inne)n auf die Reise. Benützen Sie die Problemlösungsformel**

Die wohl schönste Gliederung ist die Problemlösungsformel, weil sie die Zuhörerin oder den Zuhörer auf eine gedankliche Reise führt. Dafür beginnen Sie Ihre Rede mit der Schilderung des augenblicklichen Zustandes und dessen negative Auswirkungen auf das Publikum. Dem stellen Sie Ihr Ziel, eine positive Vorstellung entgegen, die Sie auch mit einer entsprechenden positiven Wortwahl vortragen. Es ist keine Neuigkeit, daß wir im täglichen Wirtschaftsleben Meister im Positivieren sind: Wir kündigen keiner Mitarbeiterin und keinem Mitarbeiter mehr, sondern setzen sie frei, wir werfen keine Mieterin oder keinen Mieter mehr heraus, sondern »entmieten« sie, und eine Stagnation in einer Entwicklung ist heute ein »Nullwachstum«.

**»Wer die Begriffe besetzt, besetzt die Köpfe«**

Heiner Geißler hat einmal gesagt: »Wer die Begriffe besetzt, besetzt die Köpfe.« Besetzen Sie also die Begriffe positiv. Wenn Sie Ihre positive Vorstellung ausgebreitet haben, legen Sie Lösungsalternativen dar, die vom gegenwärtigen Zustand zum gewollten führen. Legen Sie den Zuhörer(inne)n drei Lösungsvorschläge vor, und entkräften Sie nach und nach die ersten beiden Vorschläge. Es ist immer leichter, die Gegenmeinung zu entkräften, als die eigene Meinung stichhaltig zu beweisen. Fragen Sie einmal Leute in Ihrem Umfeld danach, was sie im Leben wirklich wollen. Die Antworten werden stockend kommen. Fragen Sie sie aber, was sie *nicht* wollen, wird man Ihnen sofort Antwort geben. Nehmen Sie am Schluß Ihre Lösung und begründen Sie sie ausführlich, fassen Sie zusammen und formulieren Sie den Appell an das Publikum.

**Nehmen Sie Einwände vorweg**

Die antiken Redner kannten noch eine andere Gliederungsform, die sogenannte Einwandvorausnahme. Hier handelt es sich um ein geschicktes Mittel. Wenn Sie Menschen etwas ohne »Haken« erklären, werden sie den Haken suchen. Wenn Sie den »Haken« aber offen darlegen und entkräften, wird man Ihnen Glauben schenken.

In jedem Fall sollten Sie sich für eine Redegliederung entscheiden. Wählen Sie nach folgenden Kriterien aus: Haben Sie ein Problem, das von den Zuhörer(inne)n als negativ empfunden wird, nehmen Sie die Problemlösungsformel; wenn Sie Ihren Standpunkt von Anfang an klarmachen wollen, die Standpunktformel, und wenn beides für Sie nicht zwingend ist, versuchen Sie es mit der 3-Schritt-Technik. Wenn Sie sich allerdings für die 3-Schritt-Technik entschieden haben, beginnen Sie in Ihrer Redevorbereitung nicht mit dem Attention Step. Er ist der schwierigste Teil. Fangen Sie mit dem Hauptteil an, der Einstieg wird Ihnen später einfallen. Wenn Ihnen zum Einstieg gar nichts einfällt, nehmen Sie ein gutes Zitaten- oder Anekdotenbuch.

## Das Manuskript

**Freies Reden ist das Optimale**

Sind Sie eine sehr gute Rednerin? Können Sie gut formulieren? Sind Sie sicher beim Redeauftritt? Dann brauchen Sie sich nach diesen Arbeitsschritten wenig Gedanken zu machen. Sie haben Ihre Rededramaturgie, Sie haben Ihr überarbeitetes Mind Map: Mehr brauchen Sie nicht. Legen Sie Ihr Mind Map auf das Pult, oder noch besser: Sie haben es nach der Loci-Technik als Bilder in Ihrem Kopf gespeichert und können nun frei sprechen. Aber Vorsicht: Wenn es vor einem wichtigen Publikum auf jedes Wort ankommt, wenn Sie Versprecher und falsche Gedanken auf jeden Fall vermeiden müssen, dann sollten Sie besser nicht frei sprechen, sondern lieber ein Wortmanuskript verfassen.

**»Eine Rede ist keine Schreibe«**

Nehmen Sie hierfür Ihr Mind Map und Ihre Rededramaturgie, und beginnen Sie, Ihre Gedanken in Worte zu fassen, sei es schriftlich in den PC oder mündlich in ein Diktiergerät. So haben Sie die Möglichkeit, im Raum auf und ab zu gehen. Damit vermeiden Sie eine Schreibsprache. Das ist wichtig, denn Kurt Tucholsky hat einmal gesagt: »Eine Rede ist eine Rede und keine Schreibe.« Zweifeln Sie nicht an jedem Wort. Achten Sie darauf, daß Ihre Gedanken im Fluß bleiben.

**Hauptsätze sind entscheidend**

**Werfen Sie Ballast ab**

Behalten Sie folgende Punkte im Hinterkopf: Formulieren Sie kurze Sätze, so oft es geht Hauptsätze. Vermeiden Sie Einschübe, Schachtel- und daß-Sätze, eine Anhäufung von vielsilbigen Wörtern und Abstrakta, die auf -ung, -heit, -keit, -ismus, -ität oder -tur enden. Denken Sie daran, daß Substantive statisch wirken. Verwenden Sie Adjektive, denn diese vermitteln Emotionen, Besonderheiten. Reden Sie nicht über den »Sommermorgen«, sondern den »warmen (oder sonnigen) Sommermorgen«. Achten Sie auch auf Beziehungsformulierungen wie »Sie«, »wir«, »uns«, »gemeinsam«. Denn eine Rede wird nur dann von den Zuhörern oder Zuhörerinnen akzeptiert werden, wenn Sie eine Brücke zu ihnen geschlagen haben, wenn Sie eine Beziehung hergestellt haben: Ohne Gedankenbrücke, ohne Beziehung keine Kommunikation. Vermeiden Sie Stolperwörter, Wörter, die schwer auszusprechen sind, vor allem zu Beginn und am Ende Ihrer Rede. Ein Stolperwort am Anfang kann die gesamte Rede »schmeißen«. Vermeiden Sie leere Formulierungen wie z. B. »Gestatten Sie mir, daß ich Sie hier heute herzlich begrüße.« Sagen Sie einfach nur: »Ich begrüße Sie herzlich.« Oder: »Herzlich willkommen, meine Damen und Herren.« Je mehr Leerworte, je mehr Ballast Ihre Rede enthält, desto »fetter«, desto schwerfälliger wird sie. Verfassen Sie eine schlanke Rede. Achten Sie auf Beispiele, und vergessen Sie nicht die Zwischenresümees, denn unser Gehirn braucht Wiederholungen. Ohne Wiederholungen kann die Botschaft nicht abgespeichert werden.

**Malen Sie Sprachbilder**

Denken Sie schließlich an Ihre Bilder: Malen Sie farbenfrohe, assoziative, kräftige Bilder. Jede gute Rednerin ist eine Malerin mit Worten. Denn Sie wollen den Verstand und das Herz Ihrer Zuhörer(innen) berühren. Versuchen Sie deshalb niemals, eine Rede nur von Verstand zu Verstand aufzubauen.

## Checkliste für eine gute Rede:

- ☐ Ist die Rede »in der Zeit« bzw. hat sie einen Zeitpuffer (ein Stichwortmanuskript muß kürzer sein als ein ausformuliertes Manuskript)?
- ☐ Sind die Informationen dem Publikum angemessen (sind sie verdaubar)?
- ☐ Hat die Rede einen packenden Attention Step?
- ☐ Werden ausreichend Beziehungen hergestellt?
- ☐ Enthalten die Aufzählungen weniger als fünf Punkte?
- ☐ Folgt auf »Erstens« ein »Zweitens«?
- ☐ Sind die Formulierungen weitschweifig oder direkt?
- ☐ Werden Konjunktive soweit wie möglich vermieden?
- ☐ Werden im Text Einschübe/Parenthesen vermieden?
- ☐ Ist der Entwurf humorvoll?
- ☐ Hält sich die Zahl der Zitate in Grenzen?
- ☐ Sind die Formulierungen anschaulich?
- ☐ Sind Zahlenangaben konkret?
- ☐ Sind Mengen- und Größenangaben durch Beispiele anschaulich gemacht?
- ☐ Sind die Hauptaussagen klar erkennbar?
- ☐ Haben die Kernbotschaften Klang und Rhythmus?
- ☐ Sind treffende Wortfiguren vorhanden?
- ☐ Enthält der Entwurf rhetorische Fragen?
- ☐ Sind die Sätze unterschiedlich lang?
- ☐ Überwiegen die kurzen Sätze in den dynamischen Passagen?
- ☐ Wie ist die Verteilung von Substantiven und Verben?
- ☐ Gibt es Zungenbrecher, die Sie besser streichen?
- ☐ Werden Namen und Fachwörter erläutert?
- ☐ Gibt es Zwischenresümees?
- ☐ Sind Applauspausen eingeplant?
- ☐ Werden die Kernbotschaften zum Schluß griffig zusammengefaßt?
- ☐ Ist der Schlußappell klar verständlich?
- ☐ Ist die Rede von der Zuhörerin, vom Zuhörer wiederholbar?
- ☐ Ist die Rede sogar mit wenig Worten wiederholbar, ohne Inhalt und Wirkung zu schmälern?

Wenn Sie Ihre Rede schließlich schriftlich vorliegen haben, lesen Sie sie einmal laut vor. Streichen Sie Wiederholungen, lange Sätze heraus, fügen Sie Bilder ein, die Ihnen nachträglich eingefallen sind. Gehen Sie die Checkliste noch einmal durch. Feilen Sie an Ihren Worten, und lesen Sie Ihr Ergebnis Ihrem Partner, Ihrer Freundin oder Ihren Kollegen vor. Testen Sie das Ergebnis.

## Das optimale Redemanuskript

**Das optimale Format: DIN A5 quer**

Für Ihren Auftritt brauchen Sie nun ein Redelayout. Das gebräuchlichste Redelayout ist auf DIN A5 quer angelegt. Notieren Sie am linken Rand Stich- und Schlagworte des jeweiligen Redeabsatzes – auch hier können Sie mit Bildsymbolen arbeiten – und rechts den fortlaufenden Text. Diese Form nennt man das »Kombimanuskript«, das Ihnen hilft, frei zu handeln. Sind Sie sich nämlich sehr sicher, können Sie sich von Stichwort zu Stichwort entlanghangeln. Fühlen Sie sich unsicher, können Sie den Text ablesen, und es kann Ihnen nichts passieren. Schreiben Sie aber keinen Fließtext, sondern setzen Sie einzelne Informationsblöcke auf eine Zeile, denn beim Vortragen der Rede muß Ihr Auge immer den Teil, der zusammenhängend vorgetragen wird, auch zusammenhängend lesen können. Hier ein Textbeispiel aus unserem Rhetorikseminar, zuerst als kaum zu lesende Fließtextform:

Ein alter Löwe lag kraftlos vor seiner Höhle und erwartete den Tod. Die Tiere, deren Schrecken er bisher gewesen war, bedauerten ihn nicht. Sie freuten sich vielmehr, daß sie seiner loswurden. Einige von ihnen, die er sonst verfolgt hatte, wollten ihren Haß an ihm auslassen. Der arglistige Fuchs kränkte ihn mit beißenden Reden. Der Wolf sagte ihm die ärgsten Schimpfworte. Der Ochs stieß ihn mit den Hörnern. Das wilde Schwein verwundete ihn mit seinen Hauern, und selbst der träge Esel gab ihm einen Schlag mit seinem Hufe. Das edle Pferd allein blieb schweigend stehen und tat ihm nichts, obgleich der Löwe seine Mutter zerrissen hatte. »Willst du nicht«, fragte der Esel, »dem Löwen auch eins hinter die Ohren geben?« Das Pferd antwortete: »Ich halte es für niederträchtig, mich an einem Feinde zu rächen, der mir nicht mehr schaden kann.«

Und so sieht der Redetext aus: Zusammengehörige Informationen gehören in eine Zeile:

**Was zusammengehört, darf nicht getrennt werden.**

1 Ein alter Löwe lag kraftlos vor seiner Höhle
2 und erwartete den Tod.
3 Die Tiere, deren Schrecken er bisher gewesen war,
4 bedauerten ihn nicht.
5 Sie freuten sich vielmehr, daß sie seiner loswurden.
6 Einige von ihnen, die er sonst verfolgt hatte,
7 wollten ihren Haß an ihm auslassen.
8 Der arglistige Fuchs kränkte ihn mit beißenden Reden.
9 Der Wolf sagte ihm die ärgsten Schimpfworte.
10 Der Ochs stieß ihn mit den Hörnern.
11 Das wilde Schwein verwundete ihn mit seinen Hauern,

und selbst der träge Esel gab ihm einen Schlag mit seinem Hufe.
Das edle Pferd allein blieb schweigend stehen
und tat ihm nichts,
obgleich der Löwe seine Mutter zerrissen hatte. ● [Schiebepunkt]
»Willst du nicht«, fragte der Esel,
»dem Löwen auch eins hinter die Ohren geben?«
Das Pferd antwortete:
»Ich halte es für niederträchtig, mich an einem Feinde zu rächen,
der mir nicht mehr schaden kann.«

Unterstreichen Sie im Text die zu betonenden Worte. Achten Sie darauf, daß Sie nicht nur die Substantive betonen, sondern vor allem die Verben, Adjektive und Personalpronomina, denn Ihre Rede braucht Bewegung, Gefühl und Beziehung. Vergessen Sie bitte nicht, Ihre Manuskriptblätter zu numerieren. Es wäre peinlich, wenn beim Vortrag das Manuskript durcheinandergeriete. Setzen Sie für Ihre Redegestik und -mimik Zeichen in das Manuskript.

## Vortragshilfen

Merkzeichen Körpersprache

1.  öffnende Gestik
2.  wegdrückende Gestik
3.  auf sich zeigende Gestik
4.  leichte Verbeugung
5.  Anklagegestik
6.  »Hammergestik«, kämpferische Faustgestik
7.  sensitive Handgestik
8.  Augenkontakt
9.  Lächeln, positive Mimik
10.  Ärger, Verbissenheitsmimik

Kombinationszeichen:

 Öffnung, Zuwendung, Lächeln, Blickkontakt

 Verärgerung, Ablehnung

**Vermerken Sie »Schiebepunkte«**

Notieren Sie sich in das Manuskript auch sogenannte Schiebezeichen. Wenn Sie später Ihr Manuskript auf das Rednerpult legen, schieben Sie gleich das erste Blatt nach links. Schieben – nicht drehen oder blättern – Sie dann von rechts nach links Ihre Blätter. Damit kein Bruch in Ihre Vortragsweise kommt, ziehen Sie nicht am Ende des Blattes, sondern in der Mitte, nämlich dann, wenn Sie ohnehin eine Pause in Ihrer Rede machen. Dort steht im Manuskript Ihr Schiebepunkt.

**Kurz vor der Rede: Entspannen und positives Bild abrufen**

Nun ist der Augenblick gekommen. Ihr Redeauftritt steht kurz bevor. Bereiten Sie ihn gedanklich vor: Sitzen Sie nicht verkrampft auf dem Stuhl, sondern gerade und locker. Beide Füße stehen fest auf dem Boden, denn Sie sollen anschließend auch gerade stehen. Atmen Sie in den Bauch, denn Sie brauchen viel Sauerstoff. Halten Sie sich ein positives Bild vor Augen. Vergessen Sie Ihre Redeangst. Träumen Sie sich in ein positives Bild, nehmen Sie es voll in sich auf. Es muß Ihren gesamten Organismus erfüllen. Wenn Sie schließlich an das Rednerpult gebeten werden, springen Sie nicht sofort auf, sondern bleiben Sie zwei, drei Sekunden lang sitzen. Zählen Sie in Gedanken 20, 21, 22, 23, erst dann stehen Sie auf. Warum? Erstens erhöhen Sie damit den Spannungswert, und zweitens signalisieren Sie damit: Sie sind kein Reagierender; Sie reden nicht, weil man Sie dazu zwingt, sondern weil Sie es wollen. Schreiten Sie langsam an das Rednerpult.

**Bei der Rede: Ihr Körper muß leben**

Dort beginnen Sie nicht gleich mit der Anrede, sondern Sie stellen sich ruhig hin und schauen freundlich und selbstbewußt auf Ihre Zuhörer(innen). Erst dann beginnen Sie mit Ihrer Rede: frei oder mit Hilfe des Manuskripts. Denken Sie daran: Wenn Sie ein Pult haben, fassen Sie es nicht an, lehnen Sie sich erst recht nicht darauf. Stellen Sie sich in Armlänge hinter das Pult, um mehr Freiraum zu und einen besseren Blickwinkel auf das Publikum zu haben. Beginnen Sie möglichst früh mit der Gestik: Ihr Körper muß leben. Nehmen Sie Raum ein. Achten Sie darauf, daß Sie ruhig atmen und nicht zu schnell sprechen. Machen Sie Pausen. Der Zuhörer braucht Pausen, um Ihre Informationen aufzunehmen und zu verarbeiten. Wenn Sie keine Pausen machen, rauschen die Informationen an ihm vorbei. »Redner ohne Pausen sind Redner ohne Macht«, lautet ein alter Grundsatz in der Rhetorik.

**Schließen Sie Ihre Aussagen ab**

Bei wichtigen Aussagen schauen Sie die Teilnehmer an. Schauen Sie alle an, vergessen Sie keinen. Der Blickkontakt ist wohl das wichtigste Beziehungsmittel überhaupt. Schließen Sie Ihre Sätze ab: Gehen Sie am Ende Ihrer Gedanken mit der Stimme nach unten. Ansonsten könnte Ihre Aussage als Frage im Raum stehenbleiben. Sprechen Sie einmal schneller, ein anderes Mal langsamer, einmal tiefer, einmal höher. Vermeiden Sie Monotonie. Bewegung ist gefragt. Bewegung über Ihre Sprache, Stimmlage, Ihren Körper, Ihre Rededramaturgie, über Ihre Bilder. Natürlich ist zuviel Bewegung genauso schlecht wie zuwenig: Zuviel Bewegung verursacht Unruhe. Nehmen Sie sich Macht: Machen Sie Pausen, und lassen Sie sich nicht treiben. Wichtiger als die Worte ist die Art und Weise, wie Sie die Worte vortragen. So kommt es oftmals nicht darauf an, was Sie sagen, sondern wie Sie es sagen.

**Stehen Sie nicht auf einem Bein**

Stehen Sie gerade. Frauen neigen dazu, auf einem Standbein zu stehen. Das ist nicht gut, denn dann ist der Oberkörper schief, und Sie können nicht richtig atmen. Halten Sie vor allem Ihren Kopf gerade. Neigen Sie ihn nicht zur Seite, und kokettieren Sie nicht mit Ihrer Kopfgestik. Männer neigen in Redesituationen häufig dazu, durch eine starre Mimik härter zu werden. Sie betrachten die Redesituation als Kampf. Frauen dagegen wollen freundlich wirken. Wenn sie sich jedoch in die Enge getrieben fühlen, neigen sie dazu, durch ihre Gestik zu kokettieren. Beides – Starrheit oder Kokettieren – ist nicht ratsam.
Wenn Sie Ihre Rede beendet haben, laufen Sie nicht gleich weg. Schauen Sie kurz die Teilnehmer an: freundlich, selbstbewußt, und verlassen Sie die Bühne.

**Redner und Rednerinnen werden nicht geboren, sie werden gemacht**

Zum Schluß noch ein Tip: Redner und Rednerinnen werden nicht geboren, sie werden gemacht. Das ist eine alte Erkenntnis aus der Rhetorik. Lassen Sie sich deshalb von niemandem entmutigen durch Aussagen wie: »Sie können gar nicht reden.« Jeder und jede kann lernen zu reden, jeder und jede kann lernen, andere Menschen zu überzeugen. Aber reden lernt Frau nicht per Buch, sondern per Training, möglichst mit einer fachkundigen Trainerin, einem erfahrenen Trainer – und durch viel Übung.

Traumdeutung

*Es war einmal ein König, der träumte, er werde schon bald alle seine Zähne verlieren. Voll Sorge befahl er einen Traumdeuter herbei. »Oh, mein König«, sagte dieser, »ich muß dir eine sehr traurige Mitteilung machen. Alle deine Angehörigen werden sterben, einer nach dem anderen.« Da ward der König zornig und ließ den Mann in den Kerker werfen. Schließlich holte er einen anderen Traumdeuter herbei. Der hörte sich den Traum an und sagte dann lächelnd: »Ich bin glücklich, großer König, dir eine freudige Mitteilung zu machen. Du wirst älter werden als alle deine Angehörigen; du wirst sie alle überleben.« Da war der König hoch erfreut und belohnte ihn reichlich. Fazit: Es kommt nicht darauf an, was man sagt, sondern auch wie man es sagt.*

## Hilfsmittel für die gute Rede

### Das Pult

**Das Pult muß die richtige Höhe haben**

Das Rednerpult hat die Aufgabe der Manuskriptablage und ist nicht dazu da, sich an ihm festzuhalten. Wir unterscheiden zwei Pultarten: das massive Pult, das den Körper der Rednerin/des Redners bis etwa zur Gürtellinie verdeckt, sowie das Ablagepult, das keinen großen Korpus hat, sondern nur eine schräge Ablegeplatte auf einer Säule. Es ähnelt einem Notenpult. Ein solches Pult verwendet beispielsweise der amerikanische Präsident, wenn er in der Öffentlichkeit auftritt. Solche Pulte sind eine gute Lösung, weil sie Sie von Ihrem Manuskript befreien und Ihnen einen festen Platz geben, ohne Ihren Körper zu verdecken.

**Stellen Sie sich nicht zu dicht ans Pult**

Bei beiden Pulten sollten Sie darauf achten, daß sich die Ablageplatte etwa 10 Zentimeter über der Taille befindet und daß die untere Manuskriptleiste hoch genug ist, damit Ihnen die Manuskripte nicht abrutschen. Stellen Sie sich nicht zu dicht an das Pult heran, weil Sie ansonsten den Blick zu stark senken müßten. Der Abstand zum Pult sollte ungefähr eine Unterarmlänge, also 30 bis 40 Zentimeter betragen.

### Das elektronische Manuskript: der Speech-Prompter

**Der Speech-Prompter garantiert den Augenkontakt zum Publikum**

Immer häufiger setzen Organisatoren großer Veranstaltungen Großbildschirme ein, damit auch das Publikum in den hinteren Reihen die Rednerin oder den Redner möglichst nah erleben. Da bei einer solchen Großveranstaltung wegen ihrer außergewöhnlichen Bedeutung meistens vorformulierte Reden gehalten werden, bekämen diese Reden den Charakter von Vorlesungen, wenn die Rednerin/der Redner den Text vom Manuskript auf dem Pult abläse und dafür ständig die Augen senkte. Um das zu vermeiden, wird heute immer häufiger das elektronische Redemanuskript, der sogenannte Speech-Prompter, eingesetzt. Den Speech-Prompter kennt man schon seit langem in der Filmindustrie als große schwarze Tafeln, auf denen der Rollentext mit weißer Kreide aufgeschrieben ist. Darum nannte man sie häufig auch »Neger«. Diese »stummen Souffleure« wurden neben die Kamera gestellt, so daß der Schauspieler seinen Text weitgehend ablesen konnte.

**Freiheit durch Lesescheibe**

Später dann wurden diese Scheiben durch die Videotechnik ersetzt. So schreibt man heute den Text nicht mehr auf eine Tafel, sondern gibt ihn in eine sogenannte »Lauf«- oder »Scroll-Box«. Sie spult den Redetext über einen Monitor in Spiegelschrift ab. Eine durchsichtige Lesescheibe vor dem Monitor dreht die Schrift um, so daß sie der Redner oder die Redne-

rin verfolgen kann. Das Publikum wird die Redescheiben entweder für Sicherheitsglas halten oder sie gar nicht wahrnehmen. Das elektronische Manuskript folgt Satz für Satz der Redegeschwindigkeit. Dadurch ist die Rednerin/der Redner in ihrer/seiner Gestik frei und kann improvisieren, wann immer ihr/ihm der Sinn danach steht oder wann immer die Situation es erfordert.
Da dieses elektronische Redemanuskript Ihnen als Rednerin absolute Sicherheit beim Timing und bei der Formulierung verleiht, können Sie Ihre Aufmerksamkeit voll auf die entscheidende Art der Präsentation konzentrieren. So gehen Sie sicher, daß Ihre Botschaft auch ankommt. Darüber hinaus behalten Sie Ihr Publikum immer im Auge und präsentieren sich so als professionelle Kommunikatorin, der der Dialog mit den Zuhörerinnen und Zuhörern wichtig ist. Diese fühlen sich ernst genommen.

**Großveranstaltungen verlangen Professionalität**

Ist das nicht eine ausgeklügelte Show? – Nun, im heutigen Medienzeitalter verlangt der Zuschauer immer mehr Professionalität. Und warum wollen Sie nicht Ihre optimale Leistung geben? Warum sollen Sie nicht alle Hilfsmittel, die Sie zur Verfügung haben, für sich arbeiten lassen? Das tun Sie im täglichen Geschäftsleben, und das tun Sie bei vielen anderen Anlässen: Der professionelle Tennisspieler besorgt sich nur den besten Schläger, der Golfspieler nur die modernste Ausrüstung. Warum sollten Sie nicht die leichteste Form des Redevortrags wählen? Diese Speech-Prompter-Systeme verleiht die Bonner Rednerschule schon seit vielen Jahren, und es wirkt immer wieder überzeugend, wenn beispielsweise die Pressesprecherin bei einem Statement jede einzelne Zahl aus ihrem Gedächtnis zu holen scheint. Wenn Sie einen solchen Speech-Prompter einsetzen wollen, sollten Sie vorher trainieren. Ein Auto zu fahren, ohne zu wissen, wie es sich schalten läßt, ist lebensgefährlich. Ähnlich ist es mit der Manuskripttechnik des Speech-Prompters.

## Das Mikrofon

**Fassen Sie das Mikrofon nicht an**

Wenn es Ihnen möglich ist, gehen Sie vor der Veranstaltung an den Vortragsort und sprechen einige Sätze vor dem Mikrofon. Weibliche Stimmen haben höhere Frequenzen als männliche, was durch das Lampenfieber noch verstärkt wird. Bitten Sie deshalb einen Techniker, Ihre Stimme während Ihres Vortrags »herunterzupegeln«, damit sie nicht wie eine »Alarmstimme« klingt. Achten Sie darauf, daß Sie installierte Mikrofone nicht anfassen. Bei Richtmikrofonen achten Sie bitte auch auf die Beibehaltung Ihrer Sprechrichtung. Wenn der Einsprechwinkel zu groß wird, können die Zuhörer zeitweise gar nichts hören, während sie von einer überlauten Stimme erschreckt werden, wenn Sie den Kopf wieder dem Mikrofon zuwenden. Wenn möglich, bitten Sie um ein drahtloses Ansteckmikro. Dann sind Sie nicht an das Redepult gebunden und können frei agieren. Aber auch hier sollten Sie auf die eingepegelte Sprechrichtung achten.

### Das Flip-chart

**Wir sind Augenmenschen: Visualisieren Sie**

Eine der einfachsten Möglichkeiten, Dinge zu visualisieren, ist der Einsatz eines Flip-charts. Sie können die Schlüsselwörter Ihres Vortrags oder Diskussionsbeiträge sofort festhalten. Im Gespräch entstandene Grafiken können später an die Wand geheftet werden, so daß die Teilnehmer(innen) das bereits Geleistete immer vor Augen haben.
Darüber hinaus eignet sich das Flip-chart auch, unangenehme Einwände als sogenannte offene Fragen zu notieren und somit elegant zurückzustellen. Merken Sie sich bitte: Möglichst keine Konferenz, keine Besprechung ohne ein Flip-chart-Blatt »Offene Fragen« – eleganter können Sie Einwände nicht umgehen. Achten Sie beim Einsatz des Flip-charts auf eine große und gut lesbare Schrift. Eine »Krakelschrift« als Visualisierungsmittel ist eine äußerst schlechte Visitenkarte.

### Die Pinnwand

**Wer unleserlich schreibt, sollte die Pinnwand benutzen**

Mit Stellwänden oder sogenannten Pinnwänden können Sie kleinere Zettel und Notizen mit Nadeln, Klebern oder Magneten anheften. Das hat gegenüber dem Flip-chart den Vorteil, daß Sie die Einzelbilder und Kärtchen vorher herstellen und bei ähnlich aufgebauten Vorträgen immer wieder benutzen können. Diese Methode ist besonders für diejenigen Rednerinnen und Redner zu empfehlen, die über keine allzu leserliche Handschrift verfügen.

### Der Tageslichtprojektor

**Folien nicht im Schnellverfahren auflegen. Tip: 1 Folie in 3 Minuten**

Eines der wohl am häufigsten eingesetzten Hilfsmittel ist der Tageslicht- oder Overheadprojektor. Hier können Sie entweder farbige Folien vorbereiten, meistens über Computerprogramme wie »Power Point«, oder Sie können auf Leerfolien oder einer Endlosfolie Notizen und Beispiele darlegen. Diese Folien erleichtern Ihnen die Dramaturgie Ihres Auftritts. Bitte achten Sie darauf, daß der Tageslichtprojektor nicht während Ihres gesamten Vortrags angeschaltet bleibt. Legen Sie Ihre Folien nicht im Schnellverfahren auf, und lesen Sie Ihre Folien nicht vor. Folien sind dazu da, Informationen bildhaft darzustellen. Es wirkt peinlich, wenn Redner(innen) Ihre Zuhörer(innen) für Analphabeten halten. Für den Projektor sollte stets eine Ersatzlampe griffbereit sein und eine Helferin/ein Helfer in der Nähe sein, die/der Ihnen im Ernstfall sofort zur Seite steht. Es ist nichts schrecklicher, als einen Vortrag unterbrechen zu müssen, um nach Ersatzteilen zu fahnden oder eine Diskussion um die Reparatur in Gang zu setzen. Das »schmeißt« unter Umständen Ihren gesamten Vortrag.

**Foliensteuerung über den Computer**

Achten Sie auch auf die Lichtstärke des Projektors. Da bei den meisten Projektoren auf eine Abdunklung verzichtet wird, muß der Projektor lichtstark genug sein, um die Schrift für die Zuhörer(innen) auch in den letzten Reihen sichtbar zu machen. Im übrigen gibt es heute schon Projektoren mit Displayaufsätzen, so daß Sie Visualisierungen direkt vom PC über den Projektor an die Wand einspielen können. Auch bewegte Animationen sind dabei möglich. Es ist der momentan vielleicht optimale Weg, einen Vortrag visuell zu unterstützen.

## Der Diaprojektor

Früher wurde der Diaprojektor häufig eingesetzt. Heute verzichtet man weitgehend darauf, weil der Vortragsraum abgedunkelt werden muß, was die Aufmerksamkeit des Publikums beeinträchtigt.

## Musikeinblendungen

**Musik füllt Räume**

Da Räume zu Beginn der Veranstaltung oder in Pausen häufig akustisch »tot« sind, bietet es sich an, sie mit Musik zu beleben. Schon beim Eintritt in einen Vortragssaal kann Musik eine aufgeschlossene und freundliche Atmosphäre herstellen. Auch zwischen einzelnen Redebeiträgen und am Ende der Veranstaltungen hat sich eine musikalische Untermalung bewährt.

## Gerüche

**Sorgen Sie für guten Duft**

Der Geruch hat Vorfahrt in unserem Gehirn. Daher sollten Sie darauf achten, daß der Vortragsraum keine negativen Gerüche verbreitet, wie Schweiß, Nikotin oder Kantinengerüche. Sorgen Sie deshalb vorher für eine gute Entlüftung, nehmen Sie Ihren Raum mit Ihrem Duft ein. Benutzen Sie hierzu die schon im Kapitel »Düfte« angesprochenen Duftlampen. Sie werden feststellen: Ihre Teilnehmer fühlen sich wohl, ohne daß sie ahnen, woher dieses Wohlsein kommt.
Fazit dieser Empfehlungen: Ihr Redeerfolg hängt nicht nur von Ihren rhetorischen Qualitäten ab, sondern auch von einem professionellen Einsatz der Hilfsmittel. Durch eine gezielte Dramaturgie begeistern Sie Ihre Zuhörer.

## Die richtige Körpersprache

**Der Körper ist primär, nicht das Wort**

Unsere Schulen verwenden viel Zeit darauf, jungen Menschen Fremdsprachen beizubringen. Unsere Körpersprache aber ist für die meisten Menschen zu einer toten Sprache geworden. Für uns Menschen gibt es immer zwei Kommunikationsebenen, die verbale (= das Wort) und die nonverbale (= die Körpersprache). Mit den Worten läßt es sich trefflich lügen, mit dem Körper kaum. Der Körper ist primär, nicht das Wort. Sie sollten beide Sprachen perfekt beherrschen, geht es doch häufig darum, Wahrheit und Lüge voneinander zu trennen. Hierzu ein typisches Beispiel: Ihr Vorgesetzter unterhält sich mit Ihnen über Ihre berufliche Entwicklung, Ihre Fähigkeiten, Ihre Karriereschritte. Seine Arme liegen auf der Brust verschränkt, sein Blick geht an Ihnen vorbei, wenn er Sie lobt: »Ich bin mit Ihrer Leistung sehr zufrieden.« Hier hat Kommunikation auf zwei Ebenen stattgefunden: auf einer verbalen Ebene, die eine positive Botschaft enthält, und auf der körpersprachlichen Ebene, die mitteilt: »Ich habe mich Ihnen gegenüber verschlossen.« Der Körper steht nicht hinter dem, was die Worte sagen. Wem also würden Sie glauben?
Wenn zwischen den Sprachebenen keine Kongruenz besteht, d. h., wenn positive verbale Sprachsignale nicht mit positiven körpersprachlichen Signale harmonieren, wirkt eine Aussage unglaubhaft. Es gilt also folgender Merksatz:
Reden und Handeln müssen übereinstimmen.

**Reden und Handeln verlangen Kongruenz**

Das gilt nicht nur für den Bereich der Rhetorik, sondern auch für den gesamten Bereich der Unternehmensführung. Wenn Sie als Führungskraft Ihren Mitarbeiterinnen und Mitarbeitern die Anweisung zur Pünktlichkeit geben und Sie selbst immer unpünktlich sind, ist die Kongruenz von Reden und Handeln nicht gewährleistet, so daß Sie als Führungskraft nicht überzeugen werden. Wenn Sie Ihren Mitarbeiterinnen und Mitarbeitern immer wieder erklären, Sie sollten offen und freundlich sein, während Sie abwehrend in Ihrer Körperhaltung sind, Ihr Büro meist verschlossen halten, werden Ihnen Ihre Kolleginnen und Kollegen nicht folgen.

### Der Gang

**»Steh mit beiden Beinen auf dem Boden«**

Jede und jeder unter den Milliarden von Erdenbewohnerinnen und -bewohnern hat eine andere Art und Weise, zu stehen und zu gehen. Diese Verhaltensweisen sind meistens durch Veranlagung, Erfahrung und Einsichten gewachsen, selten jedoch bewußt antrainiert, es sei denn, Sie haben eine schauspielerische Ausbildung. Man kann wohl sagen, daß der Mensch, der in einem guten Kontakt zum Boden steht, meist ein Gefühl von Festigkeit vermittelt. So sagt auch ein Sprichwort, er oder sie stehe mit beiden Beinen auf der Erde, er oder sie habe einen festen Standpunkt.

**Vermeiden Sie ein schiefes Bild**

Diesen festen Standpunkt hat man in der Geschichte immer wieder den Frauen vorzuenthalten versucht. So wurden in Japan Frauen die Zehen gebrochen oder in Europa ein enger Rock diktiert, um sie daran zu hindern, große männliche Schritte zu machen. Darüber hinaus erfand man den Pfennigabsatz, der den Frauen den festen Kontakt zum Boden nahm. Frauen sollten kleine Schritte machen, Männer große. Dieser Gang drückt Unsicherheit und Labilität aus und erweckt durch die schmale Form der Beine beim Mann neben dem Beschützerdrang einen erotischen Reiz. Der Eroberungstrieb tritt auf den Plan. Unser Tip: Lassen Sie sich Ihren Gang nicht vorschreiben!
Auch im Stand gibt es große Unterschiede zwischen Männern und Frauen. Männer neigen dazu, durch breitbeiniges Stehen ihren Platzanspruch zu markieren. Frauen dagegen wechseln häufig Standbein und Spielbein. Die Folge: Der Körper ruht nicht in sich selber, sondern vermittelt sozusagen »ein schiefes Bild«.

### Der Sitz

Je nachdem, wie die Sitzfläche eines Stuhls ausgenutzt wird, signalisiert das unterschiedliche Botschaften: Wenn man mit dem gesamten Körpergewicht die volle Sitzfläche ausfüllt, bedeutet das: »Ich sitze fest und werde von hier nicht so schnell weichen.« Diese Sitzweise findet man vornehmlich bei selbstbewußten Männern.

**Achtung: Sitzfalle Couch**

Sitzt man nur auf dem vorderen Drittel der Sitzfläche, heißt das: »Ich lasse anderen etwas Platz, habe wenig Selbstbewußtsein und bin immer auf dem Sprung.« Diese Sitzweise wird von Frauen bevorzugt. Unsere Empfehlung: Nutzen Sie das Raumangebot soweit wie möglich aus, und positionieren Sie Ihre Beine in einem optisch günstigen Winkel. Vorsicht vor der »Sitzfalle« weiche, tiefe Couch! Bevorzugen Sie dann, wenn Sie es vorweg beeinflussen können, Hosen, oder setzen Sie sich in diesem Fall ausnahmsweise vorne auf die Sitzkante.

### Der Oberkörper und die Beinhaltung

**Zuwendung signalisiert Sympathie**

Auch die Haltung Ihres Oberkörpers informiert über Denk- oder Gefühlseinstellungen. Neigen Sie den Oberkörper zum Gesprächspartner hin, so deutet das Interesse oder Zustimmung an. Jedes Wegziehen, jedes Sichabwenden und räumliche Distanzieren erzeugt Ablehnung. Diese Zuwendungs- und Abwendungssignale werden selbstverständlich nicht nur

durch den Oberkörper, sondern in vielen weiteren Kleinigkeiten deutlich. Ein wesentliches Moment ist dabei die Beinhaltung.
Wenn Sie beim Überschlagen der Beine den Oberschenkel vom Gesprächspartner wegziehen, signalisieren Sie meist geistige Abwendung oder Entzug der Sympathie. Das Zuwenden der Fußspitzen initiiert dagegen eine Kreissituation und signalisiert Kontaktsuche und Verständnis.

**Der Kreis bringt Gleichheit**

Auch die Sitzpositionen der Gesprächspartnerinnen zueinander bestimmen weitgehend die einzelnen Verhaltensweisen. Das Sitzen im Kreis symbolisiert im allgemeinen Geschlossenheit, Solidarität und Gleichheit. Es gibt im Kreis keine dominierenden Sitzpositionen, abgesehen von der Nähe zu wichtigen Persönlichkeiten. So sind auch Konferenzorte, die Gleichheit symbolisieren sollten, meistens rund angelegt.
Ganz anders bei gegensätzlichen Standpunkten und bilateralen Gesprächen. Hier sitzen die Kontrahenten gegenüber, sozusagen Auge in Auge, in voller Konzentration auf das Gegenüber und auf die Sache. Der Verhandlungstisch ist auf zwei Territorien halbiert, und auch die »Hilfsmannschaft«, die Sekretäre und Mitarbeiter sind streng voneinander getrennt.

**Am Tisch ist das Sitzen übereck empfehlenswert**

Das Sitzen übereck, meistens im Winkel von 90 Grad, an einem neutralen Tisch oder in einer neutralen Gesprächsecke ohne Herrschaftsanspruch eröffnet einen großen Spielraum für Verhandlungen. Sie beugen so einer Verhärtung vor, die sich aus dem Frontalen ergeben könnte, und bewahren außerdem die Möglichkeit des direkten Kontaktes. Darüber hinaus kann man in dieser Position gemeinsam Dokumente und andere Unterlagen studieren. Auf eine kurze Formel gebracht, kann man sagen: Ein Kreis bietet Schutz, das Gegenüber produziert Autorität und das Übereck Offenheit und Kooperationsbereitschaft.

## Der Kopf

Zwar ist uns die Form des Kopfes angeboren, dennoch spiegeln sich Erlebnisse und Lebenseinflüsse im Gesichtsausdruck und prägen mit den Jahren die Mimik. Sie können bei vielen Menschen am Gesicht das Leben ablesen. Ausdruckslose Gesichter wirken gefühllos und kalt, die Muskulatur hängt nach unten. Menschen mit positiven Gefühlen straffen die Muskeln, der Energiestrom geht aufwärts. Besonders dominant ist die Wirkung der Augen, und hier besonders der Pupillen. Sie reagieren auf Lichteinfall: Bei viel Licht ziehen sie sich zusammen, bei wenig Licht erweitern sie sich. Ähnlich reagieren unsere Augen auf Gefühlseinflüsse. Sie werden größer, wenn wir etwas Positives sehen, und verengen sich bei negativen Gefühlen oder wenn wir uns konzentrieren. Große Pupillen wirken daher auf uns anziehend. Schon im Altertum träufelten sich Frauen den Extrakt der Tollkirsche ins Auge, um so die Pupillen zu erweitern.

**Achten Sie auf Ihr Augen-Make-up**

Schmalere Augen signalisieren häufig auch das Verlangen nach mehr Informationen, aber nicht nach Erweiterung, sondern nach Vertiefung der Informationen. Man konzentriert sich sozusagen auf einen Punkt. Achten Sie also besonders auf die Augen Ihrer Gesprächspartnerinnen und Gesprächspartner, achten Sie aber auch auf das für Sie richtige Augen-Make-up.

**Die Dauer des Augenkontakts regelt die Beziehung**

Nicht nur die Größe der Pupillen, sondern auch die Dauer des Augenkontakts ist maßgebend. Vielleicht erinnern Sie sich noch an das Kinderspiel: »Wer zuerst die Augen niederschlägt, hat verloren.« Hier dient der Blick als Kräftemesser. Dauer und Intensität geben das Signal, ob ein Kampf stattfinden wird oder ob man auf eine Auseinandersetzung verzichtet. Denken Sie an Ihr Verhalten im Aufzug, d. h. auf engstmöglichem Raum. Man blickt sich kurz an, als würde man sagen: »Jawohl, ich nehme dich wahr«, um dann beispielsweise den Etagenanzeiger oder eine Reklametafel zu fixieren. Ein zu langer Blick wirkt irritierend und oft zudringlich. Allerdings ist die Mißachtung verletzender. Sie sagt: »Du bist für mich Luft, ich nehme dich gar nicht wahr.« Wer kennt nicht die Redesituation, in der man aus Angst vor dem Blickkontakt mit einzelnen aus dem Publikum lieber in das Manuskript starrt. Wer kennt nicht die Vorgesetzte, die bei Kritikgesprächen den Augenkontakt nicht hält und statt dessen immer wieder ihre Unterlagen ordnet. Das wirkt verletzend. Die Gesprächsteilnehmer verlieren die Gesprächsbeziehung und wenden sich gedanklich ab.

**Vermeiden Sie den »Blick zum Himmel«**

Manchmal schauen die Gesprächspartner nicht nur am Gegenüber vorbei, sondern nach oben, als ob sie bei einer höheren Instanz Informationen »abrufen« wollten. Man schickt sozusagen die Augen zum Himmel, um von dort die richtige Eingebung zu bekommen. Meist ist das nur eine Konzentrationshilfe. Laufen Sie allerdings nicht zu lange mit den Augen umher, denn ansonsten könnte Sie Ihr Gegenüber stehenlassen.

**Der Mund signalisiert die Aufnahmebereitschaft**

Ähnlich wie unsere Augen reagiert auch unser Mund. Kommt ein großer Brocken von Informationen auf uns zu, öffnet er sich. Wollen wir dagegen etwas nicht akzeptieren oder nichts sagen, pressen wir die Lippen aufeinander. Bestimmt erinnern Sie sich an die staunenden Kinder beim Kasperletheater: große, geweitete Augen, geöffneter Mund. Sämtliche Informationskanäle werden durchflutet, damit sie alles aufnehmen können. Schmeckt uns etwas, ziehen wir die Mundwinkel heraus, damit ja nichts verlorengeht; schmeckt uns etwas nicht, so fallen die Mundwinkel herab.

Das Unangenehme kann sozusagen sofort herauslaufen. Will man sich der Dinge noch schneller entledigen, so schiebt die Zunge das Unangenehme aus dem Mund. Möchte man jedoch etwas länger oder angenehmer genießen, so leckt die Zungenspitze die Reste auf. Damit sind Mund und Lippen ein wichtiges Signal – gerade bei Frauen. Breite, volle Lippen wirken emotional, während schmale Lippen meistens die Sachlichkeit unterstreichen. Achten Sie also auf die Stellung Ihrer Lippen.

**Achtung: Kopf zur Seite legen signalisiert Unterwerfungshaltung**

Auch die Kopfhaltung ist wichtig. Wenn Raubtiere eine Beute jagen, so springen sie in aller Regel dem Opfer an den Hals, weil hier die verwundbaren Lebensnerven, die Schlagader und Atemwege weitgehend ungeschützt offenliegen. Wenn wir uns angegriffen oder unsicher fühlen, ziehen wir gerne die Schultern hoch, um den Kopf zu schützen, und den Kopf nach vorne, um so die verwundbaren Stellen zu schützen. Ist dagegen Vertrauen oder auch Unterwerfung am Platz, so bieten viele Frauen den Hals offen dar und signalisieren damit den Verzicht auf Kampf. Männer ziehen den Kopf zwischen die Schulter, um sich beim Angriff zu schützen. Frauen neigen mehr dazu, in unsicheren Situationen den Kopf für eine Unterwerfungshaltung zur Seite zu lehnen. Jede von Ihnen kennt den zarten Kuß auf den entblößten Hals. So zeigt die Frau ihr tiefes Vertrauen, und der Partner erwidert zärtlich: »Ich sehe diese Offenheit, aber ich nutze sie nicht aus.« Achtung: Nicht jede Offenheit ist zu jedem Zeitpunkt ratsam.

**Hochgezogener Kopf: Arroganz und Hochnäsigkeit**

Auch die Herausforderung zum Kampf kennt typische Körpersignale: Kinn und Kopf werden in gerader Linie nach oben gezogen und signalisieren durch das Bloßstellen des Halses: »Ich habe keine Angst vor dir, denn du kannst nicht gewinnen.« Oft jedoch wirkt dieses Hochziehen des Kopfes arrogant und hochnäsig, besonders auf kleine Leute. Sie reagieren nicht selten mit einer Abstandsverkürzung und kommen dicht an den Gesprächspartner heran, als ob sie sagen wollten: »Ich habe keine Angst vor dir.« Großgewachsene Frauen müssen mit dieser Reaktion immer rechnen. Am besten bleiben Sie immer gleich auf Abstand, damit durch die Entfernung der Blickwinkel das Größenverhältnis einigermaßen ausgleicht.

## Die Hände

Wie wichtig die Wechselbeziehung zwischen dem Gehirn und den anderen Körperteilen ist, zeigt die Größe des Gehirnabschnittes, der allein den Händen gewidmet ist. Wüßten wir es nicht längst, könnten wir es ablesen, was den Menschen in seiner körperlichen Motorik auszeichnet: die zu vielseitigen Bewegungen fähige und daher unglaublich geschickte

Hand sowie die Fähigkeit, mit dem Mund verschiedene Geräusche hervorzubringen als Voraussetzung für eine differenzierte sprachliche Verständigung.

**Hände helfen zu »begreifen«**

Wer etwas verstehen will, darf nicht nur mit Augen und Ohren aufnehmen, sondern er muß »begreifen«. Wer nicht »greifen« kann, hat auch Schwierigkeiten beim »Begreifen« oder umgekehrt. Wer sich nicht mit den Händen ausdrücken kann, ist schwer begreifbar. Offene Gefühlsmenschen bewegen deshalb auch den Oberarm frei vom Körper. Verschlossene dagegen halten den Oberarm dicht am Körper und verwenden ihn nur sehr spärlich. Vielleicht erinnern Sie sich an die Erziehung sogenannter »vornehmer« Familien, die ihren Kindern beim Essen Bücher unter die Arme steckten, um sie so zu gesittetem Benehmen zu erziehen. Gefühle sind hier unterdrückt worden, und soziale Anpassung wird damit zum Zwang. Können Sie sich in dieser Haltung einen virtuosen Dirigenten vorstellen? Ein solcher Mensch, der Gefühle empfindet und weitergibt, ist offen.

**Die offene Hand signalisiert Vertrauen und Zuwendung**

Verschränkt man die Arme vor der Schulter und zieht dann noch die Schulter hoch und das Kinn herunter, ist die Kauerhaltung perfekt: Angst vor Einwänden, vor Schlägen werden unter Umständen hier nachempfunden. Bleiben Schulterpartie und Kopfhaltung normal, kann die Armhaltung andeuten: »Ich bremse mich; du bist an der Reihe, ich warte.« Noch ausdrucksvoller als Armbewegungen sind selbstverständlich Gesten mit den Händen. Dabei ergeben sich zwei Grundhaltungen: die offene und die zudeckende Hand. Die offene Hand mit ihrer sensiblen Handfläche offenbart Vertrauen und Zuwendung, die verdeckte Hand Unsicherheit und Mißtrauen. Wenn Sie sich gegenüber einem Zuhörerkreis öffnen wollen, sollten auch Ihre Arme eine sich öffnende Bewegung ausführen und die Handflächen sich nach außen wenden. Wollen Sie jedoch die Menschen beherrschen, geht die Bewegung von oben nach unten mit verdeckter Hand. Das Darlegen und Reichen der offenen Handflächen ist wohl die schönste Gestik zwischenmenschlichen Entgegenkommens und der Zuneigung.
Aber die Hand kann noch viel mehr. Wir ballen die Faust, wenn wir andeuten wollen: »Ich bin bereit zum Kämpfen.« Wir schließen die Hand, um eine Sache zu erfassen, und suchen einen Halt, wenn wir unsicher sind und uns bedroht fühlen. Dann müssen oft ein Glas, der Kugelschreiber oder eine Zigarette herhalten. Wir beenden ein Thema, indem wir mit der flachen Hand einen waagerechten Schlußstrich ziehen, oder schieben etwas weg, wenn wir uns etwas vom Leibe halten wollen. Verhandlungspartner beginnen oft, mit ihren Händen Gegenstände zu ordnen, Rednerinnen richten die Kanten ihres Redemanuskripts aus. Das Signal heißt

dann: »Ich muß zuerst einmal alles in Ordnung bringen, der richtige Platz ist noch nicht gefunden.«

**»Übersprungshandlungen« lenken ab und zeigen Unsicherheiten**

Durch die keilförmige Berührung der Fingerkuppen schütze ich meinen Körper wie ein Eisbrecher seine Mannschaft. Die Hand führt zum Mund, um eine vorschnelle Äußerung zu blockieren, sie geht zur Stirn, wenn wir uns auf etwas besinnen wollen. Wir nehmen die Ohrläppchen zwischen Daumen und Zeigefinger, um unsere Beobachtungsschärfe zu erhöhen, und kauen auf den Nägeln, wenn wir mit der Realität nicht fertig werden. Auch die einzelnen Finger haben ihre speziellen Aufgaben. So ist der Zeigefinger der Besserwisser, der eventuell durch einen Kugelschreiber verlängert werden kann. Dieser Zeigefinger begleitet häufig einen verbalen Angriff und verstärkt den Waffeneinsatz. Weiß der Zeigefinger alles besser, so übt der Daumen gezielten Druck aus. Immer dann, wenn Gesprächsteilnehmer das Gespräch bestimmen wollen, schnellt der Daumen in die Höhe, als wolle er sich mit seiner Dominanz zu Wort melden: »Hier bin ich, wer will mir was?«

## Resümee

① Der Mensch nimmt normalerweise über das Auge doppelt so viele Informationen auf wie über das Ohr, d. h., die Körpersprache ist eine besonders wirksame Sprache.

② Verbale Sprache und Körpersprache müssen kongruent sein, damit die Rednerin glaubhaft wirkt.

③ Der Körper kann Macht einnehmen oder Ohnmacht darstellen. Rednerinnen mit breit angelegter Gestik, mit einem guten Stand symbolisieren Machtanspruch. Rednerinnen mit herabhängenden Schultern und ohne Gestik signalisieren keinen Machtanspruch. Diese Macht-durch-Raum-Darstellung findet sich in allen Hierarchien. Raum ist Macht, und Macht ist nötig für Ihre Karriere.

# Ingrid Matthäus-Maier: Verbinde Herz und Verstand!

*Frage: Sie sind die einzige Frau, die als beste Rednerin mit dem Goldenen Mikrofon ausgezeichnet wurde. Macht es Sie stolz, gut reden zu können?*
Matthäus-Maier: Ja, stolz im Sinne von zufrieden, weil mir die Menschen nach vielen Reden Briefe senden, zum Beispiel nach der großen Haushaltsrede im September. Über die vielen Telefonanrufe, Faxe und Briefe, die in den folgenden Tagen hier angekommen sind, freue ich mich, besonders, wenn es darin heißt: »Ich habe Sie richtig verstanden.« Das ist das größte Lob für eine Politikerin, wenn die Menschen draußen sie verstehen.

**Eine gute Vorbereitung ist der halbe Erfolg**

*Frage: Viele Menschen denken, die Politiker schütteln ihre Reden so aus dem Ärmel. Wie lange arbeiten Sie an einer Rede?*
Matthäus-Maier: Das ist sehr unterschiedlich. Ich könnte schon bestimmte Reden aus dem Ärmel schütteln, aber eine wirklich gute Rede, insbe-

sondere die Haushaltsrede, bereite ich sehr sorgfältig vor. Die Vorbereitungszeit kann ich nicht eingrenzen, sondern die Rede setzt sich über Tage in meinem Kopf fest. Ich schwimme jede Woche tausend Meter Rükken, wenn ich da meine Bahnen ziehe und so zur Decke schaue, dann wächst das in meinem Kopf: Ich habe deshalb immer kleine Notizblöckchen dabei, um mir Gedanken und Einfälle zu notieren, damit sie nicht verlorengehen. Die lege ich dann in einen kleinen Zettelkasten, und am Schluß wird das zusammengefügt. Das macht insgesamt viele Stunden aus, aber nicht in dem Sinn, daß ich mich um 8 Uhr dransetze und um 20 Uhr ist die Rede fertig. Dabei ist das Hauptproblem, sie zu kürzen. Denn wenn ich alles sagen könnte, was ich wollte, wäre ich bei eineinhalb Stunden Redezeit, und das geht nicht.

**Das Geheimnis: ein kleiner Zettelkasten**

*Frage: Wie oft gehen Sie denn zum Schwimmen?*
Matthäus-Maier: Einmal in der Woche. Ich hatte vor Jahren einen Bandscheibenvorfall, und da sagte mir der Arzt: »Wir werden das ohne Operation wieder in Ordnung bringen. Sie sind aber in drei bis vier Jahren bei Ihrem Beruf wieder bei mir, denn das kommt von der Kombination aus dieser ›Schreibtischtäterhaltung‹ und Streß.« Und da habe ich gesagt: »Herr Doktor, ich komm' nie mehr mit so etwas zu Ihnen.« Seit der Zeit schwimme ich jede Woche tausend Meter Rücken, und das halte ich eisern durch, denn wenn ich es mal eine Woche nicht tue, spüre ich sofort, wie sich alles in meinem Nacken zusammenzieht.

*Frage: Nun ist der Beruf der Politikerin oder des Politikers mit sehr viel Streß verbunden. Haben es da Frauen grundsätzlich schwerer als Männer?*
Matthäus-Maier: Meistens haben sie es etwas schwerer, weil Frauen sehr oft den Anspruch erheben, auch Kinder zu haben und sie gleichzeitig betreuen zu wollen. Bei mir war es insofern schwerer, als ich meine beiden Kinder während der Bundestagszeit bekommen habe, das zweite kam sogar, als ich Vorsitzende des Finanzausschusses war. Andererseits habe ich es einfacher, weil mein Mann ab unserem zweiten Kind bereit war, seinen Beruf für uns und unsere Ziele aufzugeben, was ja ganz selten und hoch anerkennenswert ist, und weil ich in der Nähe von Bonn wohne. Das hat zwar nicht nur Vorteile, weil ich in den sitzungsfreien Wochen zusätzliche Arbeit aufgedrückt bekomme, aber insgesamt ist es doch eine Erleichterung, daß ich hin- und herflitzen kann, insbesondere als die Kinder noch klein waren.

**Ohne Partner geht es nicht**

*Frage: Ist es notwendig, einen Partner zu haben, der eine Frau unterstützt?*
Matthäus-Maier: Ich habe es immer so empfunden. Es mag sein, daß man

das nicht braucht, wenn man keine Kinder hat. Aber zumindest wenn man Beruf und Familie verbinden will, führt kein Weg daran vorbei. Auch die Frauen, die ich kenne, haben sich auf Partner stützen können, wobei für mich nicht nur wichtig war, daß mein Mann zu Hause geblieben ist, sondern er war über all die Jahre derjenige, mit dem ich alles Wichtige abgesprochen habe. Ich fälle keine wichtige Entscheidung, ohne vorher mit meinem Mann darüber zu sprechen und dabei die Vorteile und die Probleme und Chancen und Risiken abzuwägen.

*Frage: Sie bringen also auch Ihren Frust mit nach Hause?*

**Man muß abschalten können, sonst wird man im Job verrückt**

Matthäus-Maier: Das stimmt, ich bringe ihn mit nach Hause, aber eigentlich nur, wenn es hochpolitische Sachen und schwierige Entscheidungen sind. Ich habe gelernt, wenn man das einigermaßen hinkriegen will, muß man die Bereiche wirklich abschotten und sagen: »Jetzt nehme ich mir zwei Stunden Zeit für die Kinder oder für die Sauna.« Und da muß man dann, wenn es einigermaßen geht, abschalten und sich dem widmen, sonst wird man in dem Beruf verrückt.

*Frage: Es gibt immer mehr Frauen in der Politik. Als Rednerinnen gibt es nur sehr wenig bekannte. Ist reden schwieriger für Frauen als für Männer?*

**Achtung auf die Toneinpegelung bei Mikroanlagen**

Matthäus-Maier: Das erste scheint wohl die Stimme zu sein. Insofern habe ich Glück und meine Kollegin Anke Fuchs auch, daß wir eine relativ tiefe Stimme haben. Mir sagen aber Fachleute – und gerade aus dem Feld der Feministinnen –, daß man die heutigen Mikrofonanlagen eigentlich besser auf Frauen einstellen könnte. Frauen wirken ja mit hohen Stimmen leichter schrill. Da könnte man gegensteuern; das tut man häufig nicht, da die ganze Sprechkultur noch auf Männer eingestellt ist. Das muß sich ändern.

**Stimme senken vermittelt Kompetenz**

Es gibt etwas Zweites: Insbesondere wenn man wie ich in den letzten Jahren schwere Auseinandersetzungen in der Sache mit Waigel hat – persönlich haben wir uns eigentlich immer respektvoll behandelt – und dann auch steht für Streit und Auseinandersetzungen, dann kommen Zwischenrufe der anderen Seite, und dann kommt es leicht vor, daß man die Stimme hebt, um dagegen anzureden, und daß man sie dann nicht wieder absenkt. Also muß man sich dazu zwingen. Mein Mann hat einmal gesagt: »Im Fernsehen hört man die Zwischenrufe nicht, und man wundert sich, warum du auf einmal lauter wirst.«

*Frage: Nun sind die lauten Signalstimmen der Frauen nur ein Teil des Problems. Man hat ja auch die Macht der Frauen in vergangener Zeit beschnitten, indem man sie beispielsweise in enge Röcke gezwängt oder auf hohe Schuhe gestellt hat. Bei Ihnen fällt mir auf, daß Sie auch über die Gestik Raum einnehmen. Ist das nicht auch ein Teil von Machtausstrahlung?*

**Gestik ist notwendig und hilfreich**

Matthäus-Maier: Ich glaube schon. Das ist aber bei mir nicht angelernt, sondern damit bin ich aufgewachsen. Bei meiner letzten Rede ist es mir im nachhinein aufgefallen. Kollegen haben mich darauf aufmerksam gemacht. In dieser Rede sagte ich an einer Stelle: »Waigel verschiebt ja Tilgungszahlen in die Zukunft.« Und um den Menschen das Haushaltschinesisch zu übersetzen, erkläre ich: »Das wäre ungefähr so, wie wenn man bei der Schuldnerberatung anruft.« Und ohne daß ich es gemerkt habe, hätte ich am Rednerpult so eine Telefonhörergestik zum Ohr hin gemacht. Das heißt, dieser »Griff zum Telefon« ist einfach automatisch geschehen.

**Gliederungen helfen zu verstehen**

Ich versuche auch, sehr stark zu gliedern – übrigens entspricht das dem, was in meinem Kopf vorgeht: Was sind die vier Merkmale von Waigels Haushalt oder die sechs Beispiele für die Arbeitsmarktpolitik der SPD? Zur Aufzählung benutze ich dann meine Finger: »Erstens, zweitens, drittens etc.« Das geschieht automatisch, während ich andere Dinge bewußt einbaue. Der Bundeskanzler hat immer wieder erzählt, der private Steuersatz sei in Holland niedriger als in Deutschland. Das stimmt nun nicht. Dazu habe ich ihm eine Ausarbeitung seines Finanzministeriums herausgesucht und zu ihm gesagt: »Herr Bundeskanzler, darf ich Ihnen das einmal überreichen, damit Sie beim nächsten Interview nicht wieder die falsche Zahl benutzen?« Er war völlig überrascht und meinte nur noch: »Charmant, charmant.«

*Frage: Sie sagen: »Charmant, charmant.« Haben Frauen nicht auch mehr Möglichkeiten, weil sie charmanter oder freundlicher sein können?*

**Charmant sein hilft**

Matthäus-Maier: Ich glaube, es gibt eine Kombination: Es gibt Reden wie z. B. die zu Aktuellen Stunden. Da hat man ja nur fünf Minuten. Wenn man nicht wie Heide Simonis doppelt so schnell spricht, sind fünf Minuten sehr wenig. Da wird es schwer, Kritik und positive Vorschläge zusammenzupakken. Es wird darauf hinauslaufen, daß man attackiert, kurz und heftig, und das Versöhnende im Hintergrund steht. Bei der Haushaltsrede habe ich auch Passagen eingebaut, in denen ich zwar Waigel kritisiert, aber dann doch gesagt habe: »Manchmal tun Sie mir eigentlich leid.« Das habe ich ganz ernst gemeint, was mir die andere Seite auch abgenommen hat: Waigel guckte ganz nachdenklich. Ob das charmant war, weiß ich nicht.

*Frage: Sie sind ja in eine Position – sprich die der finanzpolitischen Sprecherin – gekommen, die bisher erstens von Männern eingenommen wurde, und zweitens sind Sie in diese Position von einer anderen Partei aus gekommen. Haben Sie sich diesen Weg eigentlich vorgestellt, als Sie aus der F.D.P. ausgetreten sind?*

Matthäus-Maier: Nun wäre es ja eine Verschwendung von menschlichen Ressourcen gewesen, wenn die SPD nicht auf meine Erfahrungen auf diesem Gebiet zurückgegriffen hätte; das fand ich eigentlich nicht erstaunlich. Erstaunlich war allerdings – das betrifft nicht die SPD, sondern die deutsche Politik insgesamt –, daß man offenbar in diesem Lande alles wechseln kann, die Meinung, die Frauen, nur die Partei darf man nicht wechseln, auch nicht, um seine eigene Meinung fortsetzen zu können. Das war für mich 1982 eine bittere Erfahrung, wobei es damals beides gab: die einen, die gesagt haben: »Prima, die steht für ihre Überzeugung«, aber auch andere, die gefragt haben: »Wie kann man eigentlich eine Partei wechseln?«

*Frage: An einen Mann werden ganz andere Erwartungen gerichtet als an eine Frau. Wenn ein Mann eine Firma wechselt, heißt es, er sei flexibel; wenn ein Mann von Stadt zu Stadt geht, sagt man, er sei aufgeschlossen. Macht es eine Frau, sagt man, sie habe keinen festen Standpunkt. Wenn ein Mann Karriere gemacht hat, sagt man: »Wunderbar«; hat eine Frau Karriere gemacht, sagt man, sie sei rücksichtslos ehrgeizig.*

**Achte auf weibliche Etiketten**

Matthäus-Maier: Da ist etwas dran, das habe ich festgestellt, als ich Bundesvorsitzende der Jungdemokraten war. Es gab damals elf Landesverbände, und jeder machte, was er wollte – ein Riesendurcheinander. Und da habe ich in der Tat organisatorisch und rhetorisch durchgegriffen, und mir fiel auf, das wurde sehr schnell mit dem Etikett »autoritär« versehen, während man bei einem Mann ganz sicher gesagt hätte, er sei energisch und kraftvoll.

*Frage: Sie müssen ja auch mit vielen Männern umgehen, an der Fraktionsspitze oder in der Partei. Hat es da eine Frau an der Spitze leichter oder schwerer?*

**Eine Frau fällt in einer Männerwelt einfach auf**

Matthäus-Maier: Ich muß sagen, es liegt vielleicht auch an dem Fachbereich, daß im Bereich Finanzen, Steuern und Schulden sexistisches Verhalten gar nicht zur Anwendung kommen kann. Ich habe nicht das Gefühl, daß ich es irgendwie schwerer gehabt hätte, im Gegenteil, als Frau hat man es insbesondere in der Öffentlichkeit, gegenüber den Medien leichter, insofern, als man schneller Aufmerksamkeit erregt. Eine Frau fällt in einer Männerwelt einfach auf. Man hat es aber auch schwerer, denn wenn man einmal die öffentliche Aufmerksamkeit erregt hat, passen insbesondere die Medien auch besser auf, wenn man Fehler macht: Stimmen die Zahlen, ist das in Ordnung? Also eines ist klar: Frauen müssen in den ganz hohen Positionen immer noch besser sein als Männer.

*Frage: Das Erscheinungsbild eines Politikers ist ja sehr wichtig. Sie legen sehr viel Wert auf Kleidung und Farben.*

**Helle Farben in der Kleidung fördern die Aktivität**

Matthäus-Maier: Ja, ich liebe besonders Rot, wie die Menschen schon wissen. Ich mache es auch, um mich von dem Grau und Schwarz der Männer im Bundestag abzuheben. Ich finde, Frauen sollten die Chance, daß sie sich ein bißchen heller, farbiger und freundlicher kleiden können, nutzen. Ich liebe auch die Sonne. Ich fahre im Winter gerne in den Süden, weil ich das Graue nicht so liebe, und dazu gehören eben auch frische Farben, ein positives Denken und Aktivität.

*Frage: Das kennzeichnet ja auch Ihre Reden. Auf der einen Seite strukturieren Sie exakt, auf der anderen Seite verwenden Sie sehr viele Bilder. Nach einem sachlichen Teil kommt bei Ihnen meist so ein Farbteil. Ist das Ihre Spontaneität, oder haben Sie das einmal gelernt?*

**Ich vermeide »Fachchinesisch«**

Matthäus-Maier: Mittlerweile ist es schon in mir drin, aber zuvor habe ich es mir erarbeitet, wie alle rhetorischen Kniffe über die Jahre gewachsen sind. Ich habe beobachtet, wie die Menschen reagieren. Da ich Finanzpolitik nicht in meinem Beruf gelernt habe – ich war Verwaltungsrichterin –, habe ich den Vorteil, daß ich nicht Fachchinesisch referiere, sondern ich versuche, den Menschen etwas klarzumachen. Außerdem möchte ich auf keinen Fall, daß eine Rede langweilig wird.

*Frage: Glaubwürdigkeit ist abhängig von der Kongruenz von Reden und Handeln. Politiker haben damit – aus welchen Gründen auch immer – Schwierigkeiten. Inwiefern kann denn die Glaubwürdigkeit von der Politik wieder zurückgewonnen werden?*

Matthäus-Maier: Meiner Ansicht nach stammt die beste Definition von Glaubwürdigkeit in der Politik von Johannes Rau: »Sagen, was man tun will, und tun, was man gesagt hat.« Dies bedeutet, daß man insbesondere nichts sagt, wovon man das Gefühl hat, das kannst du nicht durchsetzen.

**Sei glaubwürdig**

Zum Beispiel fragen mich Menschen: »Was macht ihr vom Sozialabbau dieser Regierung rückgängig?« Da sage ich: »Vom heutigen Zeitpunkt aus kann ich nichts versprechen; ich brauche nach der Wahl einen Kassensturz, um zu sehen, was überhaupt noch da ist, was ich rückgängig machen kann.« Das heißt, die Glaubwürdigkeit beginnt dabei, daß ich mir klarmache: Was kann ich, was kann ich nicht?

*Frage: Man spricht heute in bezug auf die Funktionsweise des menschlichen Großhirns häufig von links- und rechtsorientiertem Denken, dem logischen Denken in der linken Hirnhälfte und dem bildhaften Denken in der rechten Hirnhälfte.*

**Verbinde Herz und Verstand**

Matthäus-Maier: Ich kenne diese Untersuchung nicht, aber ich versuche schon, Kopf und Herz miteinander zu verbinden.

*Frage: Dieses können Frauen offenbar besser als die Männer, weil angeblich die Brücke zwischen den beiden Hirnhälften bei Frauen größer ist. Frauen neigen dazu, besser springen zu können zwischen logisch-analytischem und bildhaft-emotionalem Denken. Frauen sind den Männern überlegen, indem sie ganzheitlich denken.*
Matthäus-Maier: Das kann sein; ich halte das dennoch für ein wenig spekulativ. Ich habe das Gefühl, daß Frauen mehr dem Alltag verbunden sind. Sie sind mehr gezwungen, mit Menschen umzugehen, und spüren, was ihre Mitmenschen verstehen, wissen wollen, erwarten und was für sie zu kompliziert ist.

*Frage: Solange man am Tisch sitzt, fällt das Reden nicht schwer. Aufzustehen, nach vorne zu gehen und sich somit aus der Gruppe herauszuheben ist für viele Menschen ein Problem, manchmal für die Frauen noch mehr als für die Männer. Was kann man dagegen tun?*

**Angst überwindet man durch Übung**

Matthäus-Maier: Das ist natürlich in erster Linie Übung und Erfahrung. Am Anfang ist das sicherlich eine Mutprobe, und damit sind auch Schrecksekunden verbunden. Auf einem großen SPD-Parteitag, an dem so 2000 Leute sitzen, muß ich schon allen meinen Mut zusammennehmen. Meine erste Rede habe ich völlig unerwartet während der APO-Zeit gehalten, im größten Hörsaal der Universität Münster, da saßen bei einer Demonstration gegen die Notstandsgesetze über 1000 Leute. Alle Versammlungsleiter mußten damals aus irgendwelchen Gründen weg, und mir wurde gesagt: »Sorg mal dafür, daß das hier ordentlich weitergeht.« So mußte ich auf einmal eine Rede halten vor über 1000 Leuten. Das ist mir dann gelungen, obwohl ich meinen ganzen Mut zusammennehmen mußte. Aus so einer Erfahrung lernt man natürlich.

Ich gebe den jungen Kolleginnen und Kollegen gerne Tips, wenn ich deren Rede gehört habe. Dann sage ich zum Beispiel: »Du mußt Klatschsätze einbauen.« Viele von uns, gerade in der Opposition, sagen gerne: »Der Waigelsche Haushalt ist ungerecht, unsolide und unfinanziert.« Da kann ich aber nicht klatschen, denn das ist nicht schön. Es muß danach etwas kommen, daß ich klatschen kann, etwa: »Diesen Zustand werden wir Sozialdemokraten nicht hinnehmen.« Oder: »Diesen Zustand haben die Menschen satt.«

**Du mußt Klatschsätze einbauen**

*Frage: Dabei ist wichtig, daß gerade Frauen Frauen helfen. Tun Sie das?*
Matthäus-Maier: Man sagt, daß Frauen Frauen nicht unterstützen. Aber ich kann das nicht bestätigen. Mich hat zum Beispiel Liselotte Funke, die damalige Vorsitzende des Finanzausschusses, unterstützt, so daß ich Solidarität durch eine Frau sehr früh erfahren habe und heute versuche, sie weiterzugeben.

*Frage: Männer haben viele Netzwerke, die sie teilweise sehr früh aufbauen: Das fängt bei Burschenschaften und Verbindungen an und geht bis zu Golfclubs, Skatclubs usw.*
Matthäus-Maier: Ja, das fehlt den Frauen, weil sie oft aus der beruflichen Arbeit diese Netzwerke nicht haben. Wenn in einem Unterbezirk eine Hausfrau und ein Anwalt kandidieren, ist klar: Der Anwalt hat Verbindungen, beruflich, im Sportverein, Kontakte zu Medien, und die Hausfrau hat nichts als ihre Erfahrung, und da merkt man schon, daß Frauen sehr viel mehr strampeln müssen. Frauen sind wohl untereinander kritischer. Anstatt zu sagen: »Mensch, die unterstütze ich«, wird bemerkt: Die hat ja eine Laufmasche, und warum trägt sie bei der Figur ein so enges Kleid?, usw.

**Frauen benötigen dringend Netzwerke wie SYNERGIENET**

*Frage: Wie könnte man den Frauen helfen, einerseits ihre Ängste zu überwinden und sich andererseits stärker in der Führung zu betätigen?*
Matthäus-Maier: Ich würde sagen, einmal durch ein paar kleine Tricks, indem man ihnen sagt: »Du mußt die Rede so und so halten«, andererseits – und das ist für manche fremd – daß sie sich durchsetzen, kämpfen müssen. Ich habe das, was wir machen, schon einmal verglichen mit einem Boxer im Ring. Ich habe unzählige Male kandidiert mit Gegenkandidaten und verloren. In der F.D.P. hat Lambsdorff mich mehrfach zu Fall gebracht, ich habe 1972 gegen Möllemann verloren, noch 1976 hat Lambsdorff einen Unternehmer gegen mich zum Bundestag vorgeschlagen. Da hat er allerdings verloren. Ich muß also auch lernen, Niederlagen einzustecken, richtig brutal.

**Gib nicht auf. Lerne Niederlagen einzustecken**

*Frage: Aber Ihr gerade verwendetes Bild zeigt die Problematik der Frauen: der Boxer im Ring. Das Bild einer boxenden, kämpfenden Frau ist für viele nicht akzeptabel.*
Matthäus-Maier: Für mich ist in diesem Bild nicht wichtig, daß sie sich schlägt, sondern daß sie auf die Bretter geht und sich immer wieder hochrappelt und sagt: »Ich lass' mich nicht unterkriegen!« Es gehört zur Politik, daß man x-mal auf die Bretter geht.

*Frage: Trotzdem sind die meisten Kampfesbilder immer Männerbilder. Selbst die kämpfende Jeanne d'Arc hat den halben Oberkörper frei, um wieder die Frau darzustellen, d. h., das Bild des Kampfes paßt einfach nicht zu einer Frau.*

**Am Ball bleiben heißt dicke Bretter bohren**

Matthäus-Maier: Richtig, aber Politik ist Kampf um Mehrheiten durch Rhetorik, mit Überzeugungskraft – Gott sei Dank kämpfen wir mit diesem Mittel und nicht mit anderen. Willy Brandt hat einmal gesagt: »Nichts kommt von selbst, und wenig ist von Dauer.« Das heißt, alles an sozialen und ökologischen Verbesserungen mußte mühsam erkämpft werden, und man muß dafür kämpfen, daß es so bleibt und nicht wieder zurückgedreht wird. Vielleicht sollte ich das Wort »Kampf« durch »Hartnäckigkeit« ersetzen. Ich weiß, als Matthöfer den Bundestag verließ, wurde er gefragt, was er an mir schätzte, und da benutzte er das Wort »Hartnäckigkeit«. Ich glaube, das ist nicht schlecht getroffen und bedeutet, an einer Sache dranbleiben, am Ball bleiben, dicke Bretter bohren usw.

*Frage: Dazu gehört auch eine gewisse Zähigkeit: Sind Frauen zäher als Männer?*
Matthäus-Maier: Es gilt ja auch die Erfahrung, daß Frauen in schwierigen Zeiten, unter bittersten Umständen – wie in den Weltkriegen – zäher sind als Männer. Ich glaube schon, daß Frauen sehr zäh sind, aber ich kann es nicht beweisen.

# Gespräche erfolgreich führen

Immer wieder kommt es in den verschiedensten Situationen darauf an, Gespräche in die richtige Richtung zu lenken. Das kann beim sogenannten Small talk sein, bei Tischgesprächen, Verkaufs- und Verhandlungsgesprächen, bei Mitarbeitergesprächen und ebenso bei Konferenzen. Um Gespräche erfolgreich zu führen, kommt es im wesentlichen auf zwei Dinge an: Erstens muß man gut zuhören können, denn sonst erfährt man nichts von seinem Gegenüber und kann die eigene Position nicht

**Gut zuhören können ist Voraussetzung**

*Das echte Gespräch bedeutet: aus dem Ich heraustreten und an die Türe des Du klopfen.* (Albert Camus)

darauf einstellen. Zweitens muß man mit Gesprächstechniken umgehen können, um das Gespräch in möglichst kurzer Zeit zum Ziel zu führen. Leider können heute viele Führungskräfte nicht mehr richtig zuhören. Sie neigen dazu, schon nach den ersten Sätzen der Gesprächspartnerin/des Gesprächspartners dieser/diesem ins Wort zu fallen und Entscheidungen zu treffen, bevor der oder die andere aussprechen konnte.

## Vom richtigen Zuhören

Das Zuhören hat verschiedene Qualitäten:

**Formen des Zuhörens**

Stufe 1: Das »reine Hören«: Damit ist lediglich der physikalische Vorgang des Aufnehmens akustischer Signale gemeint.

Stufe 2: Das »Hinhören«: Hier versucht man, aus der Masse des Angebotenen eine Auswahl zu treffen. Es ist ein »selektives Hören«.

*Ein gutes Gespräch ist ein Kompromiß zwischen Reden und Zuhören.* (Ernst Jünger)

Stufe 3: Das »Zuhören«: Man versucht, nicht nur zu hören, sondern auch zu verstehen. Der Zuhörer versieht das Gehörte mit einer Bedeutung.

Stufe 4: Das »aufmerksame, d. h. dialogische Zuhören«: Der Zuhörer sendet seinerseits Kommunikationssignale aus, die anzeigen, daß er zuhört.

Stufe 5: Das »aktive Zuhören«: Der Zuhörer ist ganz auf den Informationsaustausch konzentriert und überprüft, ob er das Gesagte auch im Sinne des Sprechers verstanden hat.

Die letzten beiden Stufen des Zuhörens werden auch als »partnerzentriert« bezeichnet. Bei diesem Zuhören kommt es weniger auf die Worte an, die der Partner oder die Partnerin sendet, sondern auf die Botschaften. Für das partnerzentrierte Hören beachten Sie bitte folgende Regeln:

**Die 10 Zuhörregeln: Partnerzentriertes Zuhören vermeidet Störungen**

1. Geben Sie sich ernsthafte Mühe, und schenken Sie Ihrem Gegenüber die volle Aufmerksamkeit. Signalisieren Sie Ihre Aufmerksamkeit, schauen Sie der Gesprächspartnerin/dem Gesprächspartner in die Augen.
2. Lassen Sie sich nicht ablenken.
3. Achten Sie auf Ideen und Botschaften, die Ihr Gegenüber aussendet.
4. Achten Sie nicht auf die äußere Form der Darstellung, sondern mehr auf den Inhalt.
5. Seien Sie tolerant, und reagieren Sie nicht übertrieben auf inhaltliche Schwächen oder Fehlformulierungen.
6. Halten Sie sich, solange die Partnerin/der Partner spricht, mit eigenen Ideen zurück.
7. Akzeptieren Sie die Tatsache, daß Gedanken schneller sind als Worte.
8. Seien Sie geduldig.
9. Vermeiden Sie überschnelle Bewertungen über die Person, die Ihnen gegenübersteht/-sitzt.
10. Wiederholen Sie die Informationen, »paraphrasieren« Sie sie, damit Ihr Gegenüber merkt, daß Sie ihn verstanden haben. Diese Technik ist auch unter dem Begriff »Spiegeln« bekannt geworden. Gemeint ist damit, daß der Adressat einer Information diese seinem Gegenüber wie einen Spiegel vorhält, so daß der andere entscheiden kann, ob die Information richtig angekommen ist. Denn jeder Zuhörer hört selektiv, je nach seinem Erfahrungsschatz.

**Das »4-Ohren-Modell«: Paraphrasieren Sie die empfangenen Informationen**

Eine Nachricht hat vier Bereiche: einen Beziehungsbereich, einen Sachinhaltsbereich, den Bereich der Selbstoffenbarung sowie den Appellbereich. Diese Bereiche werden von Frederik Schulz von Tun auch als »4-Ohren-Modell« bezeichnet. Der Beziehungsbereich ist charakterisiert durch die Fragen: »Was hältst du von mir, wie stehen wir zueinander?«, der Bereich der Selbstoffenbarung durch die Fragen: »Was sagst du über dich selbst aus, was bist du für ein Mensch, warum verhältst du dich so?«, der Bereich des Appells durch die Fragen: »Wozu möchtest du mich veranlassen, was erwartest du von mir?« und der Sachinhalt durch die Fragen:

»Wie lautet deine Information, wie ist das, was du sagst, zu verstehen?« Hören Sie also nicht nur mit einem oder zwei Ohren zu, sondern mit vier Ohren, und paraphrasieren Sie dann die von Ihnen empfangene Nachricht. Legen Sie beim aktiven Zuhören eine Verstandespause ein. Kontrollieren Sie, ob Sie auf der gleichen Schiene fahren oder ob die Informationszüge über falsche Weichenstellungen in unterschiedliche Richtungen laufen.

Viele gute Ideen, viele Botschaften gehen verloren, weil Menschen nicht zuhören können. Eine gute Zuhörerin, ein guter Zuhörer ist dagegen überall gern willkommen. Je höher eine Führungskraft auf ihrem Weg nach oben gelangt ist, desto dünner wird die Luft, auf desto weniger echte Zuwendung kann sie bauen. Deshalb lernen Sie, aktiv zuzuhören.

Natürlich kommen Gespräche nicht nur durch Zuhören ans Ziel, sondern vor allem mittels zwei Methoden.

Methode 1: eine adäquate Fragetechnik,
Methode 2: die Verstärkertechnik.

## Gespräche durch Fragen führen

**Sokrates begründete im 5. Jahrhundert vor Christus die Fragetechnik**

Schon der englische Philosoph Francis Bacon (1561–1626) meinte: »Klug fragen können ist die halbe Weisheit.« Neben dem Zuhören ist die Kunst des Fragens also die zweite wichtige Säule jedes erfolgreichen Gespräches. Bekannt geworden ist die systematische Fragetechnik bereits im 5. Jahrhundert vor Christus, vor allem durch den griechischen Philosophen Sokrates und durch den von Platon verfaßten Dialog mit Gorgias. Fragen sind ein ausgezeichnetes Mittel, jemanden am Gespräch zu beteiligen, ein Gespräch zu eröffnen und in die richtige Richtung zu lenken. Fragen sind Impulse der Aktivierung. Sie halten Gespräche in Gang und dienen als Suggestivinstrument der Entscheidungsfindung. Mit Fragen gelingt es dem Redner, die Interessen des Gesprächspartners festzustellen, ohne sich selbst festzulegen.

**Offene und geschlossene Fragen regeln den Gesprächsfluß**

Grob kann man zwei Fragetypen unterscheiden: die sogenannte offene und die geschlossene Frage. Die offene Frage beginnt mit einem Fragewort und offeriert dem Antwortenden eine Reihe von Möglichkeiten, auf die Frage zu reagieren: »Wie war Ihr Urlaub?«, »Wie sind Sie mit Ihrem neuen Mitarbeiter zufrieden?«, »Was macht das Geschäft?« – Alles das sind Fragen, die ein Gespräch in Gang setzen. Soll also die Gesprächspartnerin oder der Gesprächspartner zum Reden bewogen werden, verwenden Sie offene Fragen.

Wenn Sie allerdings vermeiden wollen, daß das Gespräch auswuchert, wenn Sie nur spezielle Antworten zulassen wollen, verwenden Sie geschlossene Fragen, also Fragen, auf die Ihr Gegenüber nur mit »Ja« oder »Nein« antworten kann: »Haben Sie schon mit der Controlling-Abteilung darüber gesprochen?«, »Sind Sie mit diesem Vorschlag einverstanden?« – Alles das sind Fragen, die eine kurze Antwort in Form von »ja« oder »nein« verlangen.

**Suggestivfragen lenken in eine Richtung**

Die Weiterführung der geschlossenen Frage ist die Suggestivfrage. Hierbei wird die Antwort in der Frage bereits vorformuliert: »Sie haben sich bestimmt auch schon mit der Lösung XY beschäftigt?« Oder: »Sie kennen doch auch das Restaurant ›Venezia‹?« Hier versucht man als Fragende ein Ja zu provozieren. Natürlich werden Sie zugeben: Zu viele Suggestivfragen setzen das Gegenüber fest und führen zur Ablehnung des Gesprächspartners.

**Alternativfragen schränken die Entscheidung ein**

Eine weitere Fragemöglichkeit sind die Alternativ- oder »Entweder-Oder-Fragen«. Sie geben dem Gegenüber die Möglichkeit, aus Alternativen auszuwählen: »Möchten Sie lieber heute abend kommen oder morgen nachmittag?« »Möchten Sie lieber im Sekretariat oder im Besucherraum Platz nehmen?« Hier kann die/der Antwortende eine eingeschränkte Entscheidung fällen.
Ihre Wahl ist eigentlich ganz einfach: Wollen Sie ein Gespräch eröffnen oder in Bewegung setzen, arbeiten Sie mit offenen Fragen; wollen Sie eine Zustimmung oder Ablehnung hören, verwenden Sie geschlossene Fragen; wollen Sie in eine bestimmte Richtung lenken, nehmen Sie Suggestivfragen, und wollen Sie der oder dem anderen eine eingegrenzte Auswahl ermöglichen, verwenden Sie die Alternativfrage.
Für die Gesprächsführung sollten Sie aber auch, um ein Gespräch in Gang zu bringen, die Gegenfragetechnik beherrschen. Diese ist angebracht, wenn die oder der andere sich zuerst offenbaren soll, wenn man Zeit zum Überlegen gewinnen will, wenn man dem Druck einer Frage ausweichen oder wenn man zur Klärung von Unterschieden beitragen will.

**Gegenfragen bringen Zeit oder/und Klarheit**

Die Gegenfrage kann in acht Fragetypen unterteilt werden. Auf die beiden Standardfragen

- »Warum sind Ihre Produkte so teuer?« und
- »Was haben Sie gestern abend unternommen?«

finden sich zu den jeweiligen Typen folgende Gegenfragen:

| | |
|---|---|
| 1. Die Unschuldsmethode | »Wie meinen Sie das?« »Wie kommen Sie gerade jetzt auf diese Frage?« |
| 2. Die Informationsmethode | »Womit vergleichen Sie diesen Preis?« »Warum interessiert Sie das?« |

| | |
|---|---|
| 3. Die Rückgabemethode | »Warum sind denn auch Ihre Produkte in der gehobenen Preisklasse angesiedelt?« »Was soll ich denn gestern abend unternommen haben?« |
| 4. Die Definitionsmethode | »Was verstehen Sie unter ›zu teuer‹?« »Was heißt denn ›gestern abend‹?« |
| 5. Die Hörfehlermethode | »Wie bitte?« »Können Sie Ihre Frage noch einmal wiederholen?« |
| 6. Die Alternativmethode | »Meinen Sie das Sortiment A oder B?« »Meinen Sie nach Büroschluß oder nach 20 Uhr?« |
| 7. Die Gag-Methode | »Können Sie mich nichts Leichteres fragen?« |
| 8. Die Rückstellmethode | »Darf ich später darauf eingehen?« »Können wir diese Frage noch einen Augenblick zurückstellen?« |

Hier das Beispiel eines Kundengesprächs, das Ihnen zeigt, wie Sie mit Gegenfragen einengen können:

| | |
|---|---|
| Kundin: | Was kostet dieses Modell? |
| Beraterin: | Das kommt darauf an, für welche Version Sie sich entscheiden. Die einfache Version hat den Vorteil, daß sie recht kostengünstig ist, die teurere Version hat zwei Vorteile: Sie hat eine längere Lebensdauer und mehr Komfort. Welche Version ist für Sie geeigneter? |
| Kundin: | Für mich käme wohl die gehobenere Version in Betracht. Was kostet sie denn? |
| Beraterin: | Könnten Sie sich vorstellen, Ihre Entscheidung noch in dieser Woche zu fällen? Dann könnte ich Ihnen einen Vorzugsrabatt gewähren. Außerdem hätten Sie noch günstigere steuerliche Abschreibungsmöglichkeiten. Ist das interessant für Sie? |
| Kundin: | Ja, das könnte schon interessant für mich sein. Aber ich müßte vorher wissen, was das Gerät kostet. |
| Beraterin: | Bevor ich Ihnen diese Frage definitiv beantworten kann, gestatten Sie mir eine letzte Frage: Wollen Sie auch einen Wartungsvertrag abschließen? Der senkt die Kosten, und Sie haben darüber hinaus die absolute Sicherheit, daß das Gerät immer den aktuellen Anforderungen entspricht. |

Wie Sie sehen, grenzen die Gegenfragen das Gespräch nach und nach ein. Natürlich sollten Sie achtgeben, daß sich die Gesprächspartnerin/der Gesprächspartner nicht eingeengt fühlt. Sonst führen die Fragetechniken nicht zum Erfolg.

## Durch geschickte Verstärker Gespräche führen

**Verstärker steuern unsere Handlungen**

Eine zweite große Gesprächsführungstechnik ist die sogenannte Verstärkertechnik. Die Grundlage der Verstärkertechnik liegt darin, daß wir Menschen alles, wofür wir eine Verstärkung erreichen, häufiger tun als das, wofür wir keine Verstärkung erhalten. Nehmen wir hierfür ein einfaches Beispiel: Sie waren im Urlaub und kommen tiefbraun zurück. Wie würden Sie sich fühlen, wenn niemand der Zuhausegebliebenen diese Bräune bemerkte, wenn niemand Ihnen aufgrund der Bräune ein Kompliment machte? Gewiß würden Sie sich ärgern, daß Sie umsonst die zum Bräunen notwendige Geduld aufgebracht haben. Das neue Kleid, die modische Frisur, das moderne Brillengestell: Alle diese Dinge zielen auf den »sozialen Verstärker« ab. So arbeitet auch die Verstärkertechnik in Gesprächen. Diejenigen Informationen, die für Ihre Gesprächsführung wichtig sind, werden verstärkt. Alle anderen Negativinformationen wie Angriffe gegen Ihre Person etc. werden übergangen.

**Verstärkende Wiederholungen stellen die Weichen**

Dazu ein Beispiel: Sie haben ein Gespräch mit der öffnenden Frage begonnen: »Wie war's denn dieses Jahr in Ihrem Urlaub?« Ihre Gesprächspartnerin/Ihr Gesprächspartner antwortet Ihnen: »Es war sehr angenehm. Wir waren in Portugal.« Wenn Sie Portugal interessiert, wiederholen Sie nun fragend: »In Portugal?« Mit »traumwandlerischer Sicherheit« wird Ihr Gegenüber Ihnen Näheres über Portugal erzählen und wo sie/er gewesen ist. Wenn Sie sich nicht für Portugal, sondern für den Personenkreis interessieren, der auf der Reise war, fragen Sie verstärkend: »Wir?« Dann wird die Antwort vielleicht lauten: »Ja, ich war mit meiner Familie/meiner Partnerin/meinem Partner verreist.« Das heißt: Die Verstärkung ist eine Weichenstellung. Sie bestimmt, auf welcher Schiene das Gespräch verläuft.
Hierfür gibt es mehrere Möglichkeiten: Entweder Sie wiederholen einen ganzen Satz (»Sie waren in Portugal?«), oder Sie wiederholen nur ein Wort (»Portugal?«), oder Sie streuen einzelne Worte in die Erzählung Ihres Gegenübers ein, wie »interessant«, »so, so«. Häufig genügt auch eine nonverbale Verstärkertechnik: ein kurzes Nicken an der entsprechenden Stelle. Aber Vorsicht: Verstärken Sie an der falschen Stelle, wird die Kommunikation einen anderen Verlauf nehmen.

**Achtung vor Negativverstärkern!**

Für viele dürfte das Übergehen von Informationen, vor allem von Negativinformationen und Angriffen, am schwierigsten sein. Die meisten fallen auf solche Angriffe herein und liefern somit dem Gegenüber den gewünschten Verstärker. Ein Beispiel: Ihre Vorgesetzte/Ihr Vorgesetzter wirft Ihnen vor: »Ich kann eigentlich nicht verstehen, daß Sie sich zu einer solchen Handlung hinreißen ließen.« Ihre Antwort: »Das kann ja wohl jeder einmal passieren.« Ihr Gegenüber: »Von Ihnen hätte ich das aber nicht angenommen.« Hier ist ein Konflikt schon vorprogrammiert. Führen Sie das Gespräch doch anders: Antworten Sie auf die Frage Ihrer Vorgesetzten/Ihres Vorgesetzten: »Haben Sie ähnliche Situationen in unserem Betrieb nicht schon einmal gehabt, und was haben Sie getan?«
Eine der typischsten Antiverstärkertechniken wird im Deutschen Bundestag gehandhabt. Und ein Meister dieser Technik war Herbert Wehner. Er reizte die Rednerinnen und Redner durch präzise formulierte Angriffe zu Reaktionen, die diese oder diesen aus dem Gesprächsfluß brachten. Damit hatte Wehner sein Ziel erreicht.
Wie gehen Sie mit Vielrednern um? Verzichten Sie auf Verstärker, insbesondere nonverbaler Art: Wiederholen Sie keine Worte oder Inhalte, nikken Sie nicht mit dem Kopf. Verwenden Sie geschlossene Fragen oder Alternativ- und Suggestivfragen.

## Typen von Gesprächspartnern erkennen und richtig behandeln

**Der aggressive Typ**

Wenn Sie Verhandlungen, Gespräche und Konferenzen führen, sollten Sie sich auf den Umgang mit den unterschiedlichen Teilnehmerinnen und Teilnehmern vorbereiten: Da gibt es zuerst einmal die oder den aggressiven Typ. Dieser hat wenig Disziplin, redet viel, greift Personen direkt an und leidet unter einem starken Leistungsdruck und Konkurrenzdenken. Er verhindert Kompromisse und wirkt sehr demotivierend auf andere. Unser Rat: Bleiben Sie sachlich. Lassen Sie sich nicht auf einen Kampf um Rechthaberei ein. Zwingen Sie ihn zu Stellungnahmen. Lassen Sie ihn unpopuläre Argumente vertreten, und vermeiden Sie Zurechtweisungen.

**Der Alleswisser-Typ**

Dann gibt es noch den Alleswisser: Er wird böse, wenn er nicht ankommt. Er kommentiert alles und duldet niemanden neben sich. Helfen Sie sich, indem Sie die Gruppe für sich (und eventuell gegen ihn) aktivieren. Lassen Sie die Gruppe zu seinen Behauptungen Stellung nehmen und so als Regulativ wirken.

**Der Analytiker-Typ**

Dann gibt es noch den Analytiker: Er fragt viel, neigt zum Theoretisieren, versteht es aber auch, andere zu interessieren. Fassen Sie im Gespräch mit ihm Ergebnisse zusammen, und lassen Sie keine Polemik der anderen zu.

**Der Ausfrager-Typ** Dann gibt es noch den »Ausfrager«: Er kommt auf Punkte, die nicht zur Tagesordnung gehören, versteht das Ziel der Kommunikation nicht, ist nur wenig belastbar und versucht, andere reinzulegen. Machen Sie ihn sanft darauf aufmerksam, daß andere Teilnehmerinnen und Teilnehmer auch Fragen haben. Stellen Sie Gegenfragen und Fragen nach der Relevanz des Gesagten.

**Der Besserwisser-Typ** Kennen Sie den Besserwisser? Er sucht Angriffspunkte und stellt unverschämte Fragen, lehnt Kritik an seiner Person ab, akzeptiert ungern fremde Meinungen, neigt zu vorschnellen Lösungen, nimmt andere Ideen nicht auf und bringt Standardeinwände vor. Lassen Sie ihn deshalb Fakten präsentieren. Bewahren Sie Ruhe, und geben Sie seine Vorschläge an die Gruppe weiter. Nehmen Sie in der Pause Kontakt mit ihm auf, um von ihm weitere Informationen zu erhalten.

**Der Erhabene** Dann gibt es noch den Erhabenen: Er zeigt nie ein Lächeln, sieht alles von einer höheren Warte, glaubt niemals an realistische Lösungen und ist immer dabei, zu beobachten. Locken Sie ihn aus der Reserve, und lassen Sie sich nicht schockieren. Lassen Sie ihn beispielhaft berichten, und betonen Sie Übereinstimmung und Gemeinsamkeiten.

**Der Dickfällige** Und der Dickfällige? Er nimmt Ideen der anderen einfach nicht auf, ist mangelhaft vorbereitet, oft fach-, betriebs- oder themenfremd in seiner Argumentation. Stellen Sie ihm einfache, leicht beantwortbare Fragen, bedanken Sie sich bei ihm für seine aktive Mitarbeit, und sprechen Sie ihn namentlich an, damit er sich auch äußert.

**Der fanatische Typ** Achten Sie auf den Fanatiker: Er greift Personen direkt an, kann seine Gedanken schlecht gliedern, startet polemische und gehässige Zwischenrufe und neigt dazu, sich festzurennen. Stellen Sie seine Sichtweisen in Frage, und lassen Sie die Gruppe nach Lösungen suchen. Bei übereinstimmenden Argumentationen können Sie ihn zum Sprecher machen, damit Sie seinen Ehrgeiz wecken. Aber Achtung: Lassen Sie ihm nicht zuviel Spielraum, denn ansonsten zieht er die gesamte Argumentation an sich.

**Der Narziß** Dann gibt es noch den Narziß: Er zeigt oft eine Diskrepanz zwischen emotionaler und rationaler Darstellung, akzeptiert ungern fremde Meinungen, nimmt sie selten auf, redet lange und neigt zu komplizierten Sätzen, wirkt demotivierend auf andere und kann zu großer Form auffahren, wenn er sich bestätigt sieht. Ignorieren Sie seine Auftritte, oder greifen Sie zu Ironie.

**Der Pfau**

Auch der Pfau will beachtet werden: Er ist ein schlechter Zuhörer, er nutzt die Konferenz/das Gespräch zur Selbstdarstellung, ist unsachlich, bringt Punkte, die nicht zur Tagesordnung gehören, und zeigt selten Disziplin oder Solidarität. Schmeicheln Sie seiner Eitelkeit, und lassen Sie ihn unpopuläre Entscheidungen verkünden. Beim nächsten Mal wird er sich seine Rolle überlegen.

**Der schüchterne Typ**

Dann gibt es noch den Schüchternen: Er hat ein schwaches Selbstbewußtsein, fühlt sich oft impotent, obwohl er gut und schnell Situationen abschätzen kann. Stärken Sie sein Selbstbewußtsein, nehmen Sie seine Partei ein, sprechen Sie ihn an, aber zwingen Sie ihn nicht, bestätigen Sie ihn durch Zitieren seiner Äußerungen in seiner Wichtigkeit. Richten Sie leichte und direkte Fragen an ihn.

**Der Spaßvogel**

Der Spaßvogel ist für den Wirrwarr zuständig: Er macht Witze, lacht, bringt Punkte, die nicht zum Gespräch gehören, versteht das Ziel der Kommunikation nicht, fürchtet die Arbeit und ist kaum in der Lage, Änderungsvorschläge zu machen. Denken Sie bei ihm an die Verstärkertechnik: Überhören Sie seine Zwischenrufe, und benutzen Sie die von ihm verbreitete Heiterkeit für den Gruppenprozeß. Weisen Sie aber gegebenenfalls darauf hin, daß Probleme sachlich gelöst werden müssen.

**Der ungeduldige Typ**

Eine etwas andere Art hat der Ungeduldige: Er kann schlecht gliedern, hat wenig Disziplin, führt Privatgespräche und äußert gelegentlich polemische oder gehässige Zwischenrufe. Bitten Sie ihn, sein Problem kurz und präzise darzustellen.

**Der Phrasendrescher**

Sicherlich kennen Sie auch den Phrasendrescher: Er zeigt wenig Disziplin, neigt zu vorschnellen Lösungsansätzen, nimmt Ideen anderer überhaupt nicht auf, ist mangelhaft vorbereitet, redet viel zu lange und weitschweifig. Sie können ihm wichtige Aufgaben übertragen, so daß er gar nicht zum Phrasendreschen kommt. Sie sollten die sensiblen Punkte seiner Beiträge herausstellen oder ihn durch die Gruppe zur Disziplin aufrufen lassen.

**Der Staatsanwalt**

Schließlich gibt es noch den Staatsanwalt: Er ist immer auf Informationssuche, argumentiert problembezogen, er exponiert sich und übernimmt gleich die informelle Führung. Bitten Sie ihn, seine Ausführungen zu visualisieren, ziehen Sie ihn für Zusammenfassungen zu Rate, und appellieren Sie an seine Vernunft und Rationalität.

Beobachten Sie also die Konferenzteilnehmer, bevor Sie handeln. Feinde sind unangenehme Karrierehemmer.

**Nutzen Sie Visualisierungshilfen**

Besonders bei Gesprächen, Verhandlungen und Konferenzen ist die Visualisierung eine der wichtigsten Techniken der Gesprächsführung, weil sie das Auge – unser wichtigstes Sinnesorgan – führt und das Gespräch von persönlichen Ablenkungen fernhält. Notieren Sie also, zeichnen Sie auf, halten Sie die Augen Ihrer Zuhörerinnen und Zuhörer fest.

Bei all diesen Techniken darf natürlich die Körpersprache nicht fehlen. Achten Sie daher bitte immer auf folgende Dinge:

**Halten Sie Ihre Körpersprache unter Kontrolle**

1. Achten Sie auf den Blickkontakt: Menschen, denen der Blickkontakt entzogen wird, empfinden das meist als »Bestrafung«. Sie reagieren nicht selten mit Aggression. Der Blickkontakt kann aber auch eine Aufforderung zur Reaktion, zum Sprechen sein. Wenn Sie also einem Vielredner immer wieder ins Gesicht schauen und gegebenenfalls noch Verstärker einsetzen, fordern Sie heraus, daß er das Wort ergreift.
2. Achten Sie auf eine offene Körperhaltung. Verspannen und verschließen Sie sich nicht. Schauen Sie Ihrer Gesprächspartnerin/Ihrem Gesprächspartner in die Augen, zeigen Sie mit der geöffneten Hand (niemals mit dem Finger!) in ihre/seine Richtung.
3. Behalten Sie auch bei Angriffen und negativen Gesprächsverläufen eine offene, freundliche Mimik. Vermeiden Sie eine Kontraktion Ihrer Muskeln, denn bei verkrampften Muskeln verschwindet auch die Freundlichkeit. Denken Sie an die alte chinesische Weisheit: »Man kann auch lächelnd die Zähne zeigen.«

## Resümee

① Hören Sie zu. Nutzen Sie das 4-Ohren-Modell, und paraphrasieren Sie. So gehen Sie sicher, daß Sie mit Ihrer Gesprächspartnerin/Ihrem Gesprächspartner auf der gleichen Wellenlänge sind. Eine Untersuchung hat ergeben, daß wir bei 70 Prozent des Tagesablaufs – die Freizeit eingerechnet – mit Kommunikation beschäftigt sind. Das auf 100 Prozent gesetzt, entfallen 45 Prozent auf das Zuhören, 30 Prozent auf das Sprechen, 16 Prozent auf das Lesen und nur 9 Prozent auf das Schreiben.

② Bei verschlosseneren Gesprächspartnerinnen/Gesprächspartnern verwenden Sie am besten die Fragetechnik. Beginnen Sie mit öffnenden Fragen, und grenzen Sie dann ein, wenn Sie das Gespräch zielsicher in eine Richtung lenken wollen. Dieses Einschränken wirkt eleganter, wenn Sie das Gespräch nicht mittels Fragetechnik, sondern mittels Verstärkertechnik führen. Lernen Sie die verbale Verstärkertechnik (durch Wiederholen von Worten) oder die nonverbale Verstärkertechnik.

③ Vermeiden Sie negative Gesprächsverläufe, lassen Sie sich nicht provozieren. Sie verlieren sonst zuviel Energie, und ein Gespräch, das erst einmal über eine falsche Weichenstellung in eine unerwünschte Richtung läuft, ist – wie ein Zug in voller Fahrt – kaum noch zu stoppen.

④ Führen Sie Gesprächs- und Konferenzteilnehmer typorientiert.

⑤ Halten Sie Ihre Körpersprache offen.

# Dr. Ursula Engelen-Kefer: Das Wichtigste ist die eigene Glaubwürdigkeit

**Netzwerke der Macht sind auch für Frauen nötig**

*Frage: Müssen Frauen auf dem gleichen Karriereweg mehr arbeiten als Männer, oder ist das nur ein Vorurteil?*
Engelen-Kefer: Ich glaube schon, daß sich Frauen in den oberen Führungsetagen mehr bemühen müssen. Das bedeutet nicht unbedingt mehr Arbeit, aber Mut und Initiative werden von Frauen mehr gefordert als von Männern, wenn sie sich durchsetzen wollen. Es gibt ja keine qualifikatorischen Unterschiede zwischen Männern und Frauen: Die Frauen sind heute mindestens genausogut ausgebildet. Was bei Frauen fehlt, sind die Netzwerke der Macht, das Kumpeltum, in dem eine die andere unterstützt. Damit ist es für einen Mann, der nicht höchstqualifiziert ist, leichter, mitgezogen zu werden, als für eine Frau.

*Frage: Wie verlief denn Ihr Ein- und Aufstieg in der Berufswelt?*
Engelen-Kefer: Ich habe zum einen die wohl beste Ausbildung genossen, die man haben kann: humanistisches Gymnasium, volkswirtschaftliches Studium mit Promotion. Das ist selten für eine Frau in meiner Generation. Ich hatte Glück. Zum anderen habe ich Glück gehabt. Als ich 1970 in den Beruf einstieg, herrschten noch andere Verhältnisse auf dem Arbeitsmarkt. Wenn man 1970 ein erfolgreich abgeschlossenes wirtschaftswissenschaftliches Studium hatte, ist es praktisch allen gelungen, einen vernünftigen Einstieg zu bekommen. Ich hatte am Anfang Vorgesetzte, die daran interessiert waren, Frauen, die sie für qualifiziert hielten, auch zu fördern. So wurde ich herangezogen für die eine oder andere Sache. Und

dann habe ich auch das Glück gehabt, in eine Zeit zu kommen, in der Frauenförderung größer geschrieben wurde als heute. In den siebziger und achtziger Jahren wurde noch erheblich mehr für die Frauenförderung getan als heute.

*Frage: Die Frauenförderungsprogramme sind also reduziert worden?*
Engelen-Kefer: Nein, es geht ja nicht um Frauenförderungsprogramme, sondern es geht um die Einstellung in den Köpfen. In den siebziger Jahren bei hoher Beschäftigung standen einfach mehr Funktionen zur Verfügung, und da waren Männer bereit, sie auch mit Frauen zu besetzen. Heute, wo die verfügbaren Positionen immer weniger werden, schließen sich die Reihen der Männer wieder fester.

**Der Wettbewerb wird härter**

*Frage: Sie sagten, Ihre Karriere war nicht von vornherein geplant, Sie sind eher durch Zufall zu Ihren Aufgaben gekommen.*
Engelen-Kefer: Nicht so sehr durch Zufall, als vielmehr durch Engagement in der Sache, aber sicher nicht durch vorherige Planung. Ich wollte ja auch am Anfang nicht in die Politik gehen, weil mir dort zu viele Intrigenspiele waren.

*Frage: Kann es nicht sein, daß Männer sich ihr Ziel vornehmen, während Frauen es zu sehr von der Förderung abhängig machen, daß Frauen sich also zuwenig zumuten?*
Engelen-Kefer: Das ist eine Frage des Selbstbewußtseins. Ich bin überzeugt, daß Männern im Rahmen der Erziehung gesagt wird: »Du bist hervorragend und für die Sache bestens geeignet.« Solche kulturellen Prozesse sind ja über viele Generationen gewachsen. Das haben Männer verinnerlicht, und sie unterstützen sich in ihren Netzwerken. Frauen sind abhängig von der konkreten Situation und müssen sich hervortun durch eigene Leistungen. Ihnen fehlt das Selbstbewußtsein, das den Männern mitgegeben ist.

**Frauen müssen sich Selbstbewußtsein erarbeiten**

*Frage: Was halten Sie von einer Quotenregelung für Frauen?*
Engelen-Kefer: Ich glaube, ohne Quoten geht es überhaupt gar nicht. Wir Frauen hätten den gegenwärtigen Stand kraft der eigenen Qualitäten gar nicht geschafft. Bei der Besetzung von Spitzenpositionen beispielsweise in unseren Gewerkschaften hätte man niemals nach Frauen gesucht, wenn sich nicht zuvor schon Frauen an die Spitze gearbeitet hätten. Deshalb haben wir auch so viele hochqualifizierte Frauen, die es einfach nicht schaffen. Es gibt leider viel zuwenig starke Männer, die selbstbewußt genug sind, Starke neben und unter sich zu dulden.

**Quotenfrauen sind wichtig für den Einstieg**

*Frage: Professor Süssmuth und Renate Schmidt haben uns in einem*

*Interview gesagt: Der Weg nach oben ist für die Frauen besonders schwer. Ist »frau« einmal oben, fällt sie dafür um so mehr auf.*

**Frau sein allein genügt nicht**

Engelen-Kefer: Ja, aber das alleine reicht nicht aus. Man hat schon ganz schön zu tun, damit man bleibt, wo man ist. Nur weil man eine Frau ist, hat man deshalb keine besseren Chancen.

*Frage: Man hört häufig, daß Männer mehr logisch-analytisch, also mehr linkshirnorientiert denken und Frauen sich leichter tun im Springen zwischen den beiden Hirnhälften, zwischen gefühlsorientiertem und sachorientiertem Denken.*

Engelen-Kefer: Nach meiner Erfahrung in 27 Jahren Kommunikationsbusineß glaube ich, daß es sich dabei um ein Märchen handelt. Ich glaube, daß Frauen genauso so scharf und logisch denken können wie Männer und daß nicht alle Männer so scharf und logisch denken, wie sie immer tun.

*Frage: Wir haben festgestellt, daß Männer mehr Schwierigkeiten haben, in Bildern zu reden, Vorstellung zu produzieren, eben weil sie sehr stark logisch-analytisch denken, während Frauen sich da leichter tun.*

**Gut ist es in Bildern zu reden**

Engelen-Kefer: Das ist unterschiedlich, das hängt von der Ausbildung ab und nicht vom Geschlecht. Ich bin durch eine rein analytische Ausbildung gegangen und habe auch Schwierigkeiten, in Bildern zu reden. Ich bin immer bemüht, alles auf ein Minimum der logischen Aufeinanderfolge zu reduzieren. Ich glaube sogar, daß Frauen viel konsequenter sind und nicht dasselbe wiederholen. Männergremien zeichnen sich häufig dadurch aus, daß der eine dem anderen gar nicht zuhört, sondern jeder sich produziert. Wenn eine Frau dabei ist, redet sie eigentlich nur, wenn sie etwas zusätzlich beizutragen hat. Nehmen Sie zum Beispiel auch die unterschiedlichen Mentalitäten der Nationalitäten: Hören Sie sich mal einen Franzosen oder Italiener an, der redet nur in Bildern.

*Frage: Inwiefern ist das Outfit der Frau ein wichtiger Faktor für ihre Karriere?*

**Kleidung ist Ausdruck der Persönlichkeit**

Engelen-Kefer: Das Outfit ist für Männer und Frauen gleich wichtig. Es kommt eher auf den Arbeitsbereich an. Bei den Gewerkschaften und im Regierungsbereich ist es wichtig, bei den Banken ist es sehr wichtig. Im Universitätsbereich dagegen ist es weniger wichtig. Nur ist es bei Männern etwas einfacher als bei Frauen.

*Frage: Es gibt einige Frauen, die wegen ihrer Karriere sich sehr männlich kleiden, wahrscheinlich um sich der Männerwelt anzugleichen.*

Engelen-Kefer: Es geht darum, seine Persönlichkeit zu entwickeln: Wie möchte man gerne gesehen werden, wie sieht man sich selber, wie gefällt man sich selber am besten? Natürlich muß man bestimmten Konventionen Rechnung tragen. Ich kann in meinem Geschäft nicht mit Jeans herumlaufen, obwohl ich sie gerne trage. Ich repräsentiere über neun Millionen Arbeitnehmer und nicht mich selbst.

*Frage: Tun Sie auch etwas für Ihren Körper?*
Engelen-Kefer: Ja, ich gehe gern spazieren, fahre Fahrrad, spiele mit meinen Söhnen Tennis und gehe daheim zu unserer Wohnung in die vierte Etage zu Fuß, allein aus Freude an der Bewegung.

*Frage: Was sollten Frauen im Umgang mit Männern im Berufsleben tun, was nicht? Häufig gehen Frauen ja auch gegen Männer vor, indem sie Druck ausgeübt haben, der dann zu einem Gegendruck führte.*
Engelen-Kefer: Das ist dumm. Ich mache da keinen Unterschied zwischen Männern und Frauen. Für mich spielt die Person eine Rolle und nicht das Geschlecht, es sei denn, mir steht ein Macho gegenüber. Dann wehre ich mich dagegen.

*Frage: Haben Sie manchmal auch Lust auf Hausarbeit? Würden Sie manchmal auch gerne kochen?*
Engelen-Kefer: Nein, ich möchte manchmal mehr Freizeit haben. Ich hätte gerne mehr Zeit fürs Klavierspielen, zum Sporttreiben oder für einen Stadtbummel. Im übrigen hatte ich das Glück, in den ersten acht Jahren eine Kinderpflegerin gehabt zu haben, die Teil der Familie war und alles für meine Kinder tat. Heute sind meine beiden Söhne im Internat, wo das Essen nicht ganz so gut ist, und da höre ich schon einmal, daß es den beiden lieber wäre, wenn ich ihnen mal was besonders Leckeres zum Mittag kochen würde.

**Ohne Förderung durch den Partner ist der Aufstieg schwer**

*Frage: Ist es notwendig, einen Partner für die Karriere zu haben?*
Engelen-Kefer: Ja, einen, der sie sogar fördert. Wenn mein Mann gebremst hätte, wäre das so auch nicht gegangen. Ohne die Förderung des Partners ist es für eine Frau ausgesprochen schwer.

*Frage: Was tut denn der DGB für berufstätige Frauen?*
Engelen-Kefer: Wir wollten mal einen Kindergarten einrichten. Dazu

haben wir eine Umfrage gemacht, aber festgestellt, daß kaum Interesse vorhanden war. Die Frauen in meinem Alter haben ja in den seltensten Fällen Kinder, wenn sie berufstätig sind: Die haben Partnerschaften, können sich auch einiges leisten, aber sie haben keine Kinder. Denn in ihrer Zeit war das ja gar nicht möglich. Bei mir ging das nur, weil mein Mann sehr kooperativ war und eines der Einkommen in die Betreuung unserer Kinder geflossen ist.

**Kooperative Partnerschaft ist notwendig**

*Frage: Ist die Tatsache, daß sich beim Gewerkschaftsbund und bei der SPD alle duzen, förderlich für die Kommunikation?*
Engelen-Kefer: Im Grunde ändert das nichts an den bestehenden Strukturen, sondern es kommt auf den Führungsstil des einzelnen an. Ich hatte am Anfang mentale Hürden zu überwinden. Aber seit ich diese Hürden überwunden habe, spielt das keine große Rolle mehr, ob ich jemanden duze oder sieze.

*Frage: Wie gehen Sie mit der Angst vor schwierigen Situationen um?*
Engelen-Kefer: Die schwierigen Sachen immer zuerst und das Leichtere hinterher. Das habe ich auch in der Schule schon so gemacht.

**Schwierige Situationen werden leichter, wenn man sie aufteilt**

*Frage: Wenn Sie Reden halten, reden Sie nach Manuskript, oder reden Sie lieber frei?*
Engelen-Kefer: Ich rede am liebsten frei; da bin ich auch, glaube ich, am besten. Es gibt aber Anlässe, da traue ich mich das nicht, zum Beispiel bei Pressekonferenzen, in denen ich in wenigen Minuten »astrein« Aussagen formulieren muß, die dann auch druckreif sein müssen. Oder wenn ich bei großen Kundgebungen bin, bei denen jedes Wort sitzen muß. Oder bei einem Thema, das neu für mich ist, halte ich mich an das Manuskript. Sonst habe ich meistens einen vorgeschriebenen Redeentwurf, den lese ich mir durch und rede dann frei.

*Frage: Frauen haben höhere Stimmen als Männer. Ist Ihnen das schon nachteilig aufgefallen?*
Engelen-Kefer: Ja, schon häufig. Auch ich rede zu schnell, und meine Stimme ist zu hoch. Da sind Frauen, was das Stimmvolumen und die Stimmlage anbelangt, bei Großveranstaltungen mit 10 000 bis 20 000 Menschen – nicht bei kleineren Saalveranstaltungen – benachteiligt.

*Frage: Was raten Sie Frauen, um in der gegenwärtigen wirtschaftlich angespannten Situation nach oben zu kommen?*

**Glaubwürdigkeit ist Voraussetzung für den Erfolg**

Engelen-Kefer: Das muß man abhängig sehen von der Situation. Wahrscheinlich gehört dazu die bestmögliche Mischung aus Härte, Konsequenz, Qualifikation und Verbindlichkeit. Diese Mischung hängt immer von der jeweiligen Person ab, denn es gibt Personen, die wirken lächerlich, wenn sie zu freundlich sind, andere, wenn sie zu hart sind. Das Wichtigste ist die Glaubwürdigkeit. Man darf sich nicht zu sehr verbiegen für die Karriere. Man kann sich auch nichts anerziehen, sondern muß mit seinem Charakter leben. Das gleiche gilt für die Rede: Man kann nichts überzeugend vortragen, wenn man sich nicht in der Sache auskennt, etwas bloß abliest und sich nicht für die Sache engagiert.

# Durch persönlichen Stil wirken

## Ihre Rolle als Gastgeberin

**Die Einladung ist ein Gradmesser für das Niveau Ihrer Veranstaltung**

Erfolg und Karriere ohne die Unterstützung von Freunden und Hilfestellung von außen sind nur schwer möglich. Immer wieder tauchen Situationen auf, in denen Sie dringend Mitmenschen brauchen, um Probleme zu lösen. Deswegen ist es sinnvoll, ab und zu Gäste einzuladen: zu einem Spargelessen, einem Grillabend oder aber auch zu einem größeren Empfang. Die Art und Weise, wie diese Einladungen gestaltet werden, zeigen natürlich sehr viel vom Denken, Charakter und von der Lebensart der Gastgeberin. Deshalb sind Stil, Organisation und das passende Ambiente sehr wichtig. Das beginnt schon bei der Form der Einladung. Natürlich kann man heute in unserer schnellebigen Zeit zu kleineren Veranstaltungen telefonisch einladen – gerade dann, wenn es sich um gute Freunde handelt. Bei größeren Veranstaltungen ist es jedoch sinnvoll, schriftlich einzuladen. Und hier sollten Sie auf korrekte Form, Freundlichkeit und auf eine gute Aufmachung achten, denn die Einladung ist ein Gradmesser für das Niveau Ihrer Veranstaltung.

**Hinweise auf die Kleiderordnung sind hilfreich**

Bei sehr persönlichen Veranstaltungen ist eine handschriftliche Einladung angemessen, für die formale Einladung eine gut strukturierte Karte. Helfen Sie Ihren Gästen: Schreiben Sie nicht nur das Datum, die Uhrzeit und den Veranstaltungsort auf die Karte, sondern auch einen Hinweis auf die Kleiderordnung, besonders bei offizielleren Anlässen. Bei privaten Einladungen kann es heißen: leger, d. h., Jeans und Pullover sind erlaubt, ein dunkler Anzug wäre »overdressed«. »Sommerlich« erlaubt dagegen ein buntes Sommerhemd und ein leichtes Sakko für den Herrn und für die Dame ein Sommerkleid oder eine helle Hose mit kurzärmeliger Bluse. »Festlich« bei einer Tagesveranstaltung verlangt für den Mann einen Stresemann oder Cut, für die Dame ein dunkles Kostüm. Bei einer festlichen Abendveranstaltung sollte der Herr einen Smoking, Dinnerjacket oder Spenzer tragen, die Dame ein dunkles Kostüm. Bei offiziellen Anlässen trägt der Herr einen Straßenanzug, die Dame ein Kostüm, Jackenkleid, Tageskleid oder einen eleganten Hosenanzug. Möglich ist auch ein dunkler Anzug für den Herrn, für die Dame wie zuvor, nur in etwas gedeckten Farben. Oder: für den Herrn ein kleiner Gesellschaftsanzug, d. h. Smoking, Dinnerjacket, für die Dame ein kurzes oder langes Abendkleid,

Cocktailkleid. »Großer Gesellschaftsanzug« bedeutet für den Herrn Frack mit weißer Fliege und für die Dame ein großes Abendkleid.
Folgende Einzelheiten sollten Sie beachten: Bei Hochzeiten trägt nur die Braut die Farbe Weiß, kein Herr darf im Smoking erscheinen, auch nicht der Bräutigam. Bei Beerdigungen trägt der Herr einen schwarzen oder dunklen Anzug mit entsprechender Krawatte. Die Damen ebenfalls schwarze, dunkle Kleidung mit einem langen Arm, empfehlenswert ist ein Kostüm, dunkle Strümpfe, schwarze Schuhe, schwarzer Hut und nur wenig Schmuck. Bei offiziellen Beisetzungen (Staatsbegräbnissen) tragen die Herren Cut oder Stresemann, die Damen ein schwarzes Kostüm mit schwarzem Hut.

**Die Tischordnung regelt die Kommunikation**

Natürlich kommt es auf den Anlaß und das Ziel der Veranstaltung an, welche Vorbereitungen für die Einladung zu treffen sind. Auf jeden Fall sollten Sie eine Gästeliste erstellen, die Speise- und Getränkekarte und eine Tischordnung festlegen. Hierbei sind folgende Regeln zu beachten: Der Ehrenplatz ist in Deutschland für den ranghöchsten Herrn stets links von der Gastgeberin; der Ehrengast ist damit Tischherr der Gastgeberin. Der Tischplatz für einen weiblichen Ehrengast ist an der rechten Seite des Gastgebers; der Gastgeber ist damit ihr Tischherr. Nach internationalem Protokoll sitzt der ranghöchste Herr stets rechts von der Gastgeberin. Ehefrauen und Lebensgefährtinnen nehmen generell den Rang ihres Mannes ein, wenn Sie als Begleitung mit eingeladen worden sind. Der Tischherr sitzt immer an der linken Seite seiner Tischdame. Paare, gleich ob sie verheiratet sind oder nicht, werden bei Tisch normalerweise getrennt plaziert, allerdings auch nicht allzuweit entfernt, so daß sie immer noch miteinander kommunizieren können. Ein Aushang der Tischordnung bei sehr großen Gesellschaften oder Tischkarten erleichtert die Platzsuche.

**Paare werden getrennt plaziert**

Natürlich kommt es auch auf die Art der Anordnung der Tische und Stühle an, ob Kommunikation im kleineren oder größeren Rahmen gewünscht wird. Die bei großen Veranstaltungen meistens übliche lange Tafel hat zwar repräsentativen Charakter, aber auch den Nachteil, daß an ihr nur eingeschränkt im kleinen Kreis Unterhaltungen geführt werden können. Hier wird die Kommunikation vornehmlich über Tischreden gesteuert.

**Runde Tische fördern die Gespräche**

Sollen kleine Gruppen auch untereinander kommunizieren können, sind runde Tische – Sechser- bis Zehnertische – empfehlenswert. Hier sollten Sie jedoch die Möglichkeit gewährleisten, daß die Gäste während der Veranstaltung die Tische wechseln können, um damit eine übergreifende Kommunikation zu ermöglichen.

## Die Begrüßung

Natürlich werden Sie Ihre Gäste persönlich an der Tür begrüßen, namentlich, wenn Sie können. Sehen Sie sich also vorher noch einmal Ihre Einladungsliste an, und versuchen Sie vor allem, sich die Gäste dabei vorzustellen. Vergessen Sie dabei nicht den Titel. Der akademische Doktorgrad gehört in Deutschland zum Namen, ebenso der Professorentitel, obwohl er eigentlich eine Dienstbezeichnung ist. Auf folgende ausgewählte regionale und überregionale Rang- und Titelbezeichnungen möchten wir Sie aufmerksam machen:

| **Öffentliche Funktion** | **Mündliche Anrede** |
|---|---|
| Botschafter, Gesandter (ausländisch) | Exzellenz, Eure Exzellenz |
| Botschafter, Gesandter (Deutschland) | Herr Botschafter |
| Apostolischer Nuntius | Exzellenz, Eure Exzellenz |
| Botschaftsrat, Gesandtschaftsrat, Botschaftssekretär, Gesandtschaftssekretär | Herr Botschaftsrat (Gesandschaftsrat etc.) |
| (Ober-)Bürgermeister | Herr (Ober-)Bürgermeister |
| Landrat | Herr Landrat |
| Kardinal | Eminenz (Herr Kardinal) |
| Bischof, Erzbischof, Weihbischof | Eure Exzellenz |
| Landesbischof | Herr (Landes-)Bischof |
| Kirchenpräsident, Präses | Herr Kirchenpräsident (Präses) |
| (Kreis-)Dekan, Oberkirchenrat | Herr Dekan, Oberkirchenrat |
| (Landes-)Superintendent | Herr (Landes-)Superintendent |
| Konsistorialrat | Konsistorialrat |
| Propst | Herr Propst |
| (Oberlandes-, Landes-, Ober-)Kirchenrat | Herr (Oberlandes-, Landes-, Ober-) Kirchenrat |
| Pfarrer, Pastor, Vikar | Herr Pfarrer, Pastor, Vikar |
| (Landes-)Rabbiner | Herr (Landes-)Rabbiner |
| Prinz, Prinzessin (aus regierendem Haus) | Königliche Hoheit |
| Prinz, Prinzessin (aus nicht regierendem Haus) | Durchlaucht |
| Großherzog(in) | Graf/Gräfin (von) |
| Herzog(in), Fürst(in), Graf/Gräfin, Baron(in) | Graf (von), Gräfin (von) |
| Freiherr und übriger Adel | Herr von, Frau von |

**Small talk erleichtert das Kennenlernen**

Zwischen den offiziellen Teilen wie Begrüßungsrede und Essen wird meist ein Aperitif gereicht. Er dient auch dazu, daß sich die Gäste gegenseitig kennenlernen. Die Vorstellung der einzelnen Gäste ist an dieser Stelle besonders wichtig. Führen Sie neue Gäste den schon bestehenden Gruppen zu, und stellen Sie sie vor, möglichst nicht nur mit dem Namen und dem dazugehörigen Titel, sondern vor allen Dingen mit einem kurzen Hinweis auf die Besonderheiten der Gäste. Das kann ein Hobby, der Herkunftsort oder der Beruf sein. Es kommt darauf an, der Runde ein Gesprächsthema zu liefern, damit die neuen Gäste sich schnell wohl fühlen können.

**Falsche Begrüßung verletzt die Hierarchie**

Hierzu noch einige Tips zum Vorstellen und Begrüßen: Vorgestellt wird der Rangniedere dem Ranghöheren, der Mann der Frau, der Jüngere dem Älteren, der einzelne der Gruppe. Bei der Selbstvorstellung nennt man Vor- und Nachnamen, auf Titel oder Amtsbezeichnungen verzichtet man. Bei der Vorstellung haben Herren aufzustehen, die Damen jedoch nur in Ausnahmefällen. Auch bei der Begrüßung gibt es Rangfolgen, die heute meist leger gehandhabt werden. Normalerweise grüßt der Rangniedere den Ranghöheren, der Mann die Frau, der Jüngere den Älteren und der einzelne die Gruppe. Jedoch gilt immer: Wer als einzelner einen geschlossenen Raum verläßt, grüßt als erster, ganz gleich, ob als Dame oder Herr. Bei der Begrüßung mit Händedruck ist die Rangfolge umgekehrt: Es reicht der Ranghöhere dem Rangniederen, die Dame dem Herrn, der Ältere dem Jüngeren die Hand. Wenn zwei Paare sich begrüßen, reichen sich zuerst die Damen die Hände, dann die Damen den Herren, und zum Schluß begrüßen sich die Herren.

Wenn Sie anschließend zu Tisch bitten, begrüßen Sie noch einmal offiziell die Gäste. Bei kleineren Gruppen können Sie auch noch einmal die einzelnen Gäste vorstellen, bei größeren Gruppen weisen Sie nur auf den Anlaß und den Ablauf des Zusammenkommens hin.

## Das Zusammensein bei Tisch

**Der festlich gedeckte Tisch braucht seine Ordnung**

Dann bitten Sie zu Tisch. Wenn Sie Tischkarten aufgestellt haben, werden alle Gäste Ihre Plätze schnell finden. Und auch der festlich und richtig gedeckte Tisch zeigt Ihren Gästen an, was sie erwartet. Dazu einige Hinweise zum Gedeck: Links neben dem Platzteller steht meistens ein kleiner Brotteller, auf dem sich ein kleines Messer zum Streichen der Butter befindet. Der Platzteller ist ein großer, flacher Teller, der den anderen Tellern als Unterteller dient und erst nach der Hauptmahlzeit abgeräumt wird. Der Brotteller wird in aller Regel nach der Vorspeise entfernt, um dem Salatteller an dieser Stelle Platz zu machen. Die Besteckteile liegen links und rechts des Tellers so angeordnet, wie sie in der Speisenfolge gebraucht werden, nur das Besteck für den Nachtisch liegt oben. Auch die Gläser sind in der Reihenfolge angeordnet, in der sie benutzt werden, also

*Ach Alkohol, ach Alkohol,*
*du bist mein Feind, das weiß ich wohl.*
*Doch in der Bibel steht geschrieben,*
*wir sollen unsere Feinde lieben.*

entsprechend der Speisenfolge. Das Wasserglas für alkoholfreie Getränke gehört immer mit dazu.

Nun ist das gemeinsame Essen mehr als eine bloße Nahrungsaufnahme: Es ist ein bedeutendes Zeichen menschlicher Gemeinschaft. »Man ess' und trink' um Lebens willen und leb' nicht, um den Bauch zu füllen«, heißt es in diesem Sinne bereits bei Johann Friedrich Fischart, einem deutschen Satiriker des 16. Jahrhunderts.

**Ein festliches Essen ist mehr als nur Nahrungsaufnahme**

Unter diesem Vorzeichen ist es kaum verwunderlich, daß sich in fast allen Kulturen die Form der Tischrede entwickelt hat. Auch hier gibt es eine Hierarchie der Redner: Die erste Tischrede hält in der Regel die Gastgeberin/der Gastgeber. Weitere Reden folgen bei größeren Anlässen nach einer Redeliste, bei Familienfeiern meistens spontan. Wurden früher Tischreden meistens nach dem Hauptgang gehalten, so ist es heute üblich

*Die Engländer haben die Tischreden erfunden, damit man ihr Essen vergißt.* (Pierre Daninos)

geworden, schon nach der Suppe oder Vorspeise mit den Tischreden zu beginnen, um so einen gemeinsamen Gesprächsstoff zu haben. So soll die Tischrede die Freude der Gäste erhöhen, sie soll die Menschen weiter zusammenführen und sie in Sympathie miteinander verbinden.

**Wenn Sie ans Glas klopfen, hat der Service Pause**

Als Gastgeberin klopfen Sie ans Glas, erheben sich und warten, bis Ruhe eingetreten ist. Achten Sie vor allem darauf, daß während der Rede der Service ganz unterbleibt oder eingeschränkt wird und daß bei Veranstaltungen in Hotels die Lautsprecheranlage abgestellt wird. Es ist nichts peinlicher, als wenn die Tischrede durch einen Aufruf an einen Kfz-Halter gestört wird. Halten Sie Ihre Tischrede kurz. Eine kleine Tischrede beansprucht etwa zwei, drei Minuten, eine große Tischrede bei politischen Einladungen mit wichtigen Botschaften nicht mehr als zehn bis zwölf Minuten.

**Reden Sie in Bildern ...**

Aus der Charakteristik der Tischrede ergibt sich, daß die ideale Form die Stichwortrede oder die freie Rede ist; denn sie ist unterhaltend, locker, entkrampfend, humorvoll, anregend und unbefangen. Das sind ohne Zweifel hohe Anforderungen, die nicht immer erfüllt werden können. Dennoch versuchen Sie, dem Ideal so nah wie möglich zu kommen. Verwenden Sie hierzu folgende Techniken: Integrieren Sie Fabeln und Anekdoten, reden Sie in Bildern, und denken Sie assoziativ. Bereits die Grie-

*Einst war in einem fernen Königreich eine Krankheit ausgebrochen, an der alle zu sterben drohten. Der Zufall fügte es, daß zu dieser Zeit ein weitgereister Arzt zum Palast kam, der eine kleine Flasche Medizin bei sich trug, gerade genug, um einen einzigen Menschen vor der Seuche zu bewahren. Die Soldaten des Königs führten den Arzt vor den Stuhl des Königs. Der ließ die Weisen seines Landes zusammenrufen und fragte sie, ob er nun das Wasser des Lebens zu sich nehmen solle. Die Weisen antworteten: »Aber ja, du, unser großer König. Denn wenn du das Wasser des Lebens nicht trinkst, mußt du sterben. Darum trink es, und so bleibt der Edelste von uns am Leben.« Nachdenklich fragte der König: »Sind eigentlich alle Weisen meines Landes heute hier?« Und siehe, er bemerkte, daß einer fehlte, einer, der im äußersten Winkel seines Königreichs lebte. Da befahl der König, auch diesen Weisen herbeizuholen. Das dauerte viele, viele Wochen. Als der Weise schließlich vor dem König kniete, richtete er die gleiche Frage an ihn, wie seinerzeit an die anderen Weisen: »Sag mir, mein Freund, soll ich das Wasser des Lebens trinken? Welchen Rat gibst du mir?« Der Weise überlegte lange und fragte dann: »Wirst du, großer König, das Wasser des Lebens alleine trinken, oder werden auch andere davon trinken können?« – »Es ist nur ein kleines Fläschchen da«, sagte der König, »und das reicht gerade nur für eine einzige Person.« Wieder überlegte der Weise sehr lange und sagte dann leise: »Mein König, in diesem Fall rate ich dir, das Fläschchen nicht zu leeren. Denn siehe, wenn einer allein überlebt, ohne Freunde, ohne Familie, ohne sein Volk, ohne Geselligkeit und ohne Liebe, dann fehlt ihm alles das, was das Leben lebenswert macht. Dann ist er lebendig tot.«*

**Das Wasser des Lebens. – Anekdoten sind gute Helfer.**

chen und später auch die Römer bereiteten ihre Reden vor, indem sie sich einen Raum mit Bildern vorstellten, den sie im Laufe der Rede gedanklich durchschritten. Jeden markanten Platz in diesem Raum verbanden sie mit einer der Botschaften ihrer Rede. Versuchen Sie, sich nicht Worte zu merken, sondern konstruieren Sie eine Bildergeschichte, dann benötigen Sie weder Stichwortzettel, noch müssen Sie Angst haben steckenzubleiben.

**... oder planen Sie eine Bildergeschichte**

Nachfolgend zusammenfassend die acht wichtigsten Tips für eine gute Tischrede:

**Tips**

1. Die Anwesenden sind *Ihre* Gäste. Halten Sie deshalb Blickkontakt zu ihnen.
2. Sprechen Sie Personen, über die Sie etwas sagen, direkt an.
3. Richten Sie als Gastgeberin Ihre Tischrede immer an die Leiterin/den Leiter der Gruppe, für die Sie das Essen geben.

4. Seien Sie lebendig und herzlich, machen Sie ein freundliches Gesicht.
5. Bemühen Sie sich um wirklich witzige Formulierungen.
6. Bauen Sie Überraschungseffekte ein (witzige Verknüpfungen, überraschende Wendungen, Sprachspiele etc.).
7. Beobachten Sie während der Rede die Reaktionen der Gäste. Lernen Sie fürs nächste Mal.
8. Erlernen Sie das assoziative Denken.

Am Ende der Tischrede steht fast immer der Toast. Nach Brockhaus ist der Toast ein Trinkspruch bei einem festlichen Mahl. Auch er sollte gut vorbereitet sein, denn der Toast markiert gleichsam den Abgang der Rednerin. Deshalb sollte auch hier eine Quintessenz zum Ausdruck kommen. Der

> *Der Wein ist unter den Getränken das nützlichste, unter den Arzneien das schmackhafteste, unter den Nahrungsmitteln das angenehmste.* (Plutarch)

**Das Wichtigste beim Toast: Blickkontakt**

Toast ist in der Regel verbunden mit dem Genuß eines Getränkes: Wein, Sekt, Champagner, seltener auch ein Cocktail. Nichtalkoholische Getränke sind heute auch »erlaubt«, und die Gastgeberin tut gut daran, solche für diese Gelegenheit bereitzuhalten. Mit Bier oder Schnaps anzustoßen gilt nicht als fein. Der Toast sollte entweder aus dem schlichten Wunsch auf eine erfolgreiche Zukunft, Zusammenarbeit, aus einem launigen Spruch oder einem Zitat bestehen, immer jedoch bezieht sich der Toast auf die Zukunft.

In kleinen oder privaten Runden hat es sich durchgesetzt, mit den Gläsern anzustoßen, auch wenn das neuerdings von einigen wieder abgelehnt wird. In größerem oder offiziellem Rahmen hebt man sein Glas nur kurz in die Höhe, schaut sich gegenseitig an und verzichtet auf das Anstoßen der Gläser.

Wenn Sie diese Regeln beachten, werden sich Ihre Gäste bestimmt wohl fühlen und nach der gelungenen Feier vielleicht eine Gegeneinladung aussprechen. Wie verhalten Sie sich dann als Gast?

## Ihre Rolle als Gast

**Blumen vorab ersparen die »Vasensuche«**

Auf eine Einladung antworten Sie in der gleichen Form, in der eingeladen wurde, also bei telefonischen Einladungen telefonisch, bei persönlichen persönlich und nicht etwa durch die Sekretärin und bei handschriftlichen Einladungen auch handschriftlich. Halten Sie sich an Ihre Zusage, oder sagen Sie rechtzeitig mit einer plausiblen Begründung ab. Bei größeren Einladungen sollten Sie Blumen bereits am Vor- oder Nachmittag der Einladung vorwegschicken. Die Gastgeberin kann sich dann in Ruhe um passende Vasen kümmern und für jeden Strauß den geeigneten Platz finden. Auf einer beigefügten Karte können Sie Ihre Freude auf das Fest ausdrükken oder Ihren Dank vermerken. Achten Sie aber darauf, daß Gastgeschenke nicht zu üppig sind; das wäre aufdringlich oder gar anbiedernd. Im übrigen sollten Geschenke nie zu verpflichtend sein. In Deutschland ist man als Gast möglichst pünktlich, obwohl häufig »c. t.« (lat. cum tempore), also eine fünfzehnminütige Verspätung noch nicht unhöflich wirkt. In anderen Ländern ist es anders: Wenn Sie beispielsweise bei einer Gesellschaft in Brüssel um 20 Uhr eingeladen sind, ist es durchaus möglich, erst um 21 Uhr oder gar 21.15 Uhr zu erscheinen.

**Gastgeschenke nicht zu üppig**

Beachten Sie bitte Kleidungsvermerke der Gastgeberin oder des Gastgebers, und üben Sie sich etwas in Zurückhaltung, wenn Sie mit dem einen oder anderen Prominenten ins Gespräch kommen wollen. Unerläßlich ist es, sich nach einer Einladung bei dem Gastgeber oder der Gastgeberin zu bedanken. Das sollte durch ein ausdrückliches Dankeschön beim Abschied am Abend, durch einen Telefonanruf am nächsten Tag oder durch ein paar schriftliche Zeilen geschehen.

**Machen Sie als Gast auf sich aufmerksam**

Auch als Gast haben Sie »Rederecht«. So werden Sie wahrgenommen, und wenn Ihre Tischrede amüsant und mitreißend war, wird man Ihre Anwesenheit nicht so schnell vergessen. Achten Sie jedoch als Gast darauf, daß Ihre Gegenrede zur Rede der Gastgeberin/des Gastgebers auf jeden Fall kürzer ist. Auf keinen Fall dürfen Sie den Eindruck erwecken, Sie hielten sich und Ihre Rede für wichtiger. Entwerfen Sie Ihre Rede als Antwortrede, orientieren Sie sich dabei – falls Sie keine weiteren Informationen besitzen – am Anlaß der Einladung. Notieren Sie sich wichtige Passagen Ihrer Vorrednerin/Ihres Vorredners. Beziehen Sie nicht nur deren Worte, sondern auch den Sinn der Veranstaltung in Ihre Rede ein. Konzentrieren Sie sich bei Ihrer Rede hauptsächlich darauf, Worte des Dankes zu sagen und – falls die Veranstaltung in einem Privathaushalt stattfindet –, bedanken Sie sich bei denjenigen, die für das Essen verantwortlich sind. Bringen Sie Ihre Freude zum Ausdruck, Gast sein zu dürfen, und gehen Sie eventuell kurz auf das gelungene Programm ein. Vermeiden Sie auf jeden Fall eine Aneinanderreihung biographischer Daten: Belehrende Sachinformationen und trockene Daten gehören nicht an die sinnenfreudig gedeckte Tafel.

## Verhalten im Ausland

Jedes Land hat andere Rituale, jedes Land hat andere Sitten. Natürlich soll man seine eigenen Sitten nicht verleugnen. Andererseits muß man über die Gepflogenheiten eines Landes informiert sein, um ärgerliche Mißverständnisse auszuschließen. Damit Sie sich auf fremdem Terrain sicher bewegen können, geben wir Ihnen im folgenden einige länderspezifische Tips, alphabetisch geordnet nach den Ländernamen:

### Arabischer Golf, Vereinigte Arabische Emirate (VAE)

Mit der Zeit nimmt man es in den VAE nicht so genau. Zwar erwartet man von Ihnen eine gewisse Pünktlichkeit, doch ob Ihr arabischer Gesprächspartner die Verabredung korrekt einhalten wird: Wer weiß? Geduld ist deshalb die Maxime. Zeigen Sie sich gelassen über die Unpünktlichkeit Ihres Gegenübers, denn er hat in der Regel ein feines Gespür für derartige Reaktionen. Diese Empfindlichkeit könnte auch die Gesprächsatmosphäre stören.

Leider werden Frauen in arabischen Ländern meist nicht als gleichberechtigte Verhandlungspartner akzeptiert. Neben strengen Kleidervorschriften sollten Frauen auch keine Autos fahren oder an offiziellen Empfängen teilnehmen. Gegenüber Frauen wird eine wesentlich größere Distanz gewahrt. Ein Mann gibt keiner Frau die Hand, die sie ihm nicht von selbst angeboten hat.

Wenn Sie Ihren Gesprächspartner nicht schneller wieder loswerden möchten, als Ihnen lieb ist, achten Sie auf persönliche Nähe. Einladungen in das Privathaus erfolgen allerdings erst, wenn der gegenseitige Kontakt schon etwas länger währt. Ein Abendessen findet in der Regel erst gegen 23 Uhr statt.

**Seriöses Outfit ist Pflicht**

Bei allen geschäftlichen Terminen, auch bei Einladungen ins Privathaus, erwartet man ein seriöses Outfit. Das bedeutet Anzug- und Krawattenpflicht für die Herren und äußerst gediegene, unauffällige Kleidung für Damen, ungeachtet jeglicher Temperaturen.

Essen Sie bei Tisch Ihren Teller nicht völlig leer, wenn Sie gesättigt sind. Andernfalls wird er erneut aufgefüllt. Die linke Hand gilt als unrein; deshalb ißt man immer mit der rechten Hand. Nach dem Essen ist es nicht selten, daß die Gäste recht plötzlich aufbrechen. Vergessen Sie niemals, sich für das Mahl zu bedanken.

### China

Der Pflege geschäftlicher Beziehungen wird in China große Beachtung geschenkt. Unter Chinesen ist ein ausgiebiges Essen sehr beliebt (vor allem am kommunikativen runden Tisch). Deshalb darf man eine Einladung nicht abschlagen. Dabei ist der Gast immer König, das Beste des Mahls ist für ihn gerade gut genug. Während der Mahlzeit ist auf strenge Etikette zu achten. Eine besondere Dekoration zeichnet den Platz des Gastgebers aus. Rechts neben ihm nimmt der Hauptgast Platz; der Gast »zweiten Rangs« setzt sich links neben den Gastgeber. Die Ehefrau sitzt dem Hauptgastgeber gegenüber. Auf ihrer rechten Seite wird der drittwichtigste, auf der linken der viertwichtigste Gast plaziert. Sollte ein Dolmetscher anwesend sein, so sitzt er rechts vom Hauptgast.

**Einladungen enden meist gegen 21 Uhr**

Der Gastgeber beendet das Essen. Dazu steht er auf, sagt ein paar Worte und wünscht einen guten Heimweg. Das ist eine eindeutige Aufforderung, die Runde zu verlassen. Meist ist das gegen 21 Uhr, da der Tag in China früh beginnt.
In China gilt die Kleidung kaum als Statussymbol, selbst ranghohe Persönlichkeiten sind eher bescheiden gekleidet. Kleiden Sie sich deshalb gepflegt, aber nicht übertrieben modisch.

## Frankreich

**Geschäft und Privates werden getrennt**

Gepflegte Tafelrunden, d. h. gemeinsame Mittagessen, haben noch immer eine große Bedeutung in Frankreich. Eine Einladung geht gewöhnlich vom Partner des jeweiligen Gastlandes aus. Bei häufigen Begegnungen gelten aber auch Gegeneinladungen, die nicht zu anspruchsvoll sein sollten, als normal. Geschäft und Privates befinden sich in Frankreich auf völlig verschiedenen Ebenen, d. h., es findet eine klare Trennung dieser Bereiche statt. Deshalb sollte man keine Einladung in das Privathaus erwarten. Allgemein sind Restaurants und ruhige, elegante Bars am Ende des Nachmittags übliche Treffpunkte von Gesprächspartnern.
Besonders in Paris sollte man nicht überpünktlich sein, um den Gesprächspartner nicht in Verlegenheit zu bringen. Das Pariser Verkehrschaos macht zudem Pünktlichkeit unmöglich.

## Griechenland

**Das Essen mit den Fingern ist bei Vorspeisen erlaubt**

In Griechenland herrschen nicht ganz so strenge Sitten. So kann man während des Essens ruhig eine Zigarette rauchen. Auch das Benutzen der Finger für die Vorspeise stößt keineswegs auf Ablehnung. Achten Sie am besten auf Ihr Gegenüber. Für die Sitzordnung gilt: Rechts neben der Gastgeberin sitzt der männliche Hauptgast und rechts neben dem Gastgeber der weibliche. Während des Essens liegen die Handgelenke auf dem Tisch. Sollte ein Teelöffel aufgedeckt sein, erwartet Sie eine Nachspeise. Kreuzen Sie das Besteck (Gabel über Messer), oder legen Sie die Serviette auf den Teller, um zu signalisieren, daß Sie fertig sind.

## Großbritannien

Geschäftsverhandlungen werden in Großbritannien häufig mit einem Arbeitsessen oder einer Informationsveranstaltung verbunden. Seien Sie bei Verabredungen generell pünktlich.

**Korrekte Kleidung ist Pflicht**

Korrekte Kleidung spielt eine große Rolle, wenn sich auch oft über den Geschmack streiten läßt. Dunkle Straßenanzüge (grau oder blau) sind für Geschäftsverhandlungen angemessen. Bei wichtigen gesellschaftlichen Ereignissen trägt man ein langes Kleid bzw. einen Smoking, »black tie«. Zeigen Sie nicht zuviel Haut; das »United Kingdom« ist immer noch sehr konservativ.

Ein Handschlag ist im allgemeinen nur unter Freunden üblich, manchmal auch bei geschäftlichen Begegnungen. Sollte Ihre Reise ein Treffen mit Angehörigen des Königshauses einschließen, beachten Sie bei der Begrüßung: Von Männern wird ein leichtes Kopfnicken und von Frauen ein angedeuteter Knicks erwartet. Ein Händeschütteln kann nur von den Royalisten ausgehen.

## Indonesien

Geduld, Ruhe und Freundlichkeit sind wichtige Eigenschaften für einen Indonesienbesuch. Seien Sie immer eindeutig, und vermeiden Sie alle Situationen, in denen ein Indonesier sein Gesicht verlieren könnte. Ein persönliches Kennenlernen, das als eine Art Vertrauensbeweis gilt, ist für jeden Geschäftsabschluß Voraussetzung.

Bei der Kleidung ist meist ein leichter dunkler Anzug oder ein sommerliches Kostüm ausreichend. Sie sollten lediglich darauf achten, daß die Kleidung ordentlich und korrekt sitzt, denn schlampiges Auftreten ist unerwünscht. Erscheinen Sie nicht overdressed. Das Tragen von Tropenkleidung oder der typischen Batikhemden wird meist als Honorierung der indonesischen Kultur interpretiert.

**Seien Sie zurückhaltend mit Emotionen**

Gemeinsame Essen zur Mittagszeit oder am Abend sind üblich. Sie finden hauptsächlich in Spezialitätenrestaurants oder internationalen Hotels statt. Alkohol steht dabei nicht sehr hoch im Kurs.

Seien Sie zurückhaltend mit Gefühlen und Berührungen. Achten Sie auf die Gesten Ihrer Gastgeber. Auf diese Weise können Sie sich am leichtesten anpassen. Wenn man sich das erste Mal begegnet, ist es üblich, beim Schütteln der Hände leicht mit dem Kopf zu nicken. Ansonsten ist jedoch das Geben der Hände ausreichend. Betritt eine neue Person den Raum, sollten Sie immer aufstehen. In manchen Häusern müssen Sie Ihre Schuhe vor dem Betreten ausziehen. In jedem Fall nimmt man die Sonnenbrille ab, wenn man eine Wohnung betritt oder mit jemandem spricht.

In Indonesien ißt man sowohl mit den Händen als auch mit Besteck. Essen Sie möglichst nur mit der rechten Hand. Als Gast wartet man, bis der Gastgeber zum Essen auffordert. Während des Essens herrscht meist Stille. Sobald Sie Ihren Teller leer essen, signalisieren Sie, daß Sie einen Nachschlag wünschen. Lassen Sie also etwas übrig, wenn Sie aufhören möchten.

**Während des Essens herrscht meist Stille**

Vermeiden Sie es, die Beine übereinanderzuschlagen, indem Sie Ihren Knöchel auf dem Knie des anderen Beins ablegen. Ihre Schuhsohle sollte für andere immer verdeckt bleiben. Das gilt nicht für Ihre Hände. Verstekken Sie sie also nicht in einer Tasche.

## Italien

Im Gegensatz zu vielen anderen Ländern sind in Italien Einladungen in das Privathaus zu allen Anlässen üblich. Dabei wird fast nie die Gelegenheit für eine Rede ausgelassen. Das Aussehen spielt eine große Rolle. Unauffällige Eleganz entspricht den italienischen Vorstellungen.

**Unauffällige Eleganz ist »in«**

In Italien geht man mit Körperkontakt und Gestik wesentlich offener um als in unseren Gefilden. Das bemerkt man bei der Begrüßung, während Gesprächen oder an überfüllten öffentlichen Orten.

Bei Tisch sitzen in der Regel Gastgeber und Gastgeberin an den gegenüberliegenden Tischenden. Der Hauptgast wird links neben den Gastgeber des entgegengesetzten Geschlechts plaziert. Der Wein wird normalerweise vom Gastgeber eingeschenkt. Er gibt ebenfalls das Startzeichen zum Essen, oft indem er einfach beginnt. Vergessen Sie bei der Verabschiedung nicht, der Hausfrau zu danken.

## Japan

Lächeln und Freundlichkeit sind in Japan oberstes Gebot, egal welche Art von Nachrichten Sie zu übermitteln haben. Haben Sie Geduld, seien Sie konkret, exakt, pünktlich und freundlich.

**Korrektheit ist das A & O**

Auf regelmäßige Besuche und Gegeneinladungen zur Pflege der Beziehungen wird großen Wert gelegt. Dazu gehören regelmäßige Besuche und Gegeneinladungen, die eine Identifikation mit den Sorgen des anderen beweisen. Die Visitenkarten werden dabei außergewöhnlich geschätzt. Sie sind die »materialisierten« Gesichter der Geschäftspartner. Überreichen Sie die Karte unverzüglich bei der ersten Begegnung, möglichst auch in japanischer Sprache, mit beiden Händen. Beschriften, verschmieren oder bekratzen Sie keine Visitenkarten.

**Die Verbeugung zeigt den Grad der Anerkennung**

Achten Sie bei Empfängen unbedingt darauf, sich sowohl bei der Begrüßung als auch bei der Verabschiedung zu verbeugen. Verbeugen Sie sich so lange wie Ihr Partner, sofern Sie dies nicht als stilwidrig empfinden. Vermeiden Sie, dem Gastgeber den Rücken zuzuwenden.

Auf korrekte und gepflegte Kleidung wird in Japan großen Wert gelegt. Achten Sie auf die Wahl Ihrer Socken, da man bei Betreten eines privaten Wohnbereichs die Schuhe ausziehen sollte.

Erbitten Sie bei einer Teezeremonie immer eine zweite Tasse. Damen sollten in geschlossenen Räumen den Hut abnehmen. Bewundern Sie bei privaten Einladungen das Rollbild, das im Alkoven hängt. Winkeln Sie beim Sitzen auf dem Boden Ihre Beine an. Zur Beendigung der Einladung verläßt der Gastgeber das Zimmer und erwartet, daß die Gäste das Haus verlassen.

## Niederlande

Aufgrund der britisch beeinflußten Umgangsformen werden Sie nur selten in den Genuß einer privaten Einladung kommen. Geschäftliches und Privates werden strikt getrennt. Es ist üblich, sich im Restaurant zu treffen, und das auch primär zum Mittagessen, da der Abend der Familie gehört.

**Die Gastgeberin kostet vor**

Zur Begrüßung und zum Abschied reicht man sich immer die Hand. Das gilt auch für Kinder. Umarmungen kommen nur zwischen Verwandten oder guten Freunden vor. In vielen Familien wird eine alte Sitte aufrechterhalten: Die Gastgeberin nimmt zuerst von den Speisen, um sie »vorzukosten«. In jedem Fall sollten Sie nicht vor ihr mit dem Essen beginnen. Es ist üblich, sich nur kleine Portionen aufzutun und dafür von allem einmal zu probieren. Als höflich gilt es, wenn man seinen Teller leer ißt, als unhöflich, während des Essens aufzustehen. Messer und Gabel kommen in den Niederlanden auch bei Obst oder belegten Broten zum Zuge.

## Polen

**Verletzen Sie nicht den Nationalstolz**

Die Etikette ist in Polen nicht sehr streng. Hilfsbereitschaft und die Familie werden sehr groß geschrieben. Gesprächsthemen über die Familie sind deshalb nicht ungewöhnlich. Auch gegenüber Witzen und Anekdoten ist man in Polen aufgeschlossen. Vermeiden Sie dagegen kritische Worte über das Land. Polen verfügt über einen starken Nationalstolz. Deshalb sind Diskussionen über die Beziehungen Polens zu Deutschland, Rußland oder dem Judentum unangebracht. Hervorheben sollte man dagegen die kulturellen und künstlerischen Leistungen Polens.

## Portugal

In Portugal begrüßt man sich mit einem festen Händedruck. Gute Freunde klopfen sich gegenseitig auf den Rücken, Freundinnen küssen sich auf die Wangen. Alle Akademiker, auch diejenigen, die nicht promoviert haben, werden mit »Doktor« angeredet.

**Geduld ist eine Tugend**

Fast alles wird mit dem Besteck gegessen. Brot wird generell nicht zum Tunken genutzt. Haben Sie Ihr Mahl beendet, legen Sie Messer und Gabel lotrecht auf den Teller. Bevor Sie aufstehen, falten Sie die Serviette und legen sie neben den Teller. Drängeln und Nörgeln gibt es nicht: Geduld ist eine Tugend der Portugiesen.

## Rußland

**Umarmung nur unter guten Freunden**

In Rußland begrüßt man sich mit einem offenen Blick und einem festen Handschlag. Die »russische Bärenumarmung« erfolgt oft unter Freunden. Bei offiziellen Einladungen achtet man auf Pünktlichkeit; bei privaten Treffen ist es ratsam, etwa fünfzehn Minuten später zu erscheinen.
Die Mode ist in Rußland eher konservativ. Männer tragen bei geschäftlichen Anlässen einen Anzug (keine Kombination), Frauen ein strenges Kleid oder ein Kostüm.
Die russische Tischordnung plaziert den Ehrengast an der Stirnseite des Tisches, daneben seine Ehefrau oder Partnerin. Während des Essens liegen die Handgelenke locker auf dem Tisch, d. h., sie gehören nicht auf den Schoß. Bereiten Sie sich darauf vor, einen Toast (Trinkspruch) zu sagen. Sprechen Sie über die allgemeine gute Atmosphäre der Begegnung oder die guten russisch-deutschen Beziehungen.

## Schweden

**Dankrede erwünscht**

Zu offiziellen Verabredungen erwartet man in Schweden ein klassisches dunkles Outfit. Overdressed können Sie nur ganz selten sein. Gastlichkeit wird in Schweden sehr groß geschrieben. Nach dem Essen erwartet man vom Ehrengast eine Dankesrede. Sie wird vom Gastgeber beantwortet, der auch zum Zuprosten auffordert. Es ist üblich, sich nach dem Mahl bei der Hausfrau mit »Tack« zu bedanken.
Der männliche Ehrengast sitzt immer links, der weibliche immer rechts des Gastgebers. Die restlichen Gäste werden nach »Rang« gesetzt. Sollte es mehrere Tische geben, sitzen Paare gewöhnlich getrennt. Das Zuprosten ist äußerst beliebt. Man hebt das Glas, blickt in die ganze Runde und sagt »Skol«. Der Gastgeber gibt das »Startzeichen« hierfür.

## Spanien

Bei Tisch sitzt in Spanien der Ehrengast rechts vom Gastgeber. Die bei uns üblichen Tischregeln finden auch in Spanien Anwendung. Der Blickkontakt wird viel intensiver gehalten als in unseren Gefilden. Frauen sollten jedoch vorsichtig sein: Er signalisiert auch Interesse.

## Tschechien

**Umarmungen sind selten geworden**

Bei Begrüßungen und Verabschiedungen wird grundsätzlich allen Beteiligten die Hand geschüttelt, auch wenn es sich nur um ein privates Treffen handelt. Umarmungen sind selten.
Messer und Gabel werden gemäß der Konventionen während des Essens nicht aus der Hand gelegt. Ist das Essen beendet, legt man das Besteck seitlich nebeneinander neben den Teller. Für eine notwendige Pause werden Messer und Gabel wie üblich auf dem Teller gekreuzt.

## USA

**Rituale gibt es haufenweise**

Höflichkeitsrituale gibt es in den USA zuhauf. Die durchaus übliche Anrede mit Vornamen tut dem keinen Abbruch. Korrektes Auftreten und korrekte Kleidung sind immer und überall unverzichtbar. In der Kleidungsetikette gelten der Nordosten und Mittlere Westen der USA als formeller im Vergleich zum Süden oder Westen. Bei Busineßterminen wird größter Wert auf Pünktlichkeit gelegt. Bei der Begrüßung sieht man sich in die Augen. Wer verlegen grinst oder wegschaut, hat verloren. Managerinnen sind in den USA und auch in Kanada keine Seltenheit mehr.

**Lunch ist in**

US-Geschäftsleute sind vielfach sehr gastfreundlich und laden den ausländischen Besucher, der in ihr Büro kommt, auch zum »Lunch« ein. Ein gemeinsames Abendessen wird meist wegen der weiten Entfernung zwischen Arbeits- und Wohnstätte weniger geschätzt.

## Türkei

Das Verhältnis zwischen Deutschen und Türken ist zwar nicht konfliktfrei, dennoch ist die türkische Gastfreundschaft besonders gegenüber Reisenden aus der Bundesrepublik unerreicht.
In der Türkei ist korrekte, modisch klassische Kleidung sehr wichtig. Anzug und Krawatte bzw. Kostüm, und das alles in gedeckten Farben, sind üblich. Auch auf eine exzellente Frisur und moderne bzw. echte Accessoires wird Wert gelegt. Während man in den Großstädten modischen Trends gegenüber offen eingestellt ist, sollte man als Frau auf dem Land zu kurze oder enge Röcke oder Hosen sowie ausgeschnittene Dekolletés meiden.

**Die Gastfreundschaft ist sprichwörtlich**

Wie alle Südländer gehen auch die Türken etwas großzügiger mit ihrer Gestik und Mimik um. Die Gleichberechtigung der Frau wird zwar großgeschrieben, ist aber nicht mit der unsrigen vergleichbar. Sie beschränkt sich im allgemeinen auf die Organisation der (Groß-)Familie.
Trifft man sich zum ersten Mal bzw. zu offiziellen Anlässen, wird jedem Anwesenden die Hand gegeben. Langjährige Freunde reichen sich unter Umständen beide Hände oder umarmen sich. Bei Frauen, vor allem auf dem Land, sieht man diese Begrüßungsform wesentlich öfter.
In der Türkei sollte jede Nahrungsaufnahme per Finger vermieden werden. Zahnstocher sind unbedingt mit der Hand vor dem Mund zu verwenden. Der weitaus größte Teil der türkischen Bevölkerung gehört dem islamischen Glauben an. Schweinefleisch ist deshalb ein Tabu. Das Zeigen der Schuhsohle gilt als Beleidigung. Während einer Unterhaltung sollten Sie immer offene Gesten bevorzugen; verschränkte Arme gelten ebenfalls als unhöflich. Eine türkische Frau unterhält sich in der Regel erst mit einem Mann, wenn sie diesem vorgestellt worden ist.

**Verschränkte Arme sind unhöflich**

## Belgien

Frankophil geprägt, sind die Belgier in puncto Ordnung und Pünktlichkeit nicht so diszipliniert wie die Deutschen. Viele Veranstaltungen beginnen mit etwa einer halben bis Dreiviertelstunde Verspätung. Selbst wenn Einladungen auf »20 h 30 précis« terminiert sind, gilt es nicht als unhöflich, erst um 21 Uhr zu erscheinen.
Wichtiger als Pünktlichkeit ist den Belgiern der herzliche Empfang der Gäste, eine ungezwungene Konversation, Toleranz und die Pflege der kulturellen Vielfalt. Auch in Belgien wird auf modische und gepflegte Kleidung sowie auf modische Accessoires Wert gelegt.

**Verspätung möglich**

## Resümee

① Auf dem Weg nach oben benötigen Sie ein persönliches »Netzwerk«. Schaffen Sie sich einen kompetenten Freundeskreis, der durch gegensätzliche Menschentypen strukturiert ist.

② Prüfen Sie Ihren ganz persönlichen Stil, und achten Sie auf eine störungsfreie Kommunikation. Einladungen, bei denen es zu Entgleisungen kommt, werden ansonsten von interessanten Gästen gemieden.

③ Bereiten Sie sich persönlich auf eine Begrüßungs- oder Tischrede vor. So erhält Ihr Fest Charakter, und als Gast bleiben Sie im Gedächtnis der Gäste.

④ Sprechen Sie mit möglichst vielen Gästen, und interessieren Sie sich für ihre Hobbys, Tätigkeiten etc. Machen Sie sich Notizen.

⑤ Vergessen Sie keinen Geburtstag – aber bitte: Nicht aufdrängen, das wirkt abstoßend.

⑥ Bei Einladungen im Ausland oder in ausländische Familien beachten Sie unbedingt die Landesgegebenheiten.

# Heide Simonis: Frauen müssen klar sagen, was sie wollen

*Frage: In unserer Interview-Reihe »Frauenpersönlichkeiten in Politik und öffentlichem Leben« wollen wir weiblichen Führungskräften eine Plattform bieten, weil wir die Erfahrung gemacht haben, daß es Frauen in vielen Fällen immer noch schwerer haben als Männer. Ist das so?*
Simonis: Auf jeden Fall ist es für Frauen sehr viel anders als für Männer. Das merke ich am Stil der Briefe, die an uns gerichtet sind, oder an der Wahl eines Bildes, mit dem Männer ein Problem beschreiben. Von diesen Briefen sagen wir dann immer ganz spontan: »Das hätten sie Barschel und Engholm so nicht geschrieben.« Zwar ist es nicht mehr ein Stil der Herablassung. Aber manche Männer haben eine tief verinnerlichte Auffassung darüber, wo Frauen hingehören, und eine bestimmte Art, ihnen ins Wort zu fallen.

*Frage: Auch respektlos?*
Simonis: Ich bin da relativ unempfindlich, wenn es im Privatleben geschieht. Ich lege nur Wert auf Respekt, wenn es um das politische Amt der Ministerpräsidentin geht.

*Frage: Glauben Sie, daß Sie es als Ministerpräsidentin schwerer haben oder mehr leisten müssen als ihre männlichen Kollegen?*
Simonis: Ohne die Leistung der Kollegen schmälern zu wollen, glaube ich, von einer Frau wird verlangt, daß sie eine Zahl mehr weiß oder einen Satz aus einem Artikel mehr zitieren kann oder eine männliche Autorität wie den Bundespräsidenten oder den Bundeskanzler zitieren kann. Man muß da mit einem gesunden Selbstbewußtsein rangehen – was Männer ja auch machen – und Kritik ertragen können. Ehemänner können es außerdem nicht ertragen, wenn ihre Frauen mehr Geld mit nach Hause bringen als sie selbst.

**Frauen müssen ihr Wissen unter Beweis stellen…**

*Frage: Welche Vorteile haben Frauen gegenüber den Männern in der Politik?*

**... aber sie sind zäher als Männer**

Simonis: Erst einmal die Art, wie Frauen erzogen worden sind: Sie reagieren sensibler auf »Gefühliges«. Wenn die Gesprächsatmosphäre sich anspannt, registrieren sie die Unruhe schneller als ein Mann. Ich denke auch, daß Frauen, weil sie gelernt haben, eine Zahl mehr dabeizuhaben, die auch tatsächlich präsentieren können. Außerdem sind Frauen zäher als Männer. Frauen können über einen langen Zeitraum sehr viel ertragen, was in einem Karriereberuf wichtig sein kann.

*Frage: Halten Männer mehr zusammen?*

**Frauen brauchen Netzwerke wie SYNERGIENET**

Simonis: Ja, Männer knüpfen Seilschaften, Frauen grundsätzlich nicht, und zwar deshalb, weil sie heiraten und Kinder kriegen und sich in andere gesellschaftliche Gruppen integrieren, während Männer immer die alten Beziehungen aufbauen, an neue anknüpfen und immer wissen, wen sie im Notfall anrufen müssen. Ich mußte auch erst begreifen, daß das Teil des politischen Geschäftes ist.

*Frage: Müßten Frauen nicht auch entsprechende Netzwerke aufbauen, wie das Männer beim gemeinsamen Golf- oder Tennisspiel tun?*

Simonis: Wenn ich jetzt beispielsweise Tennis spielen würde, mit wem würde ich dann spielen? Wohl mit den Frauen der Männer, mit denen der Staatssekretär spielt und Geschäfte macht. Aufgrund welcher politischer Vorteile sollte ich das also tun? Das Netzwerk von Frauen müßte anders aussehen. Vielleicht so wie in den USA mit ihren reinen Frauen-Colleges, die ihre »Good-Old-Girls-Networks« haben und deren Absolventinnen auch hinterher noch miteinander Tennis spielen. Seilschaften sind offenbar ein Greuel für europäische Frauen.

**Frauen passen sich zu gerne dem Mann an**

Außerdem ändern viele Frauen, sobald sie verheiratet sind, ihr Verhalten. Sie passen ihren Tages- und Wochenplan dem Plan des Mannes an, ganz besonders, wenn Kinder da sind. Sie ändern ihren Freundeskreis und ihren Geschmack. Sie passen sich also in dreierlei Hinsicht an den Mann an. Wie soll denn eine Frau dann noch eine interessante Persönlichkeit sein für den Bereich, in dem sie etwas werden will?

*Frage: Was halten Sie von Quotenregelungen?*

**Wie viele schlechte Männer ertragen wir schon seit Jahren!**

Simonis: Ich halte nicht soviel davon, aber ich habe gelernt, daß es in der SPD etwas gebracht hat. Ich habe mich überzeugen lassen müssen, daß mein Glauben, die Männer gäben uns freiwillig etwas ab, ein Kinderglauben war, und deshalb muß man ihnen mit der Quote wenigstens drohen. Auf den Vorwurf, da würden dann auch schlechtere Frauen gefördert werden, kann ich nur sagen: Wie viele schlechte Männer ertragen wir schon seit Jahren?

*Frage: Können Sie sich noch an Ihre erste Rede im Plenum erinnern?*
Simonis: Ja, das muß 1977 gewesen sein, abends gegen 10 Uhr, über den Haushalt, Jugend, Familie, Senioren und Sport. Während der Rede hatte ich einen Fadenriß. Das hat mich damals zu dem Entschluß gebracht, nie mehr ohne Redemanuskript ans Rednerpult zu gehen. Zum Entsetzen aller, die sich heute darum bemühen, halte ich die geschriebene Rede meist nicht, aber ich habe sie wenigstens dabei.

*Frage: Landtagspräsidenten oder Ministerpräsidenten versuchen immer wieder, ihre Reden frei zu halten, aber das funktioniert nicht immer.*
Simonis: Nein, das kann es ja auch nicht. Bei den Haushaltsreden des Finanzministers müssen Sie sich an das Manuskript halten, weil es auf jede Zahl ankommt und wie Sie sie interpretieren. Wenn Sie da ein falsches Wort sagen, muß die Regierungspressestelle das »ausbügeln«. Oder wenn Sie im Bundesrat das Präsidium leiten und die Tagesordnung abarbeiten, können Sie nicht frei reden. Besser ist es, Sie lesen – wie in England – vom Speech-Prompter ab.

**Einsatz des Speech-Prompters ist super!**

*Frage: Frauen haben häufig Probleme mit der Stimmhöhe. Wird hier im Landtag darauf geachtet, daß weibliche Stimmen heruntergepegelt werden?*
Simonis: Ein bißchen, und es ist ja nicht nur bei Frauen so, sondern auch Männer quieken nach oben weg, wenn sie aufgeregt sind.

*Frage: Glauben Sie, daß Frauen mehr Ängste haben, ihre Meinung zu sagen?*
Simonis: Frauen haben zunächst einmal Angst vor Öffentlichkeit. Das ist ja schon ein Problem in der Schule. Wenn die Kinder in das Rabaukenalter kommen, sind die Jungs meist lauter als Mädchen, so daß der Lehrer sich mehr den Jungs zuwendet und die Mädchen immer leiser werden. Dazu kommt aber auch, daß Frauen nach meiner Erfahrung darauf achten, daß die Atmosphäre stimmt und alle in Harmonie übereinstimmen. Männer sagen: »Das Ziel erreiche ich, und was der andere macht, ist mir vollkommen egal.« Und nun aufzustehen und zu sagen: »Was Sie gerade gesagt haben, finde ich gar nicht gut«, fällt Frauen unendlich schwer, weil sie dann entweder die Harmonie opfern oder ihre Ziele zurückstecken müssen und lieber beschwichtigen.

**Harmonie ist nicht alles**

*Frage: Der Förderkreis »Politische Rhetorik« zeichnet jedes Jahr den besten Redner aus. Bisher war darunter mit Ingrid Matthäus-Maier nur eine Frau. Welche Frauen halten Sie für gute Rednerinnen?*
Simonis: Ich kenne leider kaum noch eine der jüngeren, nachgekommenen Kolleginnen im Bundestag. Ich hätte auch Probleme, Ihnen einen

mitreißenden männlichen Kollegen zu nennen. Außerdem stellt sich die Frage: Was ist eine gute Rede – soll sie spritzig sein, oder soll sie die Sache auf den Punkt bringen?

*Frage: Wie wird man als Frau eigentlich bekannt? Renate Schmidt hat in einer ihrer ersten Bundestagsreden von Liebe gesprochen und hatte das Glück, nach Helmut Schmidt zu reden. Sie kam ins Fernsehen und erweckte somit Aufmerksamkeit.*

**Ich brauche den Adrenalinstoß, um mich aufzuregen**

Simonis: Ich neige eher dazu, Reden ganz seriös anzulegen. Das liegt aber auch an dem Metier, das ich meistens vertreten habe: Zu Haushaltsfragen mußte ich mit Fakten überzeugen, damit die Leute sagen: »Sie weiß, wovon sie redet.« Sie müssen auch reagieren können, Sie müssen Zwischenrufe als anregend empfinden. Ich schaue deshalb nicht die eigenen Leute an, sondern immer die Opposition, und denke dabei: »Hoffentlich kommt da etwas rüber.« Das gibt den Adrenalinstoß, damit man sich aufregen kann.

*Frage: Neulingen im Bundestag sagt man: »Ihr müßt reden können oder arbeiten.« Viele entscheiden sich offensichtlich für das Arbeiten.*
Simonis: Nein, man kann es lernen. Ich habe es aber nicht in einer Rednerschule gelernt, sondern ich habe mehr als zehn Jahre klassischen Gesangsunterricht gehabt. Da lernen Sie zu atmen, die Stimme zu senken, in die Stimme Timbre und Tiefe zu legen. Diese Techniken kann man erlernen.

Dann kommt es allerdings noch darauf an, daß Sie ordentliche Inhalte zu präsentieren haben. Die machen dann das Persönliche einer Rede aus.

*Frage: Woher nehmen Sie die große Kraft, sich durchzusetzen? Wie tanken Sie auf?*
Simonis: Einmal am Wochenende ausschlafen, dann bin ich wieder da. Ich kann sehr schnell abschalten, mich hinsetzen und etwas lesen oder ein Glas Wein trinken.

**Abschalten können ist wichtig**

*Frage: Ist Ernährung für Sie wichtig?*
Simonis: Überhaupt nicht. Ich ernähre mich das Jahr über total falsch. Es gibt eigentlich keine kleine Sünde, die ich nicht begehe und bei der ein Arzt nicht die Hände über dem Kopf zusammenschlagen würde: Ich schlafe zuwenig, ich esse unregelmäßig und treibe keinen Sport. Allerdings rauche ich nicht und trinke auch nicht übermäßig Alkohol.

*Frage: Wie wichtig ist das Aussehen für die Karriere?*
Simonis: Sehr wichtig, aber auf keinen Fall zu modische Kleidung. Man sollte sich typgerecht kleiden. Ich persönlich trage nicht gerne Fummel oder Fransen, weil es stört und man sich nicht darin bewegen kann. Ich würde es auch niemandem raten, weil man so mädchenhaft darin wirkt. Und in der großen Politik das kleine Mädchen zu spielen kann nicht gutgehen. Ich überlege mir, wie die Gesellschaft angezogen sein könnte, zu der ich gehe. Ich trage aber auch gerne Jeans, wenn nichts Offizielles anliegt.

**Das kleine Mädchen zu spielen kann nicht gutgehen**

*Frage: Und Sie tragen gerne Hüte?*
Simonis: Ja, ich behaupte, die stehen mir gut. Man muß aufpassen, wenn die Leute anfangen, darüber zu reden, daß man nicht nachgibt.

*Frage: Wenn man als Frau in Männerdomänen vordringt, verliert man dann an Weiblichkeit? Gleicht »frau« sich an?*
Simonis: Frauen dürfen mit ihrer vermeintlichen Schwäche nicht kokettieren, sondern müssen klar sagen, was sie wollen oder nicht wollen. Aber ansonsten glaube ich, daß größere Verkleidungen oder Veränderungen nicht notwendig sind. Sie müssen ja nicht gleich zum Besen werden, wenn Sie Karriere machen wollen.

**Eine Frau muß ja nicht gleich zum Besen werden**

*Frage: Ist Ihr Elternhaus, Ihre Erziehung wichtig für Ihre Karriere gewesen?*
Simonis: Von meinem Vater habe ich immer die Unterstützung bekommen, die ich brauchte. Wir, seine drei Töchter, durften lernen, was wir wollten, auch als ich Anfang der sechziger Jahre nach dem Abitur studie-

ren wollte, was damals für Mädchen noch nicht üblich war. Meine Mutter war da, geprägt durch die Erfahrungen ihrer Zeit, eher zurückhaltender gegenüber den Karriereplänen ihrer Töchter. Sie sagte: »Ihr heiratet doch sowieso.« Für meinen Vater war das nie ein Argument.

*Frage: Wann gibt es eigentlich eine Frau Bundeskanzler?*
Simonis: Nicht in absehbarer Zeit, glaube ich, weil ich die Deutschen dafür noch nicht für tolerant genug halte. Eine Bundeskanzlerin würde vielleicht akzeptiert, nicht aber über eine Bundestagswahl »gewählt« werden. Ich bin ja auch zunächst nicht unmittelbar nach einer Landtagswahl zur Ministerpräsidentin gewählt worden, sondern eher eingesprungen.

# Auf die Gesundheit achten

## Gesundheit aus ganzheitlicher Sicht

**Gesundheit bedeutet Harmonie von Körper, Seele und Geist**

Viele Menschen denken, wenn sie nach ihren persönlichen Wünschen gefragt werden, vornehmlich an Erfolg, Geld, Prestige, Glück in der Liebe, Schönheit und erst in zweiter Linie an Gesundheit und körperliches Wohlbefinden. Woran liegt das? Ist Gesundheit für den westlichen Lebensstandard selbstverständlich geworden, etwas, was wir bedenkenlos konsumieren und »kaufen« können?

Im alten Indien und China wurden Ärzte und Heiler nur dann bezahlt, wenn sie die Gesundheit ihrer Patienten bewahren konnten. Im Fall einer Krankheit waren sie verpflichtet, den ursprünglichen Gesundheitszustand – das harmonische Funktionieren von Körper, Seele und Geist – wiederherzustellen. Bei uns leben heute die meisten Ärzte von der Krankheit.

Schaut man auf die Ursprünge der westlichen Medizin, entdeckt man, daß im antiken Griechenland Medizin und Philosophie eine Einheit bildeten. Für die Griechen war es selbstverständlich, daß Körper, Seele und

*Gesundheit ist für den Menschen die Grundlage seines Glücks, aus ihr schöpft er seine ganze Kraft.* (Benjamin Disraeli)

Geist nicht voneinander zu trennen waren. So sagte bereits Platon (428–348 v. Chr.): »Das ist der größte Fehler bei der Betrachtung von Krankheiten, daß es Ärzte für den Körper und Ärzte für die Seele gibt, wo beides doch nicht getrennt werden kann.«

Unsere heutige Gesellschaft verwendet sehr viel Geld und Mühe auf Fitneß und das persönliche Erscheinungsbild, vergißt aber, daß die Grundlage jedes Lebenserfolgs die Harmonie der ganzen Persönlichkeit ist. Zwar hat unsere Gesellschaft in Medizin, Technik und vielen Bereichen der Organisation immense Fortschritte gemacht, dabei aber häufig den Blick aufs Ganze aus den Augen verloren.

**Auf die Signale des Körpers wird oft nicht geachtet**

Die Weltgesundheitsorganisation (WHO) hat 1987 Gesundheit wie folgt definiert: »Gesundheit ist nicht nur die Abwesenheit von Krankheit, sondern der Zustand vollkommenen körperlichen, psychischen und sozialen Wohlbefindens.« In der ganzheitlichen Gesundheitslehre müssen alle

*Die Gesundheit ist wie das Salz. Man bemerkt es nur, sobald es fehlt.* (aus Italien)

Komponenten des Lebens – Gefühle, Verstand, Körper, Verhalten und die Umwelt – im Gleichgewicht sein. Aber Hektik und Zeitdruck des modernen Lebens bringen dieses Gleichgewicht häufig durcheinander. Wir sind zuviel Lärm ausgesetzt, unterliegen einem engen Termindruck, nehmen zuwenig ausgewogene Nahrung zu uns und gönnen uns zuwenig Zeit zur Erholung und Entspannung. Hinzu kommt häufig noch eine negative Denk- und Lebenseinstellung, die bestimmt ist durch ein übertriebenes Erwartungsbild und die zu Frustrationen, Depressionen und vermehrten oder verminderten Aktivitäten führt.

**Hektik lähmt**

Am liebsten möchten wir Krankheiten aus unserem Leben verbannen. Symptomatisch sind hierfür die zahlreichen Werbespots, die versprechen, körperliche Gebrechen oder den Schmerz einfach »abzuschalten«. Ein solches Denken geht ausschließlich von der negativen Seite der Krankheit aus. Aber Schmerzen und Krankheiten sind im ganzheitlichen Denken nichts anderes als das Signal eines gestörten Gleichgewichts. Indem wir krank werden, zeigt uns der Körper an, daß ihm etwas fehlt. Er fordert uns damit auf, Störungen zu beseitigen und die Balance wiederherzustellen. Es gilt deshalb, auf die Signale des Körpers zu hören und frühzeitig Korrekturen vorzunehmen.

**Schmerzen sind Signale**

Selbstverständlich ist der Harmoniezustand bei jedem Menschen anders. Jeder muß lernen, die Signale seines Systems zu verstehen und darauf richtig zu reagieren. Das wohl Gefährlichste ist, diese Signale mittels Chemie auszuschalten, denn dann ist die negative Entwicklung kaum aufzuhalten: Der Körper verliert sein Warnsystem, ein Eingreifen unterbleibt, so daß die eigentlichen Krankheitssymptome ausbrechen können. Der römische Philosoph Seneca (4 v. Chr. bis 65 n. Chr.) meinte einst: »Die größte Zahl der Menschen stirbt keines natürlichen Todes, sondern mordet sich selbst durch eine verkehrte Lebensweise.«

**Wenn du dein Innerstes verstehst, hast du Kenntnisse von allen Dingen**

## Die ganzheitliche Medizin Ayurveda

In diesem Sinn hat sich auch bei uns die indische Ganzheitsmedizin Ayurveda etabliert. Ayurveda bedeutet – zusammengesetzt aus den beiden Sanskritworten »ved« für Wissen und »ayus« für gesundes Leben – das »Wissen vom gesunden Leben«. Zwar kennt niemand den genauen zeitlichen Ursprung des ayurvedischen Systems so genau, aber nach Aussagen von Fachkundigen soll es zwischen 5000 und 3000 Jahre vor Christus entstanden sein. Die ersten schriftlichen Überlieferungen, die über Ayurveda berichten, stammen aus der Zeit um 700 vor Christus. Ayurveda will uns heute noch in kleinen Schritten an eine ganzheitliche Sehweise unseres Daseins annähern und uns ein anderes Verständnis von Gesundheit und Krankheit übermitteln. Wie auch dieses Buch in all seinen Kapiteln zeigt, sind Menschen in ihren Verhaltensweisen, in ihrer Konstitution, in ihren Zielen und Wünschen unterschiedlich. Jeder ist in seiner Art und Weise einmalig. Dennoch können wir übergreifende Raster feststellen. So geht die ganzheitliche Medizin von drei verschiedenen Typen, »Doshas«, aus, die sich aus den Urelementen der Welt zusammensetzen: Erde, Wasser, Luft, Feuer und Äther. Aus diesen fünf Grundelementen setzen sich die drei Energiebereiche »Kapha«, »Pitta« und »Vata« zusammen. Jeder Mensch trägt ein individuelles »Dosha-Programm« in sich, gesteuert von den Grundkräften »Kapha«, »Pitta« und »Vata«. Zu welchem Konstitutionstyp gehören Sie?

**Wenn du dich selbst gut kennst, ist es leichter, deine Persönlichkeit und Körpersprache in Einklang zu bringen**

**Jeder hat sein Dosha-Programm in sich.**

## Die Typen im Ayurveda

Mit Hilfe des folgenden Fragebogens können Sie das Dosha-Programm, das zur Zeit bei Ihnen vorherrscht, ermitteln. Denken Sie bei der Beantwortung der Fragen bewußt und in aller Ruhe über sich nach. Erspüren Sie Ihre Grundstimmung, Ihr Lebensgefühl und Temperament. Lassen Sie im Zweifelsfall Ihr Gefühl entscheiden, mit welcher Tendenz die Aussagen auf Sie zutreffen oder nicht zutreffen. Dafür steht Ihnen eine Werteskala zwischen 0 und 6 zur Verfügung.

| Der Vata-Test | | | |
|---|---|---|---|
| | trifft nicht zu<br>0 1 | trifft gelegentlich zu<br>2 3 4 | trifft meistens zu<br>5 6 |
| 1. Ich handle schnell. | | | |
| 2. Ich kann schlecht auswendig lernen und auch schlecht auf lange Zeit behalten. | | | |
| 3. Ich bin lebhaft und begeisterungsfähig. | | | |
| 4. Ich habe einen leichten Körperbau und nehme schwer zu. | | | |
| 5. Ich kann Neues schnell aufnehmen. | | | |
| 6. Ich habe einen raschen und leichten Gang. | | | |
| 7. Ich kann mich schwer entscheiden. | | | |
| 8. Ich neige zu Blähungen oder zu Verstopfung. | | | |
| 9. Ich bekomme leicht kalte Hände und kalte Füße. | | | |
| 10. Ich bin häufig besorgt und ängstlich. | | | |
| 11. Ich ertrage kaltes Wetter weniger gut als andere Menschen. | | | |
| 12. Ich spreche schnell und gelte bei meinen Freunden als sehr gesprächig. | | | |

| | trifft nicht zu<br>0 1 | trifft gelegentlich zu<br>2 3 4 | trifft meistens zu<br>5 6 |
|---|---|---|---|
| 13. Meine Stimmungen wechseln schnell, und ich reagiere gefühlsbetont. | | | |
| 14. Ich schlafe oft schlecht ein und wache nachts häufig auf. | | | |
| 15. Ich neige zu trockener Haut, besonders im Winter. | | | |
| 16. Ich bin geistig sehr rege, gelegentlich auch rastlos, sprudle über vor Ideen. | | | |
| 17. Meine Bewegungen sind rasch und aktiv; meine Energie kommt in plötzlichen Schüben. | | | |
| 18. Ich werde leicht aufgeregt. | | | |
| 19. Auf mich selbst gestellt, habe ich unregelmäßige Eß- und Schlafgewohnheiten. | | | |
| 20. Ich bin zugluftempfindlich. | | | |
| **Vata-Gesamtwert: ________** | | | |

| **Der Pitta-Test** | | | |
|---|---|---|---|
| | trifft nicht zu<br>**0 1** | trifft gelegentlich zu<br>**2 3 4** | trifft meistens zu<br>**5 6** |
| 1. Ich halte mich für sehr effizient. | | | |
| 2. Ich bin genau und handle zielgerichtet. | | | |
| 3. Ich habe einen starken Willen und kann mich gut durchsetzen. | | | |
| 4. Bei heiß-feuchtem Wetter fühle ich mich unwohl oder ermüde leicht. | | | |
| 5. Ich schwitze leicht. | | | |
| 6. Auch wenn ich es nicht immer zeige, bin ich schnell gereizt oder wütend. | | | |
| 7. Wenn ich eine Mahlzeit auslasse oder sie sich verzögert, fühle ich mich unausgeglichen. | | | |
| 8. Mein Haar weist mindestens eines der folgenden Merkmale auf: frühzeitig ergrauend, Haarausfall – dünn, seidig, glatt – rötlich. | | | |
| 9. Ich habe einen guten Appetit und kann große Mengen essen. | | | |

| | trifft nicht zu<br>0 1 | trifft gelegentlich zu<br>2 3 4 | trifft meistens zu<br>5 6 |
|---|---|---|---|
| 10. Manche Leute bezeichnen mich als stur. | | | |
| 11. Ich habe eine regelmäßige Verdauung und neige eher zu Durchfall als zu Verstopfung. | | | |
| 12. Ich verliere leicht die Geduld. | | | |
| 13. Ich neige zu Perfektionismus. | | | |
| 14. Ich brause schnell auf, vergesse aber ebenso schnell wieder. | | | |
| 15. Ich liebe kalte Speisen und gekühlte Getränke. | | | |
| 16. Ich bin sehr direkt und eher extrovertiert. | | | |
| 17. Ich vertrage keine scharf gewürzten oder heißen Speisen. | | | |
| 18. Ich bin nicht so tolerant, wie ich sein sollte. | | | |
| 19. Ich genieße Herausforderungen und bin beim Erreichen meiner Ziele sehr beharrlich. | | | |
| 20. Ich bin mir selbst und anderen gegenüber kritisch eingestellt. | | | |
| **Pitta-Gesamtwert:** ________ | | | |

| **Der Kapha-Test** | trifft nicht zu<br>**0 1** | trifft gelegentlich zu<br>**2 3 4** | trifft meistens zu<br>**5 6** |
|---|---|---|---|
| 1. Ich handle langsam und ohne Hektik. | | | |
| 2. Ich nehme leicht zu und schwer ab. | | | |
| 3. Ich bin von Natur aus ruhig und gesetzt: Ich gerate selten aus der Fassung. | | | |
| 4. Ich kann Mahlzeiten problemlos auslassen. | | | |
| 5. Ich neige zu Schleimbildung, Trägheit, chronischer Verstopfung oder Asthma. | | | |
| 6. Ich brauche mindestens acht Stunden Schlaf, um mich am folgenden Tag wohl zu fühlen. | | | |
| 7. Ich haben einen tiefen Schlaf. | | | |
| 8. Ich errege mich selten. | | | |
| 9. Ich lerne langsamer als andere, habe aber auch auf lange Zeit hin ein ausgezeichnetes Gedächtnis. | | | |
| 10. Ich habe keine Probleme mit Geld. | | | |
| 11. Kaltes und feuchtes Wetter ist mir zuwider. | | | |

| | trifft nicht zu 0 1 | trifft gelegentlich zu 2 3 4 | trifft meistens zu 5 6 |
|---|---|---|---|
| 12. Meine Haare sind dicht, dunkel und gewellt oder dick. | | | |
| 13. Ich habe eine weiche, glatte und blasse Haut. | | | |
| 14. Ich habe einen kräftigen Körperbau. | | | |
| 15. Ich bin von Natur aus heiter, sanftmütig, liebevoll; ich vergebe leicht. | | | |
| 16. Meine Verdauung ist regelmäßig, auch auf Reisen. | | | |
| 17. Ich habe eine gute Ausdauer und Widerstandskraft; mein Energiepegel ist ausgeglichen. | | | |
| 18. Ich gehe langsam und gemessen. | | | |
| 19. Ich neige zu Langschläferei und komme morgens langsam in Gang. | | | |
| 20. Ich esse mit Bedacht und gehe auch sonst langsam und methodisch vor. | | | |
| **Kapha-Gesamtwert:______** | | | |

Aus: Franz-Theo Gottwald, Wolfgang Howald, Ayurveda im Business. © mvg-Verlag, Landsberg am Lech 1995[2]

**Auswertung:**

Wenn Sie sich bei jeder Aussage für eine Punktzahl entschieden haben, addieren Sie die Zahlen zunächst gesondert für jede der drei Tabellen. Danach vergleichen Sie die drei Werte miteinander: Überwiegt ein Dosha besonders, oder zeigt Ihnen die Punktzahl, daß zwei Doshas ähnlich stark ausgeprägt sind? Vielleicht aber auch alle drei ähnlich stark vertreten? Die Eigenheiten zu den einzelnen Doshas finden Sie im folgenden:

## Der Vata-Typ

**Der Vata-Mensch muß auf Entspannung und ausreichenden Schlaf achten**

Vata-Typen sind diejenigen, bei denen das Element Luft vorherrscht. Die Lebensenergie fließt schnell und treibt ihn häufig zu sprunghaften Handlungen. Von seiner Persönlichkeit ist dieser Typ mitreißend, kreativ, lebhaft, gesprächig und manchmal auch unberechenbar. Er geht mit raschen Schritten durchs Leben und liebt die ständige Veränderung. Da diese Menschen immer in Bewegung sind, widerstreben ihnen Routinearbeiten. Der Vata-Mensch ist begeisterungsfähig, energiegeladen, und meistens neigt er zur heiteren Stimmung. Auf Außensignale reagiert dieser Typ sehr sensibel, was ihn positiv oder negativ beeinflußt. Im Körperbau sind Vata-Typen häufig schlank und feingliedrig. Sie haben meistens keine Probleme mit Übergewicht. Wenn sie jedoch übermäßig aktiv sind und zuwenig auf Entspannung achten, kommen sie leicht aus dem Gleichgewicht. Darüber hinaus können üppige Mahlzeiten, ein Zuviel an kalten, trockenen oder rohen Speisen sowie zuwenig Schlaf, kaltes und windiges Wetter zu Störungen führen. Unterliegt dieser Typ einem zu starken Streß, sind psychosomatische Störungen die Folge: Angstgefühle, seelische Erschöpfungszustände sind typische Reaktionen. Auch kann es zu Schwindelgefühlen, Bluthochdruck, Muskelverspannungen, Nerven- und Gelenkbeschwerden kommen. Da diese Menschen dazu neigen, sich viele Sorgen zu machen, sind Schlafstörungen oftmals die Folge. Vata-Typen sind also die »klassischen Streß-Persönlichkeiten«. Wichtig für sie ist eine angemessene Zeit der Entspannung, ausreichender Schlaf und ein geregelter Lebensrhythmus, um einer Krankheit vorzubeugen.

**Der Vata-Typ ist die klassische »Streß-Persönlichkeit«**

**Der Vata-Typ**

- handelt schnell
- ist begeisterungsfähig
- macht sich viel Sorgen
- hat eine schnelle Auffassungsgabe und vergißt schnell

- neigt zu unregelmäßigen Mahlzeiten und hat Verdauungsprobleme (Verstopfung)
- hat leichten und oft unterbrochenen Schlaf
- hat geringes Gewicht, einen leichten Körperbau
- hat Abneigung gegen kaltes, windiges Wetter
- sein Lebensgefühl: wechselhaft und heiter

## Der Pitta-Typ

**Der Pitta-Mensch muß Ruhepausen einplanen**

Die Konstitution des Pitta-Typs ist geprägt durch das Urelement Feuer. Pitta-Typen sind wahre Führungsnaturen, die sich nur schwer unterordnen können. Sie können sie an einem zielstrebigen Gang erkennen. Sie verfügen über einen präzisen, analytischen Verstand und eine gute Konzentrationsfähigkeit. Sie leben nach der Uhr und hassen jede Art der Zeitverschwendung. Befindet sich ihr Hauptelement Feuer im Gleichgewicht, ist ein solcher Pitta-Mensch innerlich ruhig und zufrieden. Er verhält sich warmherzig und liebevoll. Kommt es jedoch zu Störungen im inneren Gleichgewicht, zum Beispiel weil der Terminplan ins Wanken gerät, dann kann sich diese feurige Energie in aggressivem Verhalten (Wut und Kritiksucht) äußern: Ungeduld, Reizbarkeit, Jähzorn, Intoleranz, Eifersucht können die übertriebenen Reaktionen des Pitta-Menschen sein.
Pitta-Menschen sind von mittlerer Statur, schlank und haben wenig Probleme mit ihren Pfunden. Ihr Stoffwechsel funktioniert sehr gut, sie schwitzen viel, essen reichlich und verfügen über ein ausgezeichnetes Verdauungssystem. Aufenthalte in Hitze und Sonne sowie zu stark gewürzte Speisen lehnt der Pitta-Mensch ab. Durch seine allgemein unempfindliche Verfassung verfügt dieser Typ häufig über gute körperliche Abwehrkräfte. Seine feurige Energie treibt ihn häufig dazu, sich zu überfordern und persönliche Streßgrenzen zu überschreiten. Empfehlenswert ist es also, ein maßvolles und geregeltes Leben zu führen.

**Das Lebensmotto eines Pitta-Typs lautet: »Intensiv leben«**

**Der Pitta-Typ**

- ist schnell erregt und gereizt
- hat eine durchschnittliche Auffassungsgabe
- hat guten Hunger und gute Verdauungsfähigkeiten
- hat einen mittleren Körperbau
- hat eine Abneigung gegen heißes Wetter
- läßt Mahlzeiten nur ungern ausfallen
- ist meistens ein guter Redner

- hat gute Auffassungsgabe
- Lebensmotto: Aktion

## Der Kapha-Typ

**Der Kapha-Typ muß auf Flexibilität und Bewegung achten**

Kapha-Menschen sind nicht so leicht aus der Ruhe zu bringen, denn ihr Lebensrhythmus ist auf Ruhe und Bedächtigkeit programmiert. Bei ihnen herrscht das wäßrig-erdige Element vor. Sie sind Menschen mit einer starken Lebenskraft und mit starkem Durchhaltevermögen. Sie geben sich gern mit bestehenden Situationen zufrieden und wollen diese bewahren. Sie wachen morgens langsam auf, lieben es, im Bett zu kuscheln, und verfügen meistens über eine ausgezeichnete Gesundheit und eine starke Körperabwehr. Durch seine Zufriedenheit strahlt der Kapha-Typ auf seine Umwelt eine angenehme Gelassenheit aus. Häufig ist er vom Körperbau etwas untersetzt. Daher machen auch Gewichtsprobleme und eine langsame Verdauung diesem Typ zu schaffen. In Streßzeiten und unter Druck neigt er dazu, sich durch Essen zu trösten. Gutes Essen und Trinken sind für ihn wichtige Lebenselexiere. Sein langsamer Lebensrhythmus und oftmals mangelnde Initiative und körperliche Tätigkeit führen häufig zu einer Unterforderung des Kapha-Typs. Sein Versuch, an Bestehendem festzuhalten, kann leicht dazu führen, daß er sich selbst blockiert und sich seine Lebensenergien stauen. Das kann zu Depressionen führen. Resignation, aber auch Habsucht und Neid sind typische Merkmale hierfür.

**Der Kapha-Typ zeigt starke Lebenskraft und Durchhaltevermögen**

**Der Kapha-Typ**

- ist eine ruhige und harmonische Persönlichkeit
- ist wenig reizbar
- hat eine langsame Auffassungsgabe, aber ein gutes Gedächtnis
- arbeitet methodisch
- hat stabilen, schweren Körperbau
- hat einen langen, tiefen Schlaf
- hat Abneigung gegen naßkaltes Wetter
- Lebensmotto: Regelmäßigkeit und Gelassenheit

**Unabhängig vom Typ ist das innere Gleichgewicht anzustreben**

Natürlich kommen diese drei Typen nicht in »Reinform« vor. Die meisten Menschen sind Mischtypen aus häufig zwei Komponenten im Vordergrund. »Lebensaufgabe« eines jeden Typs aber ist das Gleichgewicht in seinem Charakter. Hat beispielsweise der Pitta-Typ zuviel Feuer, zuviel Ansporn, wäre es unsinnig, ihn mit heißen Getränken, scharfen Speisen,

warmem Klima zusätzlich zu belasten. Der Pitta-Typ muß darauf achten, daß die beiden anderen Elemente ausreichend gefördert werden, um im Gleichgewicht zu bleiben.
Wenn Sie nun an Ayurveda Geschmack gefunden haben, werden Sie vielleicht einmal ein Seminar des Frauennetzwerks »SYNERGIENET« besuchen wollen. Dort werden Sie Ihren Typ oder Mischtyp kennenlernen. Aber Sie können auch mit dem hier dargestellten Wissen hinter Ihren Ayurveda-Charakter kommen. Sorgen Sie vor allem für Ausgewogenheit zwischen Aktivität und Ruhe, Spannung und Entspannung.
Krankheiten und Streßleiden haben ihren Ursprung im Kopf und übertragen sich von dort auf den gesamten Organismus. Um die Selbstheilungskräfte zu mobilisieren, braucht Ihr Körper geistige Nahrung. So geht auch Ayurveda davon aus, daß die drei Lebensenergien, die »Doshas«, an bestimmten Tageszeiten unterschiedlich konzentriert vorhanden sind. Das gilt auch für die Jahreszeiten.
Nach den Ayurveda-Empfehlungen sollten Sie morgens früh aufstehen und zuerst ein Glas warmes Wasser trinken, um den Stuhlgang zu fördern. Intensive Körperpflege und gründliches Zähneputzen, eventuell

*Gesundheit ist ein hohes Gut. Sie dient dem Glück und bringt Pläsir. Krank wird man nur, wenn man nichts tut. Nun tu mal was, du faules Tier.* (Julius Hackethal)

Massage oder ein Bad sind weitere Voraussetzungen für einen guten Tagesbeginn. Des weiteren einige Yogaübungen, wie die von uns empfohlenen »Tibeter«. Daran sollten Sie ein leichtes Frühstück anschließen und am Wochenende einen halbstündigen Morgenspaziergang.

**Leben Sie nach Ihrem Tagesrhythmus, und sparen Sie Kraft**

Ab 10 Uhr beginnt die Pitta-Zeit, eine Phase, in der Sie besonders aktiv und leistungsfähig sind. Hier sollten Sie die wichtigsten Arbeiten des Tages erledigen. Das regt auch Ihr Verdauungsfeuer an, so daß Sie gegen 12 Uhr Hunger bekommen werden. Unterbrechen Sie also Ihre Arbeit, und bleiben Sie nach dem Essen fünf Minuten ruhig sitzen, oder machen Sie einen Verdauungsspaziergang.
Anschließend geht die Pitta- in die Vata-Phase über: Zwischen 14 und 16 Uhr ist die beste Zeit, kreativ zu sein. Und gegen 22 Uhr ist die beste Einschlafzeit. Danach herrscht bis gegen 2 Uhr morgens die Pitta-Phase, in der das innere Feuer nicht mehr so sehr dafür verwendet wird, Nahrung zu verdauen, sondern um den Körper während des Schlafs warm zu halten. In der Zeit von 2 bis 6 Uhr morgens sorgt Vata dafür, daß Sie lebhaft träumen.

## Die »Entsorgung« als Reinigung für Körper und Geist

**Wahre Schönheit kommt von innen**

Wollen Sie noch mehr in Ihren Körper investieren? Dann reinigen Sie Ihren Körper durch das Panchakarma. Bei dieser Reinigungstherapie steht die Lösung von unabgebauten Stoffwechselprodukten und unverdauten Nahrungsbestandteilen im Vordergrund. Umweltbedingte Gifte werden aus dem Organismus ausgestoßen. Dazu werden ölige Substanzen verabreicht, meistens mittels eines gereinigten Butterfettes, Ghee genannt, oder anderer ölhaltiger Nahrungsmittel. Nach ayurvedischer Überlieferung dringt dieses Butterfett in die Zellen des Körpers ein und befreit ihn von Stoffwechselablagerungen. Diese Prozedur dauert etwa drei bis vier Tage, bis alle Schlackstoffe aus dem Körper entsorgt sind. Anschließend sollte der Körper mit einer Massage mit medizinischen Ölen verwöhnt werden. Das aktiviert den Stoffwechsel in der Muskulatur und im Bindegewebe und verwöhnt die Seele. Daran schließt sich eine Wärmebehandlung im Kräuterdampfbad zur Reinigung von Haut und Schleimhäuten an. Sorgen, Ängste, Unzufriedenheit treten während dieser Behandlung in den Hintergrund und lösen sich nach und nach auf, so daß Sie sich ganz und gar entspannen können. Einige der typischen ayurvedischen Einzelbehandlungen sind:

**Entsorgung ist genauso wichtig wie Versorgung**

Shirodhara: »der warme Ölguß«

**warmer Ölguß**

Hier wird ein steter, körperwarm temperierter Ölstrahl nach einem festgelegten Muster über die Stirn gegossen. Die Behandlung dauert in der Regel 20 bis 30 Minuten und beruhigt das vegetative Nervensystem.

Abhyanga: »die liebenden Hände«

**liebende Hände**

Hier wird eine sanfte Ganzkörpermassage von zwei Therapeuten gleichzeitig ausgeführt. Durch die Verwendung ganz bestimmter medizinischer Öle kommt es zu einer ausdauernden, entspannenden und beruhigenden Wirkung.

Pizzichilli: »die königliche Therapie«

**königliche Massage**

Pizzichilli ist eine Ganzkörperölmassage, kombiniert mit Wärmebehandlung. Dabei fließt nahezu eine Stunde warmes Sesamöl über den Körper, das von zwei Masseuren mit synchronen Handgriffen einmassiert wird. Diese Kombination regt den Stoffwechsel an und bewirkt eine optimale Tiefenentspannung.

Pindasveda: »Massage mit zwölf Händen«

Diese sehr aufwendige Form der Massage ist besonders empfehlenswert bei Nerven- und Muskellähmungen. Warme Kräuterreispackungen und medizinische Öle werden von sechs Therapeuten gleichzeitig in die Haut eingerieben.

Auch wenn Sie nicht die Möglichkeit haben, an einem unserer Panchakar-

*Die beste Medizin gegen große Sorgen sind kleine Freuden.*

ma teilzunehmen, raten wir Ihnen, sich ein persönliches Entspannungs- und Verwöhnwochenende zu gönnen.

## Ihr Verwöhnwochenende

**Buchen Sie Harmonie**

Für Frauen ist der positive Kontakt zum eigenen Körper ganz besonders wichtig, da dieser die gesamte Lebenseinstellung beeinflußt. Durch das Hormonsystem sind Körper, Seele und Geist eng miteinander verbunden. Mit den Gefühlen, die wir unserem Körper entgegenbringen, bestimmen wir nicht nur unser Aussehen und unsere Ausstrahlung, sondern auch unsere Vitalität und unsere Gesundheit. Strahlender Teint und jugendliches Aussehen, wer wünscht sich das nicht? Aber äußere kosmetische Anwendungen führen nicht allein zum Erfolg. Innere Zufriedenheit, ausreichender Schlaf, vitaminreiche Kost sind einige Faktoren, die Ihr Erscheinungsbild beeinflussen. Also gönnen Sie sich öfter ein Verwöhnwochenende für Ihre innere Harmonie. Genießen Sie diese Zeit mit Freunden, und bereiten Sie sich auf dieses Wochenende vor.

**Freitag: Einstimmung**

*Freitag: Tag der Einstimmung.* Stimmen Sie sich schon am Freitag auf das Wochenende ein. Bummeln Sie durch die Stadt, und kaufen Sie sich einen Strauß Ihrer Lieblingsblumen, besorgen Sie sich Ihren Lieblingsduft, und sorgen Sie dafür, daß vitaminreiche Lebensmittel für das Wochenende im Haus sind. Ölen Sie am Abend Ihren Körper von Kopf bis Fuß ein, und nehmen Sie anschließend ein entspannendes Bad oder eine Dusche. Fühlen Sie sich im Wasser wohl. Verwenden Sie hierbei Ihren Lieblingsbadezusatz. Genießen Sie die wohlige Ruhe und Wärme. Beenden Sie das Bad nach ca. 20 Minuten mit einer kalten Dusche. Gegen 18.30 Uhr ist die ideale Zeit für ein leichtes Abendessen. Zu empfehlen ist eine Gemüsesuppe, um den Magen nicht zu belasten und um einen ruhigen Schlaf zu fördern. Denken Sie an eine ruhige und gepflegte Atmosphäre. Entspannen Sie sich bei Ihrer Lieblingsmusik, und gehen Sie gegen 22 Uhr schlafen. Stellen Sie ein Glas lauwarmes Wasser an Ihr Bett für den Fall, daß Sie Durst bekommen. Eine Duftlampe mit schlaffördерndem und entspannendem Duft kann Ihre Einschlafphase verkürzen helfen. Fernsehen sollten Sie an diesem Abend vermeiden.

**Samstag: Entschlacken**

*Samstag: Entschlacken und Ballast abwerfen.* Stehen Sie gegen 7 Uhr auf; das ist die günstigste Zeit. Verschlafen Sie nicht Ihr Verwöhnwochenende. Trinken Sie zunächst ein Glas warmes Wasser, und gehen Sie auf die

Toilette. Reinigen Sie den Mund von Belägen, indem Sie mit einem Löffel die Zunge abschaben. Danach entgiften Sie Ihren Körper mit einer Mundölspülung. Nehmen Sie dazu einen Schluck Sonnenblumenöl, und kauen und verquirlen Sie das Öl in Ihrem Mund. So werden Giftstoffe gebunden und das Zahnfleisch massiert. Danach putzen Sie gründlich Ihre Zähne. Ölen Sie Ihren Körper ein, und duschen Sie anschließend. Wer abnehmen und entschlacken will, sollte vorher eine Bürstenmassage in Richtung Herz durchführen. Das festigt das Bindesystem und regt den Kreislauf an. Wenn es Ihnen gefällt, sollten Sie sich jetzt Zeit nehmen für eine Meditation – Yoga oder Gymnastik. Danach ein leichtes Frühstück mit Obst, Brot und Marmelade. Vermeiden Sie an diesem Tag Kaffee und schwarzen Tee. Erfrischen Sie Ihren Körper und Geist mit einem ausgiebigen Morgenspaziergang. Essen Sie Mittag gegen 12 Uhr: ein leichtes Gericht; vermeiden Sie Fleisch, und bevorzugen Sie gedünstetes Gemüse. Ruhen Sie sich nach dem Mittagessen aus. Den Nachmittag nutzen Sie zu Bewegung, Spaziergang, Sport, Gymnastik, oder machen Sie einen Ausflug. Besuchen Sie Freunde, oder machen Sie das, was Ihnen besondere Freude macht. Abendessen gegen 18 Uhr: leichtes Essen, eventuell dazu einen Kräutertee, bitte keinen Alkohol. Bevor Sie zu Bett gehen, sollten Sie etwas für Ihre Schönheit tun, zum Beispiel eine Gesichtsmaske auflegen oder eine Haarkur machen. Gehen Sie wie am Freitag schlafen.

**Träume sind der Sonntag unseres Denkens**

*Sonntag: Sie fühlen sich fit.* Aufstehen wie am Samstag, Frühstück wie Sie es von einem Sonntagsfrühstück gewöhnt sind, aber bitte ohne Kaffee oder schwarzen Tee. Gehen Sie am Mittag mit Ihrem Partner in Ihr Lieblingsrestaurant. Bestellen Sie für sich aber nur eine kleine Portion. Nach dem Essen tut wieder ein Spaziergang gut. Genießen Sie den Nachmittag mit Dingen, zu denen Sie sich sonst nie Zeit nehmen: Lesen Sie ein Buch, hören Sie gute Musik, besuchen Sie ein Nachmittagskonzert oder ein Museum. Der Abend beginnt wieder gegen 18 Uhr mit einem leichten Essen. Genießen Sie ihn in einer gemütlichen Atmosphäre bei Ihrer Lieblingsmusik, und gehen Sie frühzeitig – spätestens gegen 22 Uhr – schlafen. Lassen Sie das Wochenende Revue passieren, und fühlen Sie Ihren verwöhnten Körper.

## Typgerechte Ernährung

**»Eure Nahrungsmittel sollen Heilmittel und eure Heilmittel sollen Nahrungsmittel sein.« (Hippokrates)**

Ein wichtiger Bestandteil der ayurvedischen Ganzheitsmedizin ist die Ernährung. Denn was und wieviel wir essen und wie wir unsere Nahrung zubereiten und wieviel Zeit wir für die Nahrungsaufnahme verwenden, entscheidet darüber, ob wir uns richtig oder falsch ernähren. Ayurveda propagiert kein enges Ernährungsdogma, im Gegenteil: Sie müssen keine »eingefleischte« Vegetarierin sein; das ganzheitliche ayurvedische Ernährungskonzept bietet für jeden Geschmack etwas. Vielen Diäten können Sie aus dem Weg gehen, wenn Sie sich typgerecht ernähren. Denn jeder Mensch braucht einen anderen Speiseplan.

**Vata-Typen sollten gekochte und leichtverdauliche Speisen bevorzugen**

Der Vata-Typ sollte auf einen Ausgleich durch leichtverdauliche, ölige und warme Speisen achten. Aufläufe, Suppen und nahrhafte Eintöpfe sind Gerichte, die dieses Dosha beruhigen. Warme Milch, Nudeln, frisches Brot gehören ebenfalls dazu. Allerdings sollten kalte Speisen, eisgekühlte Getränke sowie rohes Gemüse reduziert oder ganz vermieden werden. Besser verwenden Sie spezielle Gewürzpulvermischungen, sogenannte »churnas«. Vata-Typen neigen zu einer unregelmäßigen Verdauung, deshalb sollten Sie gekochte und leichtverdauliche Speisen bevorzugen. Da Vata-Menschen sehr empfindlich auf Spannungen reagieren, sollten Sie für eine ruhige und angenehme Atmosphäre beim Essen sorgen. Zu den Lebensmitteln, die für den Vata-Typ geeignet sind, gehören: Gemüse und Salate wie Karotten, Gurken, Spargel, in geringen Mengen auch Erbsen, Spinat und Kartoffeln, des weiteren alles Obst, Getreide, Reis oder Weizen, Milchprodukte aller Art, Fleisch und Eier, Süßmittel wie Honig, Ahornsirup und Zuckerrohrprodukte und süße Kräuter (Anis, Basilikum, Muskat, Majoran, Kümmel etc.). Reduziert werden sollten Gemüse und Salate wie Rosen- und Blumenkohl, Brokkoli, Paprika und Pilze sowie unreifes Obst und Preiselbeeren, Birnen und Bananen, Sauermilchprodukte in größeren Mengen.

**Wenig Fleisch, viel Gemüse und Salat sind Richtlinien für den Pitta-Typ**

Der Pitta-Typ sollte auf alles, was den Körper zusätzlich erhitzt, wie Öl, Salz und anderes starkes Gewürz, in der warmen Jahreszeit weitgehend verzichten. Der meistens gesegnete Appetit des Pitta-Typs kann am besten dadurch gestillt werden, daß Zutaten mit bitterem und herbem Geschmack auf dem Speisezettel stehen. Empfehlenswert sind für den Pitta-Typ Gemüse und Salate wie Rosenkohl, Brokkoli, Gurken, Spargel, grünes Blattgemüse, Kartoffeln, Pilze, Paprika, Zucchini, Avocados, Obst, insbesondere Kirschen, Feigen, Trauben, Mangos, Melonen, Ananas, Getreide und Milchprodukte wie ungesalzene Butter, Hüttenkäse, Hülsenfrüchte wie grüne Bohnen, Tofu und andere Sojaprodukte, Eier, verschiedene Fleischsorten wie Geflügel, Fasane, Hase und Wild. Für den Pitta-Typ eignen sich alle Süßmittel außer Honig und Melasse sowie sanfte Gewürze wie Safran, Fenchel, Dill, Ingwer und schwarzer Pfeffer.
Reduziert werden sollten Gemüse und Salate wie Karotten, Rettiche, Tomaten, scharfer Paprika, Spinat, alle sauren Früchte wie Äpfel, Pflaumen, Orangen, Sauerkirschen, Grapefruits, Zitronen, Preiselbeeren, Sauermilchprodukte wie Joghurt, Sauerrahm, Quark. Ferner sind mit Vorsicht zu genießen: Hülsenfrüchte wie Linsen, Brot und Schweinefleisch, Meeresfrüchte sowie alle scharfen Gewürze wie Cayennepfeffer, Senfkörner, Zwiebeln und Chili.

**Scharfe Gewürze wirken beim Kapha-Typ fördernd**

Das Gleichgewicht des Kapha-Typs ist am meisten bei süßer und fetter Nahrung gefährdet. Deshalb sind leichte und trockene Nahrungsmittel zu bevorzugen, denn sie gleichen sein Dosha aus. Dazu gehören fettarme, nicht allzusehr durchgekochte Speisen, alle Gemüsearten, die oberirdisch wachsen, frisches Obst und Salate. Wollen Sie das Gemüse nicht roh essen, kann man es auch leicht dünsten. Achten Sie darauf, daß Ihre Mahlzeiten eher bescheiden ausfallen, denn ansonsten fördern sie ein Kapha-Übergewicht. Scharfe, bittere und herbe Geschmacksrichtungen gleichen sein Dosha dagegen aus. Insbesondere in den Wintermonaten empfiehlt sich für diesen Konstitutionstyp heißes und scharfes Essen, denn es wirkt der feuchtkalten Wetterlage, die dem Kapha-Menschen meist schwer zu schaffen macht, entgegen.
Zur richtigen Ernährung für den Kapha-Typ gehören beinahe alle Gemüsesorten, viel Obst, Getreide wie Gerste, Buchweizen, Mais, Hirse, weißer Reis, fettarme Milch oder Vollmilch in kleinen Mengen, alle Hülsenfrüchte außer Sojaprodukte, Fleisch, Eier, Garnelen, wenig Wild. An Süßmitteln ist Honig zu empfehlen und an Kräutern und Gewürzen alles außer Salz, besonders dagegen Ingwer, schwarzer Pfeffer, Nelken, Kardamom und Koriander. Sparsam sollten Sie dagegen sein mit Gemüse und Salaten wie Gurken, Tomaten, Kürbisse und Zucchini. An Obst empfehlen sich für den Kapha-Typen Bananen, süße Melonen, Ananas, Pflaumen, Mangos, außerdem Milchprodukte in großen Mengen, alle Öle und Fette, möglichst Rind- und Schweinefleisch, Lamm und alle Meerestiere. Vermeiden sollten Kapha-Typen alle Arten von Nüssen, Süßmittel und an Gewürzen Salz.

## Resümee

- »Der Mensch ist, was er ißt« – dieses alte Sprichwort verdeutlicht den Zusammenhang von Ernährung und seelisch-geistigem Befinden.
- Neben der typgerechten Ernährung ist es sehr wichtig, daß Sie viele heimische Produkte sowie Obst und Gemüse entsprechend der Jahreszeit auswählen.

# Dr. Heidi Schüller: Gesundheit kommt von innen

*Frage: Haben es Frauen schwerer im Beruf als Männer?*
Schüller: Sie machen es sich schwerer, weil sie etwas verantwortungsbewußter sind für das, was neben dem Beruf noch läuft: Familie, Kinder, Partnerschaft.

*Frage: Sie sind über den Sport bekannt geworden.*
Schüller: Das läßt sich nicht verleugnen. Das Bild von München 1972, als ich bei der Eröffnungsfeier der Spiele den olympischen Eid geschworen habe, klebt an mir. Für die meisten Menschen ist damit eine schöne Erinnerung verbunden. Ich symbolisiere dieses schöne Gefühl. Manchmal ist es schwer zu vermitteln, daß das nur zwei Minuten meines Lebens waren und daß ich den Rest etwas ganz anderes gemacht habe.

**Belastungen spornen mich an**

*Frage: Haben Sie damals vor Ihrem ungewöhnlichen Auftritt Angst gehabt?*
Schüller: Das klingt jetzt blöd, aber ich bin sehr nervenstark. Und je härter die Belastung, desto besser werde ich. Ich hatte etwas ganz anderes im Kopf, etwas Privates: Ich wußte, daß es in diesem Rund einen Menschen gibt, den ich lange nicht gesehen hatte, auf den ich mich freute, von dem ich wußte, daß er da war; ich hatte ihn nur noch nicht gesehen. Und ich wußte in diesem Moment: Er sieht mich jetzt sicher; also weiß er, wo ich bin. Und dann relativieren sich so nationale, tragende Ereignisse auf sehr persönliche. Und daher kommt vielleicht auch diese persönliche Aura, die man verströmt.

**Ausstrahlung ist wichtig**

*Frage: Was verstehen Sie unter Aura?*
Schüller: Daß jemand, unabhängig von Schönheit oder Nichtschönheit, eine Ausstrahlung hat. Es gibt auch alte Menschen, die zerknittert sind und ein Lachen im Gesicht haben, das ansteckend ist.

*Frage: Gehen Männer mit der Angst anders um als Frauen?*
Schüller: Ich kenne mehr mutige Frauen als mutige Männer und mehr ängstliche Männer als ängstliche Frauen. In Krisen- und Streßsituationen habe ich Frauen bombenstark erlebt. Männer bekämpfen ihre Angst sehr mit Ritualen, Etikette und Hierarchie. Ich kenne das auch in der Medizin: Wenn beispielsweise nach einem Busunfall zehn Notfälle auf einmal auf die Intensivstation kommen und wir mit der Situation völlig überfordert sind, dann sehen Sie sofort Frauen rennen, organisieren, improvisieren. Die Männer stehen mit verschränkten Armen da und brüllen »Schwester!«

**Frauen sollen sagen, was sie können und wollen**

*Frage: Müssen Frauen auch fachlich besser sein als Männer?*
Schüller: Sie müssen trommeln lernen und mit ihren Fähigkeiten und Kapazitäten nicht so hinter dem Berg halten. Sie sollen sagen: »Das kann ich, und das will ich« und nicht warten, bis sie dazu aufgefordert werden. Das haben unsere Großmütter gemacht.

*Frage: Können Sie mit Männern besser arbeiten als mit Frauen?*
Schüller: Ich kann Männer ganz gut behandeln und kenne ihre »Machismen«, weil es immer dieselben sind: Spielchen von Mögen, Sympathie und Kompetenz. Und da, wo etwas passieren muß, wo Entscheidungen gefällt werden müssen, muß man sich auch mit Härte durchsetzen.

**Ohne Entspannung keine Power**

*Frage: Frau Breuel sagte uns in einem Interview: »Erfolgreiche Männer sind gute Männer, erfolgreiche Frauen sind keine Frauen.«*
Schüller: Ja, ich habe manchmal das Gefühl, daß das mit etwas ganz Banalem zusammenhängt, und zwar mit der Sprache und der Stimme. Wenn

Männer etwas durchsetzen wollen, haben sie eine bestimmte Tonlage, die sehr durchgreifend ist und hart wirkt, die – wie im Tierreich – schon von der Phonetik wirkt. Wenn Frauen etwas sagen, tun sie das mit einer gehobenen Stimmlage. Wenn sie deutlich und scharf werden, klingen sie oft spitz und schrill.

*Frage: Würden Sie sich als Karrierefrau bezeichnen?*
Schüller: Phasenweise; ich habe immer Powerschübe. Als Dauerzustand fände ich es unerträglich, eine Powerfrau zu sein, für mich und für alle Menschen, die mir nahe sind. Es gibt Phasen, in denen man klotzt und powert und durchsetzt. Dazwischen braucht man auch Phasen, in denen man tankt, zur Ruhe kommt und wie ein Maikäfer auf dem Rücken liegt und alle viere von sich streckt: liest, Musik hört oder überhaupt nichts tut.

*Frage: Man hat Ihnen zu Ihrem Buch »Alterslüge« den Vorwurf gemacht, Sie hätten sich in Dinge eingemischt, von denen Sie nichts verstünden.*
Schüller: Es ehrt mich, daß meine Prognosen alle eingetroffen sind und die der Fachleute nicht.

*Frage: Viele treiben mit dem Körper Raubbau: 16 Stunden Arbeit, rauchen, Alkohol, und die Vorsorge für Gesundheit wird als unwesentlich angesehen.*
Schüller: Ich glaube, Menschen, die so leben, machen einen anderen Fehler: Sie hören nicht auf ihre Signale und nehmen sich selber nicht mehr richtig wahr. Sie lassen sich jagen, sind Gehetzte. Viele dieser »Karrierediener« hören ihre eigenen Körpersignale nicht mehr. Dann erleben wir solche Sachen wie bei Barschel: Menschen, die sich völlig überfordern und zum Teil gar nicht mehr wissen, was sie tun, und das beispielsweise mit Medikamenten kompensieren.

**Hören Sie auf die Signale Ihres Körpers**

*Frage: Welchen Rat würden Sie solchen Leuten geben?*
Schüller: Da muß ich den Betreuerstab kritisieren, daß sie den Betreffenden nicht für eine Weile aus der Hektik herausnehmen, wenn er zu erschöpft ist. Das würde im übrigen auch jeder verstehen. Ich begreife nicht, daß man sich da so einer fiktiven Notwendigkeit unterjocht. Gesundheit ist zu einem ganz großen Teil Sache der persönlichen Wahrnehmung, ob ich mich wohl fühle oder nicht. Ob jemand krank ist, hat sehr viel damit zu tun, ob jemand krank sein will. Das alles spielt sich im Kopf ab. Ab dem Moment, in dem ich Ihnen eine Diagnose sage, die Sie vorher nicht wußten, fühlen Sie sich krank, obwohl Sie es eigentlich nicht müßten. Unser ganzes Gesundheits- und Sozialsystem hat die falschen

**Krankheit spielt sich im Kopf ab**

Anreize: Es fördert die Krankheit und nicht die Gesundheit, es fördert das Phlegma und nicht das Engagement. Deshalb müssen wir uns nicht wundern, daß wir unsere Gesellschaft ganz pathologisieren, sie krank machen. Was wir brauchen, ist ein Systembruch und ein völlig anders gestaltetes Honorierungs- und Finanzierungssystem.

*Frage: Es gibt keine herausragende deutsche Medizinerin in leitender Position. Ist das richtig?*

**Kinder sind Karriere-bremsen**

Schüller: Das hat keinen Kompetenzgrund. Wir haben mehr Medizinstudentinnen als -studenten, und wir haben bessere Examinantinnen als Examinanten. Das Eigentor schießen wir Frauen uns mit unseren Kindern. Wenn wir Kinder in die Welt setzen – das ist bei einer Frau meist am Ende des Studiums –, haben wir gerade geschnuppert an dem, was Karriere ist, und schießen uns mit den Kindern ins Abseits, weil die Strukturen nicht so gebaut sind, daß man Familie, Kinder und einen solchen harten Beruf unter einen Hut bekommt. In der Intensivmedizin kommt man nie pünktlich raus. Ich kann keinen Halbtagsjob machen oder um 12 Uhr den Griffel fallen lassen. In der Zeit, in der Frauen Familienplanung machen, strikken die Männer ihre Networks und machen Karriere. Und wenn Frauen sich überhaupt zutrauen, noch einmal zurückzukommen, sind sie in den schnellen Technologiebereichen längst raus aus dem Geschäft.

*Frage: Glauben Sie, daß für eine erfolgreiche Frau das Outfit eine Rolle spielt?*

**Das Outfit ist sehr wichtig**

Schüller: Ja, nicht im Sinne von modisch, aber im Sinne von ansprechend. Wenn eine Frau sich kleidet wie eine graue Maus, fad und verknittert, dann zeigt sich das ja nicht nur an ihrem Outfit, sondern sie geht auch entsprechend verschüchtert. Dann hat sie schon verloren, bevor sie den Mund aufmacht.

*Frage: Lachen Sie gerne?*

**Lachen ist gesund**

Schüller: Solange ich noch etwas zum Lachen habe. Aber auch, wenn es ganz chaotisch wird, wenn alles zusammenbricht, dann fange ich an zu lachen. Das ist fast ein Reflex. Wenn alles um mich herum die Nerven verliert und ich mich frage: »Was kann denn nun noch kommen?« Dann kann ich aus diesem Gefühl heraus wirklich herzhaft lachen.

*Frage: Können Frauen gerade in solchen Situationen eher lachen als Männer?*

Schüller: Ich glaube, das hat etwas damit zu tun, daß Männer solche Situationen nie alleine erleben, sondern immer in ihren Networks. Diese Networks erlauben nicht, aus der Rolle zu fallen. Man ist festgelegt auf die Chefposition, auf Führerschaft, Opinion Leader. Und Männer wagen es nicht, diese Ebene zu verlassen, sich dem Chaos einfach zu ergeben und zu sagen: »Ich kann jetzt nichts mehr machen.« Frauen erleben solche Situationen viel mehr alleine. Sie haben diese Stütz- und Fördermechanismen nicht. Sie brauchen deshalb aber auch nicht so viele Rollen zu spielen.

*Frage: Wäre es nicht gut, wenn Frauen auch entsprechende Networks hätten?*

**Integrieren sie sich in einem Netzwerk**

Schüller: Für Männer sind Networks selbstverständlich, und für Frauen ist es deshalb schwierig, weil sie, besonders wenn sie Familie haben, den Anschluß kaum halten können. Grundsätzlich finde ich es für jeden Menschen wichtig, daß er in einem Netzwerk integriert ist. Das muß ja gar nicht auf Karriere getrimmt sein, sondern das kann auch etwas sein, das einen nur menschlich stützt.

*Frage: Können Sie sich vorstellen, daß Frauen solche Networks aufbauen?*

**Frauenpolitik ist zu einseitig**

Schüller: Das gibt es offiziell ja alles schon. Wenn man aber etwas genauer hinschaut, sind dort oft nicht Frauen, die aus eigener Kraft Karriere gemacht haben, sondern reiche Erbinnen oder Ehefrauen von früh verstorbenen Unternehmern. Das ist aber keine besondere Qualifikation; das ist nicht der Typ Frau, den ich meine, sondern ich meine eine Frau, die eine Idee oder eine Vision oder Talent hat und die das auch verwirklicht. Diese Frauen haben oft gar nicht die Zeit, solche Gruppen zu besuchen. Sie haben ja neben ihrem Job, neben dem Termindruck noch ihre Kinder und Familie, denen sie halbwegs gerecht werden wollen. Das ist ja auch das große Problem von Politikerinnen: Das, was sie machen, ist nicht immer frauenfreundliche Politik, sondern eine Politik für Frauen, die eigentlich diese Erziehungsphase schon hinter sich haben oder nie gewollt haben. Deshalb ist aus meiner Sicht diese hyperfeministische Politik eine Politik für Frauen, aber nicht für Frauen mit Kindern.

*Frage: Viele Frauen, vor allem in der Politik, passen sich sehr stark männlichen Verhaltensmustern an, um sozusagen ein Teil der Männerwelt zu werden. Wird sie da nicht als »schwacher Mann« registriert?*

Schüller: Das kommt auf die Frau an. Es gibt androgyne Typen, die sollten auch nicht versuchen, eine weiche Welle zu machen, das nimmt ihnen keiner ab. Aber warum sollte man sich ein gelegentliches Lachen oder ein Augenzwinkern an der richtigen Stelle verkneifen – wohlgemerkt gegenüber der Sache, nicht gegenüber der Person, damit es nicht als Anmache erscheint.

# Selbstsicherheit gewinnen durch individuelle Aura

## Düfte steuern Sympathie und Antipathie

**Düfte steuern Zu- und Abneigung**

Wie Sie bereits gelesen haben, können Sie »Macht« über den Raum einnehmen. »Machtinstrument« ist hier die Stimme. Sie haben aber auch gelesen, daß Frauen meistens schmalere Stimmen haben, die den Raum nicht so einnehmen können wie die männliche Stimme. Dafür können Sie als Frau Düfte einsetzen, denn Düfte steuern in feinster Weise Zuneigung und Abneigung. Sie kennen das aus dem Alltag: Alles, was verzehrt und akzeptiert werden kann, riecht gut, und alles, was vernichtet werden muß, hat einen schlechten Geruch. Wenn Sie nicht ganz sicher sind, ob Lebensmittel noch genießbar sind, setzen Sie meistens Ihren Geruchssinn ein. Wenn das Lebensmittel schlecht riecht, werden Sie es vernichten.

**Der Geruch hat in unserem Gehirn Vorfahrt**

So ist es mit allen unseren Entscheidungen, die über den Geruch getroffen werden: Schönes wird aufgenommen, wird behalten, und Unangenehmes wird abgelehnt. Man sagt auch: »Ich kann sie oder ihn nicht riechen.« Und wir wissen eines: Der Geruch hat im Gehirn immer Vorfahrt.

*Düfte sind der kürzeste Weg zur Seele.* (Christel Pfeifer)

So beeinflussen Düfte im gesamten Tier- und Menschenbereich die Partnerwahl. Im Sexualverhalten der Tiere spielen Düfte eine besondere Rolle. So kann ein Schmetterlingsmännchen seine »Angebetete« aus mehr als zehn Kilometern Entfernung riechen. Auch Brunstverhaltensweisen und Paarungen werden über den Geruch gesteuert.

**Zehn Millionen Nervenzellen auf einer 5-Pfennig-Münze**

Wie funktioniert der Geruchssinn beim Menschen? In der Nasenhöhle, etwa in der Höhe der Augen, sitzt die Riechschleimhaut: ein kleines Stück, nicht größer als eine 5-Pfennig-Münze, jedoch ein wahres Wunderwerk. Diese Riechschleimhaut trägt insgesamt etwa zehn Millionen Nervenzellen, die mit einem dünnen Schleimfilm überzogen sind. Diese Nervenzellen werden ungefähr alle 28 Tage erneuert. Jede einzelne Zelle trägt ein kleines Büschel von sechs bis acht Flimmerhärchen, die chemisch so aufgebaut sind, daß bestimmte Duftmoleküle in sie hineinpassen wie bei einem Puzzle. Die Riechschleimhaut ist die einzige Stelle am Körper, an der das zentrale Nervensystem offen daliegt und so direkt mit der

Außenwelt Kontakt hat. Deshalb kann man auch sagen, die Zellen der Riechschleimhaut sind Gehirnzellen.

**Wo Düfte unser Herz berühren**

Wir nehmen mit jedem einzelnen Atemzug feinste Informationen aus unserer Umwelt auf. Diese Informationen erreichen die innersten Schaltstellen unseres Gehirns dort, wo die Düfte unser Herz berühren. Bevor wir also einen Duft bewußt wahrnehmen, hat er schon unser Unterbewußtsein erreicht und dort gewirkt. So ist der Riechsinn der Primärsinn und steuert weitgehend unbewußt unsere Gefühle.

**Angst kann man riechen**

Man hat zum Beispiel im Achselschweiß von Männern Substanzen gefunden, die dem männlichen Sexualhormon Testosteron sehr ähneln. Weiter entdeckte man auch, daß der Menstruationzyklus der Frau über menschliche Körpergerüche gesteuert wird. Gerüche sind Botschaften von Mensch zu Mensch. Wir haben eine andere Ausstrahlung, wenn wir zufrieden sind und in unserer Mitte ruhen, als wenn wir von Angst, Streß oder Aggression geplagt sind. Angst, das wurde in einer großen Untersuchung in den Vereinigten Staaten bewiesen, kann man riechen.

**Düfte sind »Konditionierungssysteme«**

Gerüche können also das Gefühl von Wohlbehagen oder auch von Unlust erzeugen. Düfte verbinden sich häufig mit positiven oder negativen Erinnerungen. Im Fachjargon nennt man es auch »Konditionieren«, d. h., es werden zwei Reize miteinander so verbunden, daß man einen Reiz später entfernen kann und man trotzdem die Erinnerung an den ausgebliebenen behält. Sie haben von diesem Phänomen sicherlich schon einmal unter dem Begriff »Pawlowsche Reizsysteme« oder »Pawlowsche Hunde« gehört.

Iwan Petrowitsch Pawlow (1849–1936), ein russischer Physiologe und Verhaltensforscher, läutete beim Füttern eines Rudels von Hunden ein kleines Glöckchen. Er verband damit die für die Hunde angenehme Nahrungsaufnahme mit dem Signal des Glöckchens. Wenn die Hunde die Nahrung vorgesetzt bekamen, begannen sie mit dem Einspeicheln, das nötig ist, um die Nahrung besser aufnehmen zu können. Mit der Zeit begannen die Hunde schon mit dem Einspeicheln beim Ertönen der Glöckchen, ohne daß Pawlow ihnen Nahrung vorsetzte.

**Der Geruch verbindet oder trennt**

So ähnlich funktioniert beim Menschen auch die Verbindung zwischen Düften und angenehmen oder unangenehmen Erfahrungen. Bestimmt haben Sie auch eine solche Erinnerung: ein wunderbares Erlebnis, beispielsweise mit einem Menschen, den Sie lieben, mit dem Sie ein bestimmter Geruch – wahrscheinlich ein Parfüm – verbindet. Und jedesmal, wenn Sie einen ähnlichen Geruch oder diesen selben Geruch wahrnehmen, wird der Augenblick des Erlebnisses wieder in Ihre Erinnerung zurückgerufen. Aber das passiert nicht nur mit positiven, sondern auch mit negativen Gerüchen.

**Aromatische Gerüche machen Appetit**

Diese Steuerung unseres vegetativen Nervensystems über den Duft entzieht sich normalerweise unserem bewußten Einfluß. So können Düfte Einfluß auf die Organe nehmen. Sie können unsere Atmung verlangsamen, den Herzschlag regulieren. Das Verdauungssystem spricht besonders auf Düfte an. Deshalb werden in der Küche aromatische Gewürze verwendet, die durch ihren Duft Appetit machen, die Magensaftfunktionen anregen und entkrampfen. Unser Geruchssinn ist wie ein unentdecktes Land. Wir benutzen im Alltag nur den allerkleinsten Teil unserer Fähigkeiten, Düfte bewußt einzusetzen. Für den Einsatz von Düften bieten sich grundsätzlich zwei große Möglichkeiten an:

Möglichkeit 1: Den Raum sekundär über eine Duftlampe mit einem speziellen Duft auszustatten.
Möglichkeit 2: Einen persönlichen Duft zu erzeugen, der – auch wenn Sie den Raum verlassen haben – den Raum füllt.

## Duftlampen füllen Räume mit Wohlbehagen

**Düfte sind wichtig...**

Eine Duftlampe ist ein Gefäß aus Keramik, Glas oder Porzellan mit einer Schale für Wasser, das durch eine Kerze erhitzt wird oder mit einem elektrischen Erhitzer, der Öle und Wasser verstäubt. Der aufsteigende Wasserdampf trägt die Duftmoleküle in den Raum. Der Duft im Raum beeinflußt die Stimmung der Menschen, die sich in ihm aufhalten. Hier unsere Empfehlungen:

**... im Wohnbereich, ...**

Für den Wohnbereich: Sie schaffen eine angenehme und freundliche Atmosphäre, zum Beispiel durch Eisenkraut, Lavendel, Melisse, Orange, Bergamotte, Myrte oder Mandarine.

**... im Arbeitsbereich, ...**

Im Arbeitsbereich brauchen Sie Öle mit anregender, konzentrationssteigender Wirkung, die möglicher Müdigkeit vorbeugt. Dazu gehören Eisenkraut, Minze, Myrte, Wacholder, Limette oder Zitrone.

**... im Schlafzimmer, ...**

Im Schlafzimmer sind beruhigende, schlaffördernde Öle für den sanften Ausklang des Tages notwendig, wie Melisse, Lavendel, Mimose, Geranie, Honigöl, römische Kamille, Rose oder Zedernöl. Ätherische Öle mit sinnlicher Wirkung sind Moschuskörner, Kardamom, Mimose, Tonka und Jasmin.

**... im Kinderzimmer ...**

Kinder freuen sich besonders über schöne Düfte. Düfte wirken beflügelnd auf die Phantasie und wirken angenehm auf die Schlafruhe. So sind Lieblingsdüfte der Kinder Mandarine, Vanille, Orange, Zimt oder Honigöl.

Sollte im Wohnbereich die Luft nach starkem Rauchen oder bei Krankheit verbraucht sein, reinigen Sie die Luft durch Salbei, Lemongras, Zitrone, Bergamotte, Zirbelkiefer oder Lavendel.

**... und zur Meditation**

Zum Vertreiben von Fliegen und Mücken eignen sich besonders Eukalyptus, Zeder, Nelke, Zypresse, Minze oder Lemongras. Wenn Sie besondere Ruhe genießen, sich sammeln oder meditieren wollen, brauchen Sie die kosmischen Schwingungen der heiligen Düfte, wie Weihrauch, Rose, Wacholder, Myrte oder Zeder. Bitte achten Sie darauf, daß es sich nur um reine Substanzen und nicht um Nachahmungen handelt. Billigware ist hier sicherlich fehl am Platz.

**Düfte sollten nicht bewußt wahrgenommen werden**

Wenn Sie also Gäste empfangen oder sich selbst in positive Stimmung bringen wollen, nehmen Sie den richtigen Duft. Auch wenn Sie Konferenzen, Seminare oder sonstige Veranstaltungen positiv beeinflussen wollen, achten Sie auf den Raumgeruch. Essensgerüche, Tabak- oder Alkoholgerüche sind für viele Menschen Negativgerüche. Lüften Sie daher den Raum vor der Veranstaltung sehr gründlich, und setzen Sie dann Duftlampen ein. Achten Sie jedoch darauf, daß der Duft nicht zu dominant wird. Die Menschen sollten den Duft nicht primär wahrnehmen. Sie sollten nur ein angenehmes Gefühl empfinden und Ihnen hinterher vielleicht sagen: »Es war eine gelungene Veranstaltung. Ich habe mich wohl gefühlt, und es hat irgendwie gut gerochen.«

Hier noch einmal einige Gerüche in Kürze:

**Bergamotte gegen Angst**

Bergamotte vertreibt Depressionen und Ängste, wirkt entspannend, hilft, ein seelisches Tief zu überwinden, stärkt das Selbstbewußtsein und fördert die Herzenswärme.
Bergamotte reinigt und erfrischt, ist fiebersenkend und wirkt antiseptisch. Dieser Duft vermittelt Wärme und dringt bis in die Tiefe. Er wirkt der Gefühlskälte entgegen, löst Haut- und Schleimhauterkrankungen und reduziert Lymphdrüsenschwellungen.

**Eisenkraut fördert Energie**

Eisenkraut, auch der Duft des frischen Morgens genannt: fördert die Energie und Dynamik und sollte besonders in »müden« Büros verwendet werden. Er stimuliert das Durchhaltevermögen und öffnet den Menschen für neue Dinge und vermittelt Freude, ist geburtserleichternd und hilft häufig sogar gegen Unfruchtbarkeit.

**Eukalyptus gegen Müdigkeit**

Eukalyptus ist keimtötend und erhöht die Fähigkeit zur Sauerstoffaufnahme, wirkt antiviral, fiebersenkend und senkt auch den Blutzucker. Einsatz gegen Insekten, steigert die Konzentrationsfähigkeit und wirkt der Lustlosigkeit bei geistiger Arbeit entgegen.

**Jasmin wirkt auf die Seele**

Jasmin, auch genannt: der Duft der Königin der Nacht, wirkt auf die Seele, die Gefühle und hilft bei emotionellen Schwierigkeiten, fördert die Euphorie, den Optimismus, die Sexualität und löst Blockaden, vor allem im seelischen Bereich, regt auf geheimnisvolle Weise die Sinnlichkeit an und fördert die sinnliche Liebe, gibt die Chance, eine glückliche Liebe zu empfinden, fördert die Hingabe, Vertrauen.

**Kamille gegen Ärger**

Kamille hilft gegen Ärger und Verdrießlichkeit, wirkt gegen Gereiztheit, Ungeduld und Mißmut, löst nervöse Magenbeschwerden und krampfartige Schmerzen auf; es ist bei Kindern ein klassisches Mittel gegen Bauch- und Zahnweh, Blähungen und Koliken.
Das waren nur einige der wichtigsten Gerüche. Wenn Sie daran interessiert sind, lesen Sie in sogenannten »Duftführern« nach, und treffen Sie Ihre Wahl.

## Parfüms sind Signale von Stimmung und Persönlichkeit

Aber nicht nur der Raumduft ist entscheidend, sondern auch Ihr persönlicher Duft. Dafür brauchen Sie keine Duftlampe. Es gibt viele, viele Duftkompositionen: Man kann zwischen 450 Damendüften wählen. Zur Vereinfachung werden Düfte jedoch häufig auch verschiedenen Farbkompositionen zugeordnet, die wiederum den unterschiedlichen Lebenssituationen und Grundstimmungen entsprechen. So hat man in einer Stimmungstendenzstudie feststellen können, daß Menschen in ganz bestimmten Stimmungen auf ganz bestimmte Farb- oder Duftreize ansprechen.

**Stimmung: dynamisch**

Stimmung: dynamisch, aktiv, extrovertiert; Farbe: Frischgrün. Hier dominieren leichte, frühlingshafte Düfte von Iris, Maiglöckchen und dem aus dem würzigen Harz gewonnenen Galbano. Darüber hinaus Bergamotte und deren Essenz, die Depressionen und Anspannung vertreiben. Die zugehörigen Duftkombinationen hierzu sind: Sunflowers, Elizabeth Arden; Giò, Armani; Tribù, Benetton; Wings, Giorgio Beverly Hills; Il Bacio, Borghese; Anaïs Anaïs, Cacharel; Elysium, Clarins; Chapeau Bleu, Daniel's Kosmetik; Tendre Poison und Diorella, Dior; Escada, Escada; Eau de Gucci, Gucci; Amazone, Hermès; Jahrgang 94, Saint-Louis; Escape, Calvin Klein; Alliage, Lauder; L'eau d' Issey, Issey Miyake.

**Stimmung: introvertiert**

Stimmung: introvertiert, sensitiv, tiefgründig; Farbe: Lila. Hierzu gehören Parfüms wie Moschus und Ambra, die einen schokoladig süßen Duft von Benzolharz und Vanille aussenden. Oft ist es auch Weihrauch, von dem es heißt, er vertreibe Zukunftsängste und Unbehagen. Alle diese Zutaten machen diese orientalischen Düfte warm und tiefgründig. Sie sind nichts für Small talk. Es sind Düfte zum Reisen und zum Vertreiben von oberflächlichem Unbehagen. Ihre Düfte sind: Venezia, Laura Biagotti; Caşmir, Chopard; Vanilla Fields, Coty; Asja, Fendi; Jean-Paul Gaultier; Gigli, Romeo Gigli; Samsara und Shalimar, Guerlain; Obsession, Calvin Klein; Lancaster; Angel, Thierry Mugler; Nuits Indiennes, Scherrer; Per Donna, Tuscany.

**Stimmung: unkonventionell**

Stimmung: unkonventionell, uneingeschränkt, unabhängig; Farbe: Schwarzweiß; Düfte: aldehydartig. Diese synthetischen Düfte geben dem Parfüm etwas Wolkenartiges, Weiches, zum Beispiel Sandelholz, dem eine aphrodisische Wirkung nachgesagt wird. Ihre Düfte sind Dilys, Laura Ashley; No. 5, Chanel; Nino Cerruti pour femme, Nino Cerruti; Dolce & Gabbana; Joop!; Le Bain, Joop; Donna Karan; Trésor, Lancôme; White Linen, Estée Lauder; Madame Rochas, Rochas; No. 4, Jil Sander.

**Stimmung: fröhlich, verspielt**

Stimmung: verspielt, fröhlich, unbekümmert; Farbe: Mischung von Gelb und Rot; Düfte: Dieser Stimmung entsprechen leichte, fruchtig-blumige Noten. Es sind Parfüms in Düften von Cassis, Mandarinen, Aprikosen, Ananas und Pfirsich, oftmals verbunden mit Blumennoten, häufig Orangenblütenduft, der als ein Gute-Laune-Duft bekannt ist. Es ist der Begleiter für Menschen, die das Leben in vollen Zügen genießen. Ihre Düfte sind: Azzaro; Liaison, Ellen Betrix; Bath and Shower, Bogner; Jaïpur, Boucheron; Bulgari; Cuir de Russie, Chanel; Charro, El Charro; Miss Dior, Dior; Ysatis und Givenchy III, Givenchy; Twice, Iceberg; Maison de Coutour, Yves Saint Laurent; Un Touch de Naf Naf, Naf Naf; Scarf, Marbert; ICC No. 2, Muelhens; Jil Sander Bath and Beauty, Jil Sander; Donna, Trussardi; Van Cleef, Van Cleef (Red) Jeans und Gianni Versace, Versace.

**Stimmung: verträumt, romantisch**

Stimmung: verträumt, romantisch, phantasievoll; Farbe: Violett-Rot; Düfte: florientale Noten. In keiner Duftfamilie finden sich so viele aphrodisisch wirkende Essenzen wie hier. Es sind Rosen, Jasmin, Ambra, alles, was betörend ist und der Phantasie Flügel verleiht. Ihre Düfte sind Oh lala, Azzaro; Coco, Chanel; Narcisse, Chloé; Dalissime, Salvador Dalí; Dioressence, Dior; Mitsouko, Guerlain; With Love, Fred Hayman; Sun, Moon and Stars, Karl Lagerfeld; Youth Dew, Lauder; Champagne, Yves Saint Laurent; Safari, Ralph Lauren; Sculpture, Niko's Parfums; Moments, Priscilla Presley, Ultima II, Revlon; Femme, Rochas; Feminité Du Bois; Shiseido; White Diamonds, Elizabeth Taylor; Senso, Ungaro; GEM, Van Cleef & Arpels.

**Stimmung: pragmatisch**

Stimmung: pragmatisch, selbstsicher, professionell; Farbe: Mischung von dunklem Rot, Lila und Brauntönen; Düfte: Diese eigenwilligen Cypre-Noten kommen hier am besten zur Geltung. Die Parfüms leben von dem

Kontrast von zitrusfrischen Essenzen wie Bergamotte und warmen wie Eichenmoos, Patchouli, einem Duft, der tatkräftig macht. Ihre Düfte sind: Explosive, Aigner; New West for her, Aramis; Armani; Cristalle Eau de Parfum, Chanel; Wrappings, Clinique; Halston; Knowing und Private Collection, Lauder; Ô de Lancôme, Lancôme; Montana; Eau de Rochas, Rochas; Le Parfum, Sonia Rykiel; Jean Loui Scherrer; Diva, Ungaro.

**Stimmung: elegant, stilvoll**

Stimmung: elegant, stilvoll, klassisch; Farbe: dunkles Blau, durchsetzt mit dunklem Gelb; Düfte: Aldehyd-blumige Noten. Bei diesen Parfüms wird vor allem mit Blütendüften gearbeitet, zum Beispiel Jasmin, Ylan-Ylan, Düfte, die herrlich entspannend wirken. Die femininen Düfte passen zu dieser Stimmung. Sie umgeben sie mit kleinen Kostbarkeiten und zeigen ihren persönlichen Stil. Ihre Düfte sind DNA for women, Bijan; Eden, Cacharel; Must de Cartier II, Cartier; Amariage, Givenchy; Liu, Guerlain; Carolina Herrera, Herrera; Chloé, Lagerfeld; Lalique; Fidji, Laroche; Solo Tu, Onofri; Joy, Patou; Duende, Jezus des Pozo; Volupté, Oscar de la Renta; L'Air du Temps, Nina Ricci; 8e Jour, Yves Rocher.

**Stimmung: harmonisch, ausgeglichen**

Stimmung: harmonisch, ausgeglichen, erdgebunden; Farben: Grün, Gelb, Braun; Düfte: Diese Duftkombination ist meistens unfaßbar. Es ist eine Kombination aus den unterschiedlichsten Duftrichtungen, die nicht eindeutig zu belegen sind. Sie geben den Menschen, die ihnen nahe stehen, Sicherheit und Raum, sich zu entfalten. Da sich diese Düfte nicht eindeutig festlegen lassen, können Sie sie aus jeder dieser Duftfamilien zusammensetzen, Düfte zum Beispiel von Henry M. Betrix Country, Betrix; Bogner Man, Bogner; Fahrenheit, Dior; Marbert Man Pure, Marbert; Trussardi; Ocean Rain, Valentino.

**Die Tierkreiszeichen und ihre Düfte**

Auch in der Astrologie stößt man immer wieder auf Dreier- bzw. Viererzyklen, und so spielt die Verteilung der Elemente auf die einzelnen Tierkreiszeichen eine große Rolle.

**Widder: Eukalyptus**

Widder: Impulsiv, reizbar, energisch, starker Wille, direkt; Duft: kräftig, feurig, würzig; Beispiel: Koriander, Eukalyptus

**Stier: Ylang-Ylang**

Stier: Materiell, genußsüchtig, besitzergreifend, praktisch verwurzelt; Duft: erdig, schwer, erotisierend, betörend, sehr weiblich; Beispiel: Ylang-Ylang

**Zwilling: Zitrone**

Zwilling: Wendig, wißbegierig, optimistisch, ruhelos, oft oberflächlich; Duft: leicht, spritzig, frisch, angenehm, erheiternd; Beispiel: Zitrone

| | | |
|---|---|---|
| **Krebs: Jasmin** | Krebs: | Sehr emotionell, häuslich, mütterlich, nachtragend, ehrgeizig; Duft: einhüllend, anschmiegsam, sanft, Nestwärme gebend; Beispiel: Jasmin |
| **Löwe: Zimtrinde** | Löwe: | Selbstherrlich, Herrschertyp, muß sich ständig beweisen, großzügig; Duft: kräftig, intensiv, dominant, feurig; Beispiel: Zimtrinde |
| **Jungfrau: Rosenholz** | Jungfrau: | Nüchtern, kritisch, analytisch, gut beobachtend, ängstlich; Duft: sauber, rein, eher streng, dezent, unaufdringlich; Beispiel: Rosenholz |
| **Waage: Lavendel** | Waage: | »Diplomat«, will es jedem recht machen, oft handlungsunfähig, gewalttätig; Duft: harmonisierend, anpassungsfähig, ausgewogen; Beispiel: Lavendel |
| **Skorpion: Moschuskörner** | Skorpion: | Leidenschaftlich, eifersüchtig, mißtrauisch, opferbereit, bekämpft sich selbst; Duft: unergründlich, geheimnisvoll, leidenschaftlich, warm; Beispiel: Moschuskörner |
| **Schütze: Ginster** | Schütze: | Temperamentvoll, liebt die Freiheit, das Abenteuer, tolerant, rastlos, missioniert gerne; Duft: warm, sonnig, nicht zu schwer; Beispiel: Ginster |
| **Steinbock: Zypresse** | Steinbock: | Zäh, ausdauernd, maßregelnd, strukturierend, bürokratisch, melancholisch; Duft: streng, holzig, herb, erdig, nüchtern; Beispiel: Zypresse |
| **Wassermann: Eisenkraut** | Wassermann: | Eigenwillig, revolutionär, freiheitsliebend, Feind der Normen, selbstlos, Idealist; Duft: belebend, zwanglos, etwas eigenwillig, luftig; Beispiel: Eisenkraut |
| **Fische: Rose** | Fische: | Mystisch, träumerisch, unrealistisch, mitfühlend, absichtslos, wenig konkret, »rosarote Brille«; Duft: samtig, weich, anschmiegsam; Beispiel: Rose |

## Das richtige Outfit – Regeln für die Busineßkleidung

Die Programmierung des Menschen ist darauf ausgerichtet, in Sekundenschnelle Freund von Feind zu unterscheiden. Das bedeutet, daß innerhalb weniger Sekunden, vielleicht waren es vier bis sechs Sekunden, die Entscheidung getroffen werden mußte: freundliche Begrüßung oder Angriff bzw. Flucht.

**4 – 6 Sekunden für den ersten Eindruck**

Daran hat sich auch in der heutigen Zeit nicht sehr viel geändert. Mimik und Körperhaltung, aber auch Kleidung, Frisur und Accessoires bestimmen unser Freund- und Feindbild. Wie reagieren Sie auf den verschmutzten Penner oder auf den aggressiv gestylten Punker?
»Nur wer es versteht, mit seiner Kleidung typgerecht zu kommunizieren, hat künftig eine Chance, auf der Bühne des Lebens erfolgreich mitzuspielen«, so Professor Matthias Hartig von der Universität Paderborn.
Ziel muß es dabei sein, die eigene Persönlichkeit optimal zum Ausdruck zu bringen.
Darüber hinaus repräsentieren Sie allerdings auch Ihr Unternehmen und vermitteln oftmals ein gewünschtes »Corporate identity«. So erkennt man leicht bei Kundenberatern von Mercedes ein anderes Outfit als bei BMW- oder Porsche-Mitarbeitern.
Am Anfang sollte also eine persönliche Bestandsaufnahme stehen:

**1. Schritt: Bestandsaufnahme**

Welche Wirkung will ich mit meinem Outfit erzielen?

- Dynamik
- Zurückhaltung
- Gediegenheit
- Aufgeschlossenheit
- Sportlichkeit
- Extravertiertheit
- Eleganz
- Verläßlichkeit

Welches Outfit muß ich dafür einsetzen?

- Kleidung
- Accessoires
- Haare
- Brille

Welche Teile muß ich für meine Ziele neu kaufen?
Ratsam ist es, hierzu die Hilfe einer Expertin, zum Beispiel einer Farb- und Stilberaterin oder einer Modeberaterin, in Anspruch zu nehmen. Dieses Honorar ist eine »lebenswichtige« Investition in Ihren Erfolg.
Dabei sollte das oberste Gebot sein: Nicht den Kleiderschrank füllen, sondern auf hervorragende Qualität und gute Kombinierbarkeit achten.

**2. Schritt: Kaufen mit System**

Auf die Frage: »Wann ist eine Frau gut angezogen?« einige Antworten von Experten, die es wissen müssen:
»Eleganz ist keine Frage der Mittel, sondern der Seele. Geld war noch nie ein Synonym für Eleganz«, so der Modeschöpfer Emanuel Ungaro. Die Ex-»Elle«-Chefredakteurin Renate Rosentahl meint: »Eleganz ist, wenn

eine Frau mit kleinen Fehlern einfach toll aussieht. Egal, ob sie elegant, reduziert oder verrückt angezogen ist – sie ist auf jeden Fall richtig angezogen. Man nennt das Personality-Chic«, und Uschi Fellner, die »News«-Modechefin: »Gut angezogen ist eine Frau, die ihren eigenen Stil hat. Wenn sie nicht irgendwelchen Trends hinterherläuft, sondern das trägt, worin sie sich wohl fühlt. Wenn sie Kleidung trägt, mit der sie sich identifizieren kann, dann steht ihr das auch, dann hat sie eine gute Ausstrahlung.«

**Grundsätzliches nicht übersehen**

Aber auf einige Grundmerkmale sollten Sie doch achten:

- Im Winter und im Sommer gilt: immer Strümpfe.
- Die Absätze der Schuhe sollten nicht zu hoch sein, ansonsten verlieren Sie leicht den festen Stand. Und achten Sie beim Schuheinkauf nicht aufs Geld. Ihr Körper steht den ganzen Tag, manchmal acht bis zwölf Stunden im Schuh.
- Schuhe, Handschuhe und Tasche in gleicher Farbe ist okay. Aber auch ein »Stilbruch« kann spannend sein.
- Möglichst keine auffälligen Muster.
- Haben Sie schöne Beine? Dann können Sie sicherlich in der Rocklänge kürzen. Aber bitte nur bis kurz übers Knie. Ansonsten senden Sie verstärkt erotische Signale, und das ist im Busineß nicht immer sinnvoll.
- Tiefe Dekolletés niemals am Tage.
- Keine ärmellosen Blusen, auch nicht im Sommer.
- Möglichst nicht mehr als drei Accessoires.

Natürlich wirkt eine optimale Garderobe nicht, wenn ein wohlgepflegtes Äußeres und gute Umgangsformen fehlen. Also Achtung auf Körper- und Mundgeruch, Hände und Fingernägel und auf einen gepflegten Haarschnitt.

## Resümee

① Düfte steuern Wohlbehagen, Ängste und Aggressionen; sie fördern Gesundheit, können aber ebenso Krankheiten verursachen.

② Füllen Sie Räume mit den richtigen Gerüchen, und überlassen Sie das nicht dem Zufall. Lassen Sie keine Negativgerüche zu, sondern ersetzen Sie diese Gerüche durch Positivgerüche.

③ Suchen Sie sich Ihre Parfümnote aus. Nehmen Sie das Parfüm, das zu Ihrer Stimmung oder zu der Stimmung, die Sie auslösen möchten, paßt.

# Caren Pfleger: Die Kleidung ist der Spiegel deiner Persönlichkeit

*Frage: Frau Pfleger, können Sie besser mit Frauen oder mit Männern umgehen?*
Pfleger: Ich sehe mich als Menschenfreund. Ich glaube, die Unterschiede sind weniger geschlechtsspezifisch, als mehr von Mensch zu Mensch. So können im Beruf Männer auf Männer treffen, die gut miteinander auskommen, und das gleiche passiert bei Frauen auch und umgekehrt. Ich bin zu Hause in einem »Frauenverein« aufgewachsen und bin frauenfreundlich erzogen worden. Das ist einfach auch eine kulturelle Frage, eine Frage der Souveränität.

*Frage: Glauben Sie, daß es Frauen genauso einfach haben Karriere zu machen wie Männer?*
Pfleger: Ich glaube, eine Frau muß sehr viel mehr Energie investieren und dreimal soviel wie ein Mann arbeiten, um die Hälfte dessen zu erreichen, was ein Mann erreicht. Darüber beklage ich mich nicht, aber in der Industrie herrscht einfach noch eine konservative Auffassung vor. Dennoch: Wer etwas wirklich will, für den wird sich der Kosmos zusammentun, damit man es auch erreicht. Ich glaube, daß es für die Frau nur insofern schwieriger ist, als daß sie Mutter wird, ein Haus führen soll und damit einer Doppelbelastung ausgesetzt ist.

**Der Einsatz ist hoch**

*Frage: Sind Sie gläubig?*
Pfleger: Ja, ich bin sehr gläubig. Ich glaube an Jesus Christus und an eine unendliche Allmächtigkeit. Es gibt ja sieben verschiedene ethnische Hochreligionen, und alle meinen das gleiche: die Bitte um den Glauben und die Erfüllung der Wünsche. Ich bete für das, was ich an mir gerne weiterentwickeln möchte, und bitte aber auch meine Gottheit, daß sie mich dahin führt, wo ich aufgrund meines Schicksals hingehöre. Diese

**Liebe und Demut sind wichtige Bestandteile unseres Lebens**

Demut hat mich schon sehr weit in meinem Leben gebracht. Oft ist es auch das große Problem, daß man zuviel im Leben erreichen will: Viele wollen reich sein, schön sein, verliebt und immer glücklich sein. Ich glaube, wenn man positiv denkt, kommt auch was Positives zurück: »You get, what you give.« Ich glaube auch an die Liebe und ans Loslassen, denn ich kann nichts zurückbekommen, wenn ich den Bumerang nicht wegwerfe.

*Frage: Ihre Kollektion hat den Stil einer Busineßfrau, die sich korrekt kleiden möchte.*

**Das Outfit ist ein Teil der Ganzheitlichkeit**

Pfleger: Früher war es ja ein Privileg, nicht zu arbeiten. Wer heute keinen Beruf hat, ist verloren und ausgestoßen aus der Gesellschaft. Das gilt mittlerweile auch für 99,9 Prozent der Frauen. Ich arbeite deshalb für die Frau, die arbeitet – Busineß –, die reist – Travel und Weekend – und auch abends gut aussieht. Ich produziere von Größe 34 bis 46, denn es gibt viele Frauen, die nicht mehr ganz schlank sind.

*Frage: Welche Empfehlung haben Sie an Frauen, die Karriere machen wollen, wie sie sich kleiden sollten? Spielt das Outfit Ihrer Meinung nach eine wesentliche Rolle?*

**Eine Frau sollte sich eine gute Grundgarderobe zulegen**

Pfleger: Ja, ich denke, das ist schon eine Frage der Konzeption: Es darf keine »Verkleidungsorgie« sein. Meine Mode ist eine umfassende Ganzheitlichkeit. Eine Frau sollte sich eine gute Grundgarderobe zulegen. Darin sollte alles eine gute Qualität haben. Denn es ist teuer, billig zu kaufen, wenn Sie einen Sakko nach der ersten Reinigung nicht mehr tragen mögen oder können. Unsere Mode hat eine gute Qualität. Sie ist in San Francisco ebenso zu haben wie in New York, Mailand, Düsseldorf, Warschau oder Hongkong. Ich glaube, wir werden im Jahr 2000 so nivelliert sein, daß wir alle das gleiche Handy haben, das gleiche Auto fahren, die gleichen Marken mögen. Ich habe mich bemüht, mit meinem Team über vierzehn Jahre eine Marke aufzubauen. Sie ist ein klassisches Bausteinkonzept mit den zwei Grundfarben Schwarz und Creme.

*Frage: Also kann man Ihre Ratschläge zusammenfassen: 1. Kauf Qualität, weil Nichtqualität zu teuer ist. 2. Laß dich beraten, damit die Teile auch zusammenpassen. 3. Man braucht nicht allzuviel, aber die wenigen Dinge müssen gut abgestimmt sein. 4. Jede Frau hat ihre eigene Farbe.*

**Zwei Farben machen zwei Hälften**

Pfleger: Ich glaube, der entscheidende Punkt liegt in der Farbe, im Material und in der Proportion. Frauen unter 1,70 m sollten nie zwei Farben tragen, sondern eine, weil es länger macht. Frauen über 1,70 m können schon einmal einen Break machen, durch zum Beispiel Camel und Grau. Zwei Farben teilen auf, machen zwei Hälften.

*Frage: Es gibt viele Frauen, die sagen, sie haben nichts anzuziehen und haben den ganzen Kleiderschrank voll.*

**Phantasie ist eine unschätzbare Begabung**

Pfleger: Ja, das liegt daran, daß sie keine Phantasie haben. Phantasie haben ist ja eine Begabung. Es ist ja auch kein böses Radio, wenn es einen Sender nicht eingebaut hat. Zu meiner Arbeit gehört Phantasie. Aber das alles ist für mich ja keine Arbeit. Oft denke ich abends um 19 Uhr, es kann nicht alles gewesen sein. Es ist schon wieder vorbei, und es ist soviel passiert. So muß es eigentlich sein. Diese großen Picassos und Bernsteins und unglaublich fähige Menschen, die Unendliches geschaffen haben, die haben eigentlich nie die Schizophrenie des Lebens gehabt, sondern immer eine Sache gemacht, die sie liebten und die sie auch noch kommerziell umsetzen konnten. Bei mir war das Schaffenwollen eigentlich immer stärker als das Geld, das dann immer von selber kam.

*Frage: Wir haben gerade bei den Frauen in der Politik und in der Wirtschaft häufig die Erfahrung gemacht, daß sie sich entweder mehr den Männern angleichen, auch in der Kleidung, oder daß sie sich zu kindhaft kleiden.*

**Die Mode soll die Persönlichkeit unterstreichen**

Pfleger: Es ist ein Verbrechen, Frauen zu Männern und Männer zu Frauen zu machen. Ein Mann ist ein Mann, und eine Frau ist eine Frau. Ich kann mir, wenn ich nur 1,72 m groß bin, nicht von einem Architekten ein Haus bauen lassen, das die Fenster in einer Höhe von 1,80 m hat, so daß ich nicht rausschauen kann, nur damit der Architekt seine Freude hat. So denke ich mir, ich bin eine Frau, eine richtige Frau, und habe ein frauenfreundliches Programm. Deshalb muß man keine Rüschentante sein. Ich trag' auch mal am Abend einen Smoking. Ich habe feminine Frauen wie Iris Berben, Hannelore Elsner, Senta Berger oder auch Diana Ross angezogen.

*Frage: Kommen die persönlich zu Ihnen?*

Pfleger: Meistens fragen die in Berlin an, und dann treffen wir uns in Berlin, oder sie kommen hierher. Das wird von hier gemanagt und in Berlin organisiert. Meine größten Fans sind Männer, weil die Männer diese Kollektionen an den Frauen lieben. Männer haben ein unglaublich kreatürliches Empfinden für das, was original ist. Männer lieben es, wenn die Symbiose der Personality sich in der Sache verbindet und die Person, die Frau, über die Symbiose toller rüberkommt.

*Frage: In der Biographie von Coco Chanel steht ein schöner Spruch: »Kleide dich schäbig, und dein Kleid fällt auf; kleide dich korrekt, und die Frau fällt auf.«*

**»Raus aus der Haut und rein in eine neue!«**

Pfleger: Genau der zweite Teil bin ich. Und sie hat auch gesagt: »Wenn du müde bist und erschöpft und mental tot, dann gehe in ein Bad und bade dich, wasche deine Haare, mache dir ein neues Make-up, zieh dir ein neues Kleid an, und du bist eine neue Frau.« Das hat was: Raus aus der Haut und rein in eine neue!

*Frage: Glauben Sie, daß es wichtig ist, daß erfolgreiche Frauen zusammenarbeiten und ein Netzwerk bilden, um sich gegenseitig zu stützen?*

**Leben ist eine Sache der Herzensbildung**

Pfleger: Es wäre gut, wenn sie dahin kämen. Aber es ist eine Frage des kulturellen Levels. Ich stelle immer wieder fest: Es gibt so einfache Bauersfrauen auf dem Land, und die haben einen so herzlichen Charme, so eine tolle Natürlichkeit. Und die erfahren dann, daß ab einem gewissen Level die Luft dünner wird. Ich dachte, es sei ein Zeichen der Kultur, wie der Mensch sich dem Menschen gegenüber verhält. Ich denke, es ist alles eine Sache der Herzensbildung.

*Frage: Leben Sie mit Horoskopen?*
Pfleger: Ich halte sie für etwas Geniales, einen roten Faden, der sich durch das Leben zieht.

*Frage: Wie sehen Sie die Zukunft der Frauen im Management?*

**Frauen brauchen Netzwerke**

Pfleger: Ich glaube, daß jede Frau sehr hart an sich arbeiten muß. Ich habe eigentlich immer gute Freunde unter Männern getroffen, aber die wesentlichsten Dinge für meine Veränderungen haben noch immer die Frauen ausgelöst. Da gibt es ein paar Frauen in Deutschland, die sind so genial, weil sie mir geholfen haben, industriell, finanziell, technisch. Freundschaft ist wie ein Haus mit zwei Türen, und wenn Gras wächst zwischen den Türen, dann ist es schlecht. Man muß die Freundschaft permanent pflegen. So gesehen ist das Network auch wichtig.

# Erfolg durch ganzheitliche Energieoptimierung (GEO)

**Vorbereitung ist der halbe Weg zum Erfolg**

Wenn Sie einen vom ewigen Eis bedeckten Gipfel der Alpen oder vielleicht des Himalaja bezwingen wollen, dann können Sie das alleine, ohne Vorbereitung und in bequemer Wanderkleidung tun. Damit wäre aber Ihr Scheitern wahrscheinlich vorprogrammiert, und Sie würden Ihr Leben aufs Spiel setzen. Wenn Sie also den Gipfel besteigen wollen, werden Sie sich über Monate oder Jahre darauf vorbereiten, die Techniken erlernen, mit kleineren Bergen beginnen, sich eine adäquate und sichere Ausrüstung anschaffen und sich wahrscheinlich in eine gute und erfahrene Seilschaft mit einem erprobten Führer einreihen.

**Energien optimieren und bündeln**

Genauso ist es auch mit Ihrem »Karrieregipfel«. In den vorausgegangenen Kapiteln haben Sie viele Techniken erlernt, die Erfahrungen einiger »Gipfelstürmerinnen« gelesen und wissen, was auf Sie zukommt. Nun heißt es, alle Ihre Energien zu optimieren und in der richtigen Form zu bündeln. Energien zu optimieren heißt, ganzheitlich zu investieren. Ganz-

**Der Engel von Simi**

*Eines Nachts träumte ich, daß ich mit meinem Schutzengel am Meer entlangging. Und es entstand vor meinen Augen, Streiflichtern gleich, mein Leben.*
*Für jeden Abschnitt, wie mir schien, entdeckte ich je zwei Paar Schritte im Sand; die einen gehörten mir, die anderen meinem Schutzengel.*
*Als dann das letzte Bild an uns vorübergeglitten war, sah ich zurück und stellte fest, daß viele Male nur ein Paar Schritte in dem Sand zu sehen waren.*
*Sie verdeutlichten die Phasen meines Lebens, die mir am schwersten waren. Das machte mich verwirrt, und fragend wandte ich mich an meinen Schutzengel: »Als ich dir damals alles, was ich hatte, übergab, um dir zu folgen, da sagtest du, du würdest immer bei mir sein. Doch in den tiefsten Nöten meines Lebens seh' ich nur ein Paar Spuren hier im Sand. Warum verließest du mich denn gerade dann, als ich dich so verzweifelt brauchte?«*
*Der Engel nahm meine Hand und sagte: »Nie ließ ich dich allein, schon gar nicht in den Zeiten, da du littest und angefochten warst. Wo du nur ein Paar Spuren hier im Sand erkennst, da trug ich dich auf meinen Schultern.«*

heitlich bedeutet Aus- und Weiterbildung der Logik, des Wissens und des Könnens. Es bedeutet die Pflege Ihres Körpers durch gesunde Ernährung, durch Entschlackung, Bewegung und durch Psycho-/Seelenhygiene, Investition in Ihr Unterbewußtsein, in Ihr Über-Ich, in das, was Ihr ganzes Leben führen wird. Ganzheitliche Energieoptimierung ist aber mehr. Es heißt: Aufbau eines Teams, eines optimalen Freundeskreises, Harmonie von Emotionalität und Logik und auch den Einsatz eines Synergieeffektes im Zusammenleben und Zusammenwirken von Mann und Frau.

## Der Synergieeffekt im Freundeskreis

**Synergie bedeutet nicht nur Sympathie**

Denken Sie daran: Alleine den Gipfel zu besteigen ist mühsam, gefährlich und wahrscheinlich auch langweilig. Stellen Sie sich also Ihr Team zusammen. Achten Sie darauf, daß Sie nicht nur diejenigen Charaktertypen in das Team aufnehmen, die Ihnen besonders sympathisch sind. Damit würden Sie einem Synergieeffekt entgegenwirken. Suchen Sie Menschen aus, die anders sind als Sie. Versuchen Sie, sie zu verstehen. Eine Optimierung erreichen Sie nur durch Ergänzung. Wenn Sie also ein eher introvertierter, ruhiger, logisch denkender Mensch sind, suchen Sie sich vor allem Freunde, die nach außen leben, die emotionaler sind als Sie. Von denen werden Sie lernen. Achten Sie einmal auf Gruppen und Freundeskreise. Häufig finden Sie dort gleiche oder ähnliche Typgestaltungen. Das mag zwar zur Harmonie beitragen, weiterkommen wird eine solche Seilschaft jedoch kaum.

## Denken und handeln ganzheitlich

**Denken und handeln Sie ganzheitlich**

Die Entwicklung der Menschen baut auf einem dialektischen Prozeß auf: von Aktion und Reaktion, von These und Antithese, von Emotionalität und Logik. Hier liegt ein weiterer Synergieeffekt: Versuchen Sie, möglichst ganzheitlich zu denken. Schulen Sie Ihr linkes Hirn im Bereich der Logik, des analytischen Denkens und der Präzision und Ihr rechtes Gehirn im bildhaften Denken und Reden und in der Harmonisierung der Wahrnehmungskanäle. Versuchen Sie, zwischen beiden Hirnhälften, zwischen Rationalität und Logik zu springen. Das gilt nicht nur für die Bereiche der Rhetorik, sondern auch und vor allem für den Bereich der Führung. Führen Sie zu emotional, zu stark mit Herz, werden vor allem die Männer sagen: »Typisch Frau!« Führen Sie jedoch ausschließlich mit Logik, mit Ihrem Verstand, heißt es dann vielleicht: »Die ist ja ein Mann-

> *Man sieht nur mit dem Herzen gut. Das Wesentliche ist für die Augen unsichtbar.* (Antoine de Saint-Exupéry)

weib!« Vermeiden Sie also diese Extreme. Versuchen Sie, ganzheitlich zu arbeiten. Lernen Sie, zwischen beiden Funktionen zu springen. Je nach Situation sind sowohl Härte und Präzision als auch Sanftheit und Zärtlichkeit gefragt. Männer haben gelernt, mit Härte zu führen. Frauen neigen zu einer »sanften« Führungsstrategie. Beides ist sinnvoll. Beides hat seine Zeit. Legen Sie sich daher nicht fest, sondern wählen Sie Ihre Strategie aufgrund der gegebenen Situation.

**Flexibilität ist besser als Starrheit**

Vergessen Sie nicht das Bild des Bergsteigers: Gehen Sie mit zuviel Emotionalität, mit Überschwang und ohne Vorbereitung an den Aufstieg, werden Sie zwar am Anfang viel Freude haben, aber schon bald werden die Kräfte Sie verlassen, und Sie werden aufgeben müssen. Andererseits brauchen Sie bei dem mühevollen, kräftezehrenden Aufstieg immer wieder Hilfe von anderen.

**Wer schnell vorankommen will, muß langsam gehen**

## Die erotische Energie

Das führt uns zu einem weiteren Punkt: zur Synergie zwischen Frau und Mann. Bei allen unseren Gesprächen mit erfolgreichen Frauen konnten wir feststellen: Sie haben einen Partner, der ihren Aufstieg begünstigte und förderte. Ihre Partner sind kaum in der Öffentlichkeit bekannt, weder der Partner der Bundestagspräsidentin, noch der Ministerpräsidentin, noch der Landesparteivorsitzenden, noch des DGB-Vorstandsmitglieds. Bekannt ist das Sprichwort: »Hinter jedem erfolgreichen Mann steht eine Frau.« Auch umgekehrt gilt es: »Hinter jeder erfolgreichen Frau steht ein verständnisvoller, unterstützender Mann.« So werden das unterschiedliche Denken, Handeln und die verschiedenen genetischen Programme und archaischen Erfahrungen, die Mann und Frau durch die Natur so unterschiedlich machen, in einer wunderbaren Art und Weise wieder zusammengefügt.

**Erotische Synergie zwischen Mann und Frau**

Zwei tief eingegrabene Motive bringen die Menschen zum Handeln: der Selbsterhaltungs- und der Arterhaltungstrieb. Ohne diese beiden Grundmotive gäbe es kein Leben auf unserem Planeten. Und zwischen diesen beiden Polen hat vor allem die Frau oftmals zu entscheiden: Selbsterhaltung, Selbstverwirklichung, Profilierung und Erfolg im Beruf auf der einen Seite, der Drang zur Arterhaltung auf der anderen Seite. Viele erfolgreiche Frauen zeigen, daß es möglich ist, einen persönlichen Karriereweg zu beschreiten und dennoch auf Familie nicht verzichten zu müssen. Meist ist das mit einer großen Belastung verbunden. Entweder psychisch oder finanziell im Einkommensbudget. Die Lasten müssen deshalb gerechter verteilt werden zwischen den Partnern, zwischen Mann und Frau. Dazu ist wiederum ein verständnisvoller Partner notwendig und natürlich eine frauenfreundliche Politik.

**Die Doppelbelastung auf zwei Schultern verteilen**

## Alles hat seinen Preis

**Alles hat seinen Preis**

Wenn Sie die Erfolgsstorys der im Buch vorgestellten Frauen gelesen haben, werden Sie feststellen: Alles auf dieser Welt hat seinen Preis, auch der Erfolg, und jeder muß entscheiden, ob der Preis angemessen oder zu hoch ist. So etwas ist nicht zu pauschalisieren, sondern abhängig von den

***Nichts ist ohne Sinn***
*Meine Augen sind da für das Licht,*
*für das Grün des Frühlings, für das Weiß des Schnees,*
*für das Grau der Wolken und das Blau des Himmels,*
*für die Sterne der Nacht und für das unglaubliche Wunder,*
*daß es so viele wunderbare Menschen um mich gibt.*

*Mein Mund ist da für das Wort,*
*für ein gutes Wort, auf das ein anderer wartet.*
*Meine Lippen sind da für einen Kuß*
*und meine Hände, um zärtlich und sanft zu sein,*
*um einem anderen Mut und Zuversicht zu geben.*

*Mein Herz ist da für die Liebe, für die Wärme,*
*für jene, die in Einsamkeit und Kälte leben.*
*Alles hat seine tiefe Bedeutung,*
*nichts ist ohne Sinn.*

jeweiligen persönlichen Lebenszielen zu entscheiden. Oftmals kommt es aber darauf an, sein Leben nicht bis ins kleinste Detail planen zu wollen, da im Angesicht der sich auftuenden Hürden mancher Weg sonst erst gar nicht angetreten wird. Hierzu eine lehrreiche Anekdote:

**Setzen Sie einen Fuß vor den anderen**

Eine 72jährige Frau war in vielen Monaten von der Ostküste zur Westküste Amerikas gewandert. Angekommen, wurde sie von einem Journalisten gefragt: »Wie haben Sie es eigentlich geschafft, diesen langen Weg zu gehen mit den vielen Mühen und Entbehrungen?« Die Antwort der Frau war sehr einfach. Sie sagte: »Ich habe einen Fuß vor den anderen gesetzt.« Und mehr müssen auch Sie nicht tun. Wenn Sie jetzt schon darüber nachdenken, welche Strapazen auf Sie zukommen, werden Sie vielleicht erst gar nicht loslaufen. Natürlich sollten Sie gut vorbereitet sein, Ihre Ausrüstung überprüft haben und in Seminaren von Profis trainiert worden sein. Aber das Entscheidende für Ihren Erfolg, für Ihr Leben bedeutet: Setzen Sie einen Fuß vor den anderen. Und vor allem: Beginnen Sie *jetzt* Ihren Weg. Wenn Sie zaudern, werden Sie niemals losgehen. Auf Ihrem Weg werden Sie wunderbare Dinge erleben und am Ende stolz sein auf das, was Sie gewagt und geleistet haben. Wir, die Autoren des Buches, wünschen Ihnen für Ihren speziellen Karriereweg viel Erfolg!

**Resümee**

- Verschwenden Sie Ihre Energien nicht nach dem Gießkannenprinzip.
- Nutzen Sie den Synergieeffekt im Freundeskreis.
- Benutzen Sie beide Gehirnhälften. Denken und handeln Sie ganzheitlich.
- Nutzen Sie Ihre erotische Energie.
- Bedenken Sie: Alles hat seinen Preis.
- Beginnen Sie Ihre Karriere *jetzt*.

# Andrea Breth: Vertraue deinem siebten Sinn

*Frage: Ist für Sie die Schaubühne auf dem Kurfürstendamm Ihre Heimat?*

**Was ist Heimat?**

Breth: Was ist Heimat? Heimat ist da, wo man zufälligerweise gerade ist. Es ist mehr eine Bindung. Es hat was mit Menschen zu tun. In dem Augenblick, wo man Menschen engagiert, geht man ein gewisses Treueverhältnis ein. Man kann nicht zu jemandem sagen: »Komm mit deiner Familie, ziehe um, schule dein Kind um« und dann sagen: »Ich hab's mir anders überlegt und will doch lieber in die Toskana.«

*Frage: Dann ist Theater so etwas wie eine Familie?*
Breth: Eine »Horrorfamilie«, eine Adamsfamilie.

*Frage: Welche Fähigkeiten braucht man für Ihren Job besonders?*
Breth: Sowohl für das Inszenieren als auch für die künstlerische Leitung muß man in der Lage sein, relativ viele Menschen auf eine Sache einzuschwören. Sie müssen das *eine* machen wollen und nicht was anderes. Alle, die an einer Produktion beteiligt sind bis zur Technik, müssen dahinterstehen.

*Frage: Hat man es als Frau in Ihrem Beruf schwerer als ein Mann?*

**Frauen werden härter beurteilt**

Breth: Ich glaube schon, daß es als Frau schwerer ist, weil man doch ziemlich alleine ist auf der leiterischen Ebene und früher auch auf der künstlerischen. Es gab – im Westen – relativ wenige Frauen, die inszeniert haben. Heute ist das schon ein wenig anders. Ich denke schon, daß Frauen vergleichsweise mehr können müssen. Sie werden härter beurteilt, und man erwartet mehr. Wieso das so ist, wird nicht reflektiert. Aber das ist nicht nur in unserem Beruf so, das ist allgemein so. Allerdings habe ich das nie so harsch erfahren mit Schauspielerinnen. Da war es im Gegenteil oft andersrum, weil die Arbeit zwischen Regisseur und Schauspieler eine intime oder auch erotische Arbeit ist, und wenn die Erotik nicht klappt, zünden alle glücklichen Ideen nicht. Und das ist manchmal für eine Schauspielerin schwieriger, wenn in der Regie eine Frau sitzt. Das sind gar keine bewußten Vorgänge. Aber daß Schauspieler mich komisch behandelt hätten, weil ich eine Frau bin, hab' ich nur in der Provinz erlebt. Schwieriger war es schon in der Zusammenarbeit mit der Technik; die ist ja »hochbesetzt« von den Herren der Schöpfung. Als ich jung war, mußte ich einfach wissen, wie die Scheinwerfer heißen, damit man mir nicht weismachen konnte, bestimmte Dinge gingen überhaupt nicht. Da mußte man dann sagen: »Das geht sehr wohl, das machen Sie jetzt bitte so und so!« Lange Rede, kurzer Sinn: Ja, ich glaube, für Frauen ist es ein bißchen schwieriger.

**Wenn die Erotik nicht wirkt zünden alle Ideen nicht**

*Frage: Sie führen hier ein Haus mit ganz verschiedenen Persönlichkeitstypen. Was ist Ihre Art, die Menschen zu motivieren? Ist es das Vorbild, die Kreativität, die eigene Ausstrahlung?*
Breth: Wahrscheinlich ist es eine künstlerische Obsession. Ich halte mich für manisch-obsessiv. Wenn man sehr stark getragen ist von Visionen, zieht man andere mit. Das bedeutet aber, daß man sehr klare Vorstellungen haben muß, daß man etwas so haben möchte und nicht anders.

**Ich bin manisch-obsessiv**

*Frage: Gerade in der Politik haben wir ja nur noch wenige Visionäre. Dort gibt es nur das Leben von einem Tag auf den anderen. Aber wenn ich Menschen führen will, muß ich doch auch Visionen haben. Ist das richtig?*
Breth: Ich will das bei der Politik gar nicht beurteilen. Ich habe immer den Eindruck, wir werden gar nicht von Politikern regiert, sondern von ganz anderen Leuten, die wir gar nicht kennen. In der Kunst geht das nicht. An einer Produktion wie die »Familie Schroffenstein« beispielsweise sind mindestens 60 Leute beteiligt. Da ist Demokratie schlichtweg verboten. Kunst und Demokratie im rein künstlerischen Bereich sind unmöglich, weil man vereinen muß und nicht vervielfachen. Das heißt nicht, daß man autoritär ist. Wenn ein Schauspieler mir sagt, er habe Schwierigkeiten, etwas nach meinen Vorstellungen zu spielen, dann bin ich entweder in der Lage, ihm das zu erklären, oder ich spüre, daß es nicht seiner Natur entspricht, dann muß man das anders machen. Das hat was mit Erfahrung zu tun, und ich sehe mich deshalb gar nicht so sehr als Künstlerin, sondern eher als Handwerkerin.

**Kunst und Demokratie schließen sich aus**

*Frage: Was tun Sie, um Ihre Energie aufzuladen? Machen Sie Sport, meditieren Sie?*

Breth: Wann soll ich das machen? Ich habe entsetzlich wenig Zeit. Ich mußte kürzlich aus dienstlichen Gründen nach Bern. Und da war es Luxus, daß ich mir im Kunsthaus Bern zwei Stunden die Fotos von Klee und das Münster angeschaut habe. Außerdem gehe ich gern ins Kino.

*Frage: Was tun Sie denn für Ihre Gesundheit?*
Breth: Sehr viel rauchen, ordentlich Kaffee trinken, sehr unregelmäßig essen, und ich habe einen sehr netten Arzt, der sich darum kümmert.

*Frage: Würden Sie sich als Erfolgsfrau, als »Powerfrau« oder als Karrierefrau bezeichnen?*

**Karriere nicht der Karriere wegen**

Breth: Ich finde alle drei Begriffe scheußlich. Sie sind so beengend. Wenn man jung ist, will man sicher Karriere machen. Aber ich wollte Bedingungen haben, unter denen ich meinte, arbeiten zu können. Aus diesem Grund wollte ich raus aus Zwängen von Stadttheatern. Ich kann nicht inszenieren, was man mir in Auftrag gibt. Ich habe versucht, so schnell so gut zu sein, daß ich mir meine Bedingungen, meine Projekte und meine Schauspieler bestimmen konnte. Wenn ich über den Durchschnitt nicht rausgekommen wäre, hätte ich das auch gelassen. Wenn ein Pianist über ein bestimmtes Können nicht hinauskommt, dann soll er seinen Klavierdeckel schließen und lieber was anderes machen. Ich habe Karriere gemacht, um arbeiten zu können, nicht Karriere um der Karriere willen.

*Frage: Um Erfolg zu haben?*
Breth: Nein, nicht um jeden Preis, denn ich bin nicht dazu da, alle Leute vergnügt zu machen. Da kann ich Musicals machen, da muß ich nicht die »Familie Schroffenstein« machen.

*Frage: Warum haben Sie die »Familie Schroffenstein« inszeniert?*
Breth: Aus inhaltlichen Gründen – weil ich glaube, daß dieses Stück etwas darüber erzählt, mit welchen Problemen wir uns im Moment in Ost und West herumschlagen. Da geht es um einen Erbvertrag, der die Vertrauensebene zwischen den Familien in einem Maß überfordert, daß sie zu Schlächtern an ihren eigenen Kindern werden. Das Stück ist 1801 geschrieben worden und ist uns trotzdem sehr nah im Inhalt.

*Frage: Wie haben Sie denn Ihre Mitarbeiter dazu gebracht, diese Idee zu formen?*
Breth: Die Schauspieler und Techniker, die sich auf dieses Theater einschwören, sind auch Schauspieler, die das aus inhaltlichen, künstlerischen Gründen machen. Die wissen ja, auf wen sie sich einlassen. Es ist ja auch nicht so, daß den Schauspielern das Projekt aufgedrückt wird, son-

dern man bespricht das in einer Versammlung, bei der alle Mitarbeiter dabei sind, und dann wird gemeinsam entschieden, daß wir das Unternehmen wagen wollen.

*Frage: Das heißt aber auch, daß Sie eine große Überzeugungskraft haben müssen, denn die Leute müssen es erst einmal für sich verstehen und akzeptieren. Was ist es denn, was die Frau Breth hat?*

**Ich kann mich »be-geistern«**

Breth: Also das ist schwer zu beantworten, das können andere Leute besser als ich. Ich kann mich bis zur Verblödung begeistern, und zwar im tieferen Sinn »be-geistern«. Wenn ich das nicht könnte, würde ich auch nicht vor eine riesige Gruppe von Menschen treten und sagen: »Das mache ich jetzt.«

*Frage: Wenn Sie vor großen Gruppen von Menschen sprechen, spüren Sie dann auch Angst?*

**Redeangst kenne ich nicht**

Breth: Nein, das habe ich nie gehabt: Je mehr Leute am Tisch sitzen, desto lustiger. Ich denke, es gibt Eigenschaften, die hat man einfach geschenkt bekommen. Ich glaube, daß man sich nicht alles erarbeiten kann. Es ist eine etwas hochnäsige Ideologie, daß man Kurse besuchen könnte und es dann nach einigen Wochen selber kann. So kann man den Beruf Regieführen auch nicht wirklich lernen.

*Frage: Das heißt, Körpersprache kann man nicht antrainieren, die muß von innen kommen.*

Breth: Ja, das kommt von innen; die kann man dann höchstens verfeinern.

*Frage: Wir haben sehr viel mit Politikerinnen zu tun. Es fällt oft auf, daß die meisten Politikerinnen Erfolg haben wollen und sich deshalb betont männlich geben, das heißt, sie tragen männliche Kleidung und übernehmen damit nicht selten auch männliche Verhaltensweisen. Wie sehen Sie diesen Zusammenhang?*

**Die gestylte Welt verlangt Anpassung**

Breth: Es ist sehr schwer, in einer männlich besetzten Welt die weiblichen Eigenschaften zu behalten. Man braucht dazu unglaublich viel Selbstbewußtsein und Vertrauen in die eigene Sache. Setzen Sie sich doch einmal morgens in ein Flugzeug: Da sehen alle Leute gleich aus. Die paar Theaterleute kann man sofort erkennen, vielleicht weil sie schlampiger gekleidet sind. Dazwischen sind lauter Anzüge, gestylte Damen und »Samsonites«. Das ist eine genormte und angepaßte Welt.

*Frage: Passen sich die Theaterleute nicht genauso an ihre Theaterwelt an?*

Breth: Das Theater ist ja auch eine Art Widerspiegelung der Gesellschaft.

Je schlechter die Zeiten, desto unterhaltsamer muß das Theater sein. Da bin ich natürlich strikt dagegen und verderbe mit Inbrunst jedem den Spaß, der so denkt.

*Frage: Wenn Theater keinen Spaß bringt, was muß es dann machen?*

**Sprache hat was mit Denken zu tun**

Breth: Es muß das Reflektieren geübt werden bis hin zur Sprache. Es ist schon auffällig, daß an Bibliotheken gespart wird, daß humanistische Gymnasien geschlossen werden. Da glaube ich, daß man sehr dagegensteuern muß, denn es gibt viele junge Menschen, die bestimmte Worte, Begriffe schon gar nicht mehr verstehen, weil sie es nicht gelernt haben. Sprache hat etwas mit Denken zu tun, und wenn man nicht mehr sprechen kann, kann man später auch nicht mehr denken und nicht mehr analysieren.

*Frage: Ist das Theater auch ein Ort, der die Liebe zur deutschen Sprache erhält?*

**Man muß genau hinhören**

Breth: Zur Genauigkeit der Sprache. Heute geht ja alles sehr schnell. Die Leute haben sich das Zappen angewöhnt. Sie drücken die 17 oder 29 Kanäle durch und sehen eigentlich nichts mehr. Es ist alles sehr schnell, und es ist laut. Alles, was ein bißchen komplizierter ist, wird von vornherein abgestellt. Und es wird sich beweisen, ob überhaupt noch die Fähigkeit existiert, über dreieinhalb Stunden – so lange dauert beispielsweise die »Familie Schroffenstein« – aufnahmefähig zu sein. Ich habe die Befürchtung, daß das auch schon vorbei ist. Die Schauspieler sagen ja schon: »So lange halten es die Leute nicht aus, also muß man's schneller erzählen.« Ob der Text genau das Gegenteil verlangt, ist dann plötzlich keine Frage mehr. Und das kann ich nicht mitmachen.

*Frage: Das heißt, Sie gehen Ihren eigenen Weg? Gibt es da Widersacher, Leute, die Sie dabei stören?*
Breth: Ja klar.

*Frage: Wie kommen Sie mit denen klar?*
Breth: Ich muß ja nicht mit allen klarkommen. Wenn man nur Erfolg haben will, muß man mit allen klarkommen. Dann muß man auch etwas anderes machen, denn Kunst kommt nicht mit allen klar, darf auch nicht mit allen klarkommen. Sie muß in irgendeiner Weise stören oder verärgern oder zum Nachdenken anregen.

**Man muß nicht mit allen klarkommen**

*Frage: Wir haben die Erfahrung gemacht, daß die Menschen in der ehemaligen DDR besser zuhören konnten als die Bürger im Westen, während der Westen mehr auf Selbstdarstellung aus war. Haben Sie auch diese Erfahrung gemacht?*
Breth: Na ja, in den DDR-Theatern wurde das Problem auf der Bühne behandelt. Da gab's ganz andere Zeichensetzung. Mit 19 habe ich einmal »Mutter Courage« in Prag gesehen. Da gab es Szenenapplaus, immer wenn der Name »Schweizerkas« fiel, weil die damals darum gekämpft haben, einen Paß zu bekommen. Es wurde alles dazu benutzt, um eine Verhandlung abzulassen zwischen oben und unten. Und das fällt jetzt weg, denn erstens gibt es kein deutliches Feindbild mehr. Das Feindbild ist uns allen abhanden gekommen. Das schlimmste ist aber, daß der Glaube an die »dritte Sache« abhanden gekommen ist, weil es keine Utopie mehr gibt. Deshalb gehen jetzt auch viele ehemalige Ostberliner nicht mehr ins Theater. Die Hauptbesucher rekrutieren sich aus dem Westen, die jetzt die ganze Stadt einnehmen. Die anderen gehen nicht mehr, weil sie erstens das Geld nicht mehr haben und zweitens auch im Moment andere Sorgen haben. Das Theater ist entsetzlicherweise immer besser und nötiger, wenn's politisch ganz daneben ist. Und da haben wir große Chancen, denn im Augenblick ist die Politik ganz daneben.

**Der Glaube ist abhanden gekommen**

*Frage: Das moderne Bildungssystem ist ja geprägt durch logisch-analytische Denkstrukturen, das Denken in Zahlen und Bilanzen. Kann da nicht das Theater diese Einseitigkeit auflösen und das Kreative mehr unterstützen?*
Breth: Ja, und auch die Bildersprache. Auf der anderen Seite muß man ja auch feststellen, daß die Menschen viel mehr in Museen gehen als früher. Es scheint also ein Bedürfnis zu bestehen, visuell etwas zu erfahren. Aber visuell mit Sprache kombiniert oder gar noch Musik dazu wird dann schon schwierig. Theater besteht aber aus Visuellem *und* aus Sprache, manchmal auch aus Klängen. Das ist oft schon zuviel. Da scheint der Mensch heute schneller erschöpft zu sein als früher.

**Theater ist Sprache und Visualität**

**Theater hat seinen »Aberglauben«**

*Frage: Sind Sie abergläubig?*
Breth: Ja, ich habe meinen eigenen »Schrebergarten-Aberglauben«. Wenn vor einer Premiere zu viele Faxe kommen, glaube ich, daß es nichts wird. Wenn jemand pfeift im Theater oder auf der Bühne ißt, bin ich kurz davor, ihm zu kündigen.

*Frage: Haben Sie einen siebten Sinn?*
Breth: Ich träume manchmal meine Inszenierungen vor und setze sie dann auch um.

**Mein Fazit: Denke nicht zu lange, sondern handle**

*Frage: Viele Frauen wünschen sich, Erfolg zu haben. Haben Sie einen allgemeinen Tip für solche Frauen?*
Breth: Sie sollten das machen, was sie meinen, machen zu müssen, und nicht zuviel darüber nachdenken, ob sie damit Erfolg haben oder nicht. Über Erfolg sollte man nicht nachdenken, sondern seine Arbeit tun.

# Anhang

## Literaturverzeichnis

Adler, H.: Manager mit Intuition. Entdecken Sie das Potential Ihrer rechten Gehirnhälfte. Frankfurt/Main 1995.
Asgodom, S.: Reden ist Gold. Düsseldorf u. a. 1997.
Asgodom, S.: Eigenlob stimmt. Erfolg durch Selbst-PR. Düsseldorf u. a. 1996[3].
Allnach, K./Rusch, C.: Rhetorik. Erfolgreiche Gesprächsführung, Redetechnik und Körpersprache mit Übungen und Musterreden. München 1995.
Altmann, H. C.: Überzeugend reden, verhandeln, argumentieren. Ideenquelle und Übungsbuch für die erfolgreiche Kommunikation. München 1993[6].

Bandler, R./Grinder, J.: Neue Wege der Kurzzeit-Therapie. Neurolinguistische Programme. Paderborn 1992[10].
Bartels, R.: Umgangsformen im Berufsleben. Niedernhausen/Taunus 1994.
Birkenbihl, V. F.: Freude durch Streß. München 1994.
Birkenbihl, V. F.: Stroh im Kopf? Oder Gebrauchsanweisung fürs Gehirn. Speyer 1990[7].
Birkenbihl, V. F./Blickham, C./Ulsamer, B.: NLP. Einstieg in die Neurolinguistische Programmierung. Speyer 1987.
Bischoff, S.: (Hg.): Top-Arbeitgeber für Frauen. Wer sie sind, was sie bieten. Mannheim 1996.
Blickhan C./Blickhan D.: Vom bewußten Wahrnehmen zum kreativen Handeln mit NLP. Landsberg/Lech 1994[3].
Blickhan C./Blickhan D.: Denken, Fühlen, Leben. Vom bewußten Wahrnehmen zum kreativen Handeln. Landsberg/Lech 1989.
Blankeslee, T. R.: Das rechte Gehirn. Freiburg 1982.
Bock, L.: Beauty Power. Die fünf Wege zu einer ganzheitlichen Schönheit. Zürich, Düsseldorf 1996.
Bono, E. de: Serious Creativity. Die Entwicklung neuer Ideen durch die Kraft lateralen Denkens. Stuttgart 1996.
Bossong, C.: Zeitmanagement im Büro. Weniger Streß – bessere Kommunikation. Das Richtige tun. Berlin u. a. 1994.
Braem, H.: Self-Timing. Über den Umgang mit der Zeit. München 1988.
Broszath, R./Stiens, R.: Die Lebenskraft des Mondes. München 1994[2].
Bruker, M. O./Gutjahr, I.: Reine Frauensache. Lahnstein 1993[2].

Commer, H.: Manager-Knigge. Moderne Umgangsformen im beruflichen Alltag. Düsseldorf u. a. 1985.
Commer, H.: Protokoll und Etikette für Wirtschaft und Verwaltung. München 1982[2].

Ditko, P. H./Rommerskirchen, T. (Hg.): Rede & Karriere. Zeitschrift für politisches Management. Remagen-Rolandseck 1997 ff.
Ditko, P. H./Engelen, N. Q.: In Bildern reden. Düsseldorf 1996.
Ditko, P. H. (Hg.): Reden und Rhetorik von A–Z. Das Kommunikationslexikon für Unternehmer und Manager. Loseblatt-Sammlung. Köln 1993 ff.

Ditko, P. H. (Hg.): Erfolgreich repräsentieren. Stuttgart 1998
Duden. Reden gut und richtig halten! Ratgeber für wirkungsvolles und modernes Reden. Mannheim u. a. 1994.

Ebeling, P.: Rhetorikhandbuch. Praktische Rhetorik und Selbstsicherheitstraining. Stuttgart 1994.
Ehring, A.: Fühl dich wohl. Ganzheitlich jünger und schöner. München 1996.
Eberhard, L.: Heilkräfte der Farben. München 1987[7].

Fast, J.: Typisch Frau! Typisch Mann! Hamburg 1973.
Fellner, U.: Die Zukunftsfrau. Leben, Liebe, Arbeit im Jahr 2000. Wien 1996.
Feyler, G.: Schluß mit der Zeitnot. Erfolgreich, streßfrei und länger leben. Renningen-Malmsheim 1996[2].
Fezler, W./Field, E. S.: Das Brave-Mädchen-Syndrom. Warum Frauen sich selbst vergessen. Mannheim 1985.
Friebel, V.: Streß – nein danke! Niedernhausen 1995.

Gelb, M. J.: Überzeugend reden, erfolgreich auftreten. Mit Mind Mapping und Alexander-Technik. Berlin 1989.
Geißler, K. A.: Zeit. Verweile doch, du bist so schön. Weinheim, Berlin 1996.
Goldberg, H.: Man(n) bleibt Mann. Möglichkeiten und Grenzen der Veränderung. Reinbek 1986.
Gottwald, F.-Th./Howald, W.: Ayurveda im Business. München/Landsberg 1995[2].
Graf, C.: Leben mit dem Mond. München 1995.
Graf, C.: Reisen zu den Kraftorten. München 1996.
Grochowiak, K.: Das NLP Practioner Handbuch. Paderborn 1996.
Gröschel, U. C.: Reden – Visualisieren – Präsentieren. Arbeitsmaterialien für die Interessensvertretung. Köln 1995.
Hagehülsmann, U.: Beratung und Transaktionsanalyse – Wie geht denn das? Paderborn 1993.
Hagehülsmann, U.: Transaktionsanalyse – Wie geht denn das? TA in Aktion I. Paderborn 1992.
Hartmann, M., u. a.: Präsentieren. Präsentationen: zielgerichtet und adressatenorientiert. Weinheim, Basel 1992[2].
Heinze, R./Vohmann-Heinze, S.: NLP – mehr Wohlbefinden und Gesundheit. München 1996.
Herrmann, P.: Reden wie ein Profi. Rhetorik für den Alltag. München 1991.
Hermann-Lis, C.: Mondmacht. Lunare Einflüsse auf das irdische Leben. München 1996.
Holzheu, H.: Souverän verhandeln. Hamburg 1986.

Isert, B.: Die Kunst schöpferischer Kommunikation. München 1994.

Jochims, I.: NLP für Profis. Glaubenssätze und Sprachmodelle. Paderborn 1995.
Johnen, W.: Die Angst des Mannes vor der starken Frau. Einsichten in Männerseelen. Frankfurt/Main 1996.
Jung, M.: Reine Männersache. Lahnstein.

Kaluza, G.: Gelassen und sicher im Streß. Berlin u. a. 1996.
Kasten, H.: Weiblich – Männlich. Berlin u. a. 1996.
Kitzmann, A.: Persönliche Arbeitstechniken und Zeitmanagement. Renningen-Malmsheim 1994[2].
Kraus, M.: Aromatherapie für jeden Tag. Gaimersheim Verlag Simon und Wall.

Lay, R.: Wie man sinnvoll miteinander umgeht. Das Menschenbild der Dialektik. Düsseldorf u. a. 1992.
Lemmermann, H.: Grundlagen und Techniken der Redekunst mit Schule der Debatte. Bindlach 1992.
Leo, A.: Astrologie für Jedermann. Lorch/Württemberg 1958.
Lesch, M./Förder, G.: Kinesiologie. Aus dem Streß in die Balance. München 1994.
Liekens, P.: Dann halten Sie die Fäden in der Hand. Praktisches Arbeiten mit NLP. Braunschweig 1994.
Linden, A./Spalding, M.: Enneagramm und NLP. Das Ganze ist größer als die Summe seiner Teile. Paderborn 1996.

Mackenzie, A./Waldo, K. C.: Die doppelte Zeitfalle. Zeitmanagement für die Frau. Heidelberg 1984.
Maro, F.: Sicher präsentieren. So überzeugen Sie bei Vorträgen, Konferenzen, Workshops und Meetings. Düsseldorf 1995.
Meininger, J.: Transactional Analysis. Die neue Methode erfolgreicher Menschenführung. München 1974.
Minker, M.: Selbstwert statt Marktwert. Sich schön fühlen und selbstbewußter werden. München 1996.
Mitteka, G.: Netzwerk Mensch. Den Verbindungen von Körper und Seele auf der Spur. Reinbek 1994.
Mohl, A.: Der Meisterschüler. Der Zauberlehrling. Das NLP-Lern- und Übungsbuch. 2 Teile. Paderborn 1993 und 1996.
Mohl, A.: Auch ohne daß ein Prinz dich küßt. NLP: Kommunikationsmethoden und Lernstrategien. Ein Lehrbuch für Frauen. Paderborn 1996.
Moir, A./Jessel, D.: Brainsex. Der wahre Unterschied zwischen Mann und Frau. Düsseldorf 1990.
Motamedi, S.: Rede und Vortrag. Sorgfältig vorbereiten, stilistisch ausarbeiten, erfolgreich durchführen. Weinheim, Basel 1993.
Motamedi, S./Strikker, F.: Sicher auftreten, überzeugend vortragen. Das NLP-Rhetorik-Training. Reinbek 1997.
Mulack, C.: Die Wurzeln weiblicher Macht. Frauen leben ihre Stärke. München 1996.

Nimmergut, J.: Regeln und Training der Ideenfindung. München 1975.
Nimmergut, J.: Kreativitätsschule. München 1972[4].
Noé, W.: Besser leben nach dem Mondlauf. Niedernhausen/Taunus 1996.

O'Connor, J./Seymour, J.: Neurolinguistisches Programmieren: Gelungene Kommunikation und persönliche Entfaltung. Freiburg/Breisgau 1992.

Pink, R.: Kommunikation ist mehr als nur reden. Stuttgart 1996[2].
Pinkola-Estés, C.: Die Wolfsfrau. Die Kraft der weiblichen Urinstinkte. München 1993[21].
Pool, R.: Evas Rippe. Das Ende vom Mythos vom starken und schwachen Geschlecht. München 1995.
Preuschoff, G.: Sinfonie der Düfte. Aromatherapie für Frauen. München 1994[2].

Ray, C.: Farbmeditationen. München 1994.
Reheis, F.: Die Kreativität der Langsamkeit. Darmstadt 1996.
Rieder, B./Wollner, F.: Duftführer. Oy-Mittelberg.
Rieth, S.: Planeten-Energie. München 1996.
Rosenkranz, E.: Das Mondbuch. Alles über ein magisches Gestirn. Bern u. a. 1996.
Rückerl, T.: NLP in Stichworten. Das aktuelle NLP-Lexikon. Paderborn 1994.

Schäfgen, M. (Hg.): Streß beiseite. Berlin 1995.
Schenk, C.: Streßbewältigung durch Entspannung. Niedernhausen/Taunus 1994.
Schirm, R. W.: Die Biostruktur-Analyse. Erster Schlüssel zur Selbsterkenntnis. Baar/Schweiz 1989.
Schlüter-Kiske, B.: Rhetorik für Frauen. Wir sprechen uns. Frankfurt, Berlin 1991[3].
Schmidbauer, W.: »Du verstehst mich nicht!« Die Semantik der Geschlechter. Hamburg 1991.
Schott, B./Birker, K.: Freunde finden. NLP – Das Psycho-Power-Programm. Reinbek 1994.
Schröder-Nef, R.: Keine Zeit? Zeit-Erleben und Zeitplanung. Weinheim, Basel 1993[3].
Schuhe, H.: Problem-Management. Chancen nutzen, Ziele erreichen. München 1996.
Schuke, P.: NLP: Das Metamodell der Sprache. Bergen/Dumme 1993.
Schutt, K.: Ayurveda für jeden. München 1996.
Schwartz, F. N.: Frauenkarrieren. Ein Gewinn für Unternehmen. Frankfurt/Main 1993.
Seiwert, L. J.: Das 1 x1 des Zeitmanagement. Speyer 1984[13].
Seiwert, L. J.: Mehr Zeit für das Wesentliche. Besseres Zeitmanagement mit der SEIWERT-Methode. Landsberg/Lech 1997[17].
Springer, S. P./Deutsch, G.: Linkes Gehirn, rechtes Gehirn. Heidelberg 1993.
Stemme, F./Reinhardt, K.-W.: Supertraining. Mit mentalen Techniken zur Spitzenleistung. Düsseldorf, Wien 1992.
Stewart, J.: Die Transaktionsanalyse: Eine Einführung in die TA. Freiburg/Breisgau 1994.
Svantesson, I.: Mind Mapping und Gedächtnistraining. Bremen 1993.

Teegen, F.: Ganzheitliche Gesundheit. Der sanfte Umgang mit uns selbst. Reinbek 1983.
Tramitz, C.: Irren ist männlich. Weibliche Körpersprache und ihre Wirkung auf Männer. München 1993.
Trotha, T. von: Reden professionell vorbereiten. Düsseldorf, München 1996.
Uffermann, I.: Gute Umgangsformen in jeder Situation. Niedernhausen/Taunus 1994.
Ulsamer, B.: Exzellente Kommunikation mit NLP. Speyer 1994.
Urban, D.: Chance für Querdenker. Mit emotionaler Intelligenz (EQ) zur alternativen Problemlösung. Zürich 1996.

Vester, F.: Denken, Lernen, Vergessen. München 1996[23].
Vester, F.: Phänomen Streß. München 1995[14].

Walek-Doby, T.: Mehr Erfolg durch guten Ton. Umgangsformen heute. München 1992.
Weidenmann, B.: Lernen mit Bildmedien. Psychologische und didaktische Grundlagen. Weinheim/Basel 1991.
White, A./Rohr, W. von: Mondkraft. Leben nach den Rhythmen des Himmels. Düsseldorf 1996.
Wildemann, H. (Hg.): Zeitmanagement. Frankfurt/Main 1992.
Will, H.: Vortrag und Präsentation. Für Ihren nächsten Auftritt vor Publikum. Weinheim, Basel 1994.

## Auflösung von Seite 13

a.

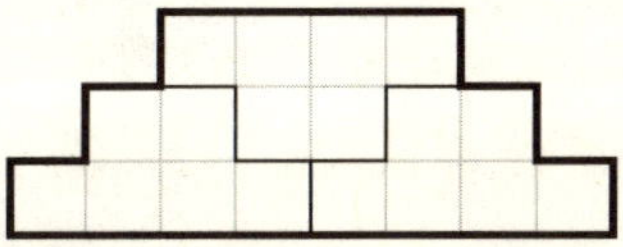

b.

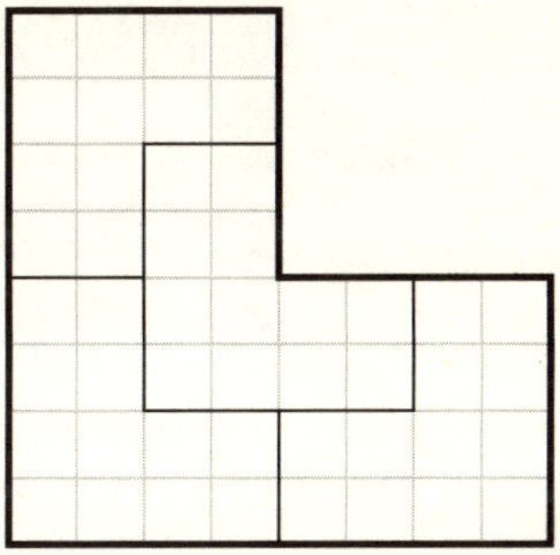

c.

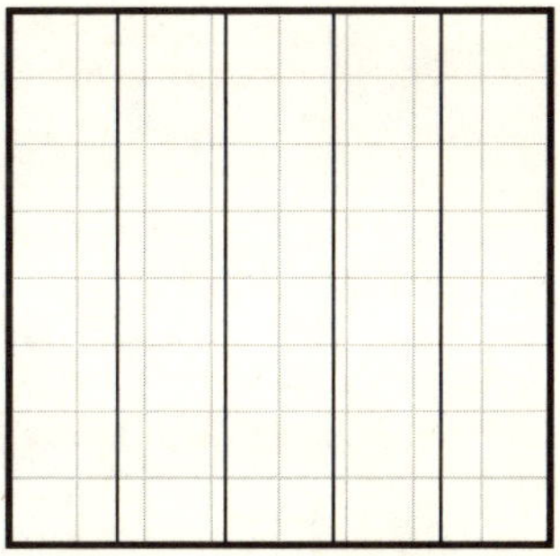

SYNERGIENet
www.synergienet.de

**das Netzwerk für Frauen, die Karriere machen**

Liebe Leserin,

wenn Sie interessiert sind, auf Ihrem Karriereweg schneller vorwärts zu kommen, dann nutzen Sie doch einfach das »Synergie-Netzwerk«.

Sie erhalten:

- Über Ihre Homepage Kontakte zu Frauenbeauftragten und Personalchefs in vielen Unternehmen und Kontakte zu Journalistinnen und Politikerinnen;
- Kontakte zu erfolgreichen Karrierefrauen und zu solchen, die es noch werden wollen;
- Informationen über spezielle Weiterbildungsmaßnahmen und finanzielle Förderungen;
- Informationen, wie Sie Urlaub und Lernen miteinander verbinden können;
- aktuelle Listen mit Karriereliteratur für Frauen;
- die Möglichkeit, in speziellen Foren Gedanken auszutauschen und Ideen einzuholen.

Verlangen Sie nähere Informationen über das »Synergie-Netzwerk« unter der Internet-Adresse:

**www.synergieNet.de**

oder senden Sie uns ein Fax unter 02 28/63 57 07, oder rufen Sie uns unter 02 28/69 26 76 an.

________ bitte faxen an 02 28/63 57 07 ________

○ Senden Sie mir Informationen über das »Synergie-Netzwerk« zu:

Name, Vorname: ________________

Straße: __________ PLZ/Ort: __________

Tel.: ________ Fax: ________ E-Mail: ________